“十二五”国家重点图书出版规划项目
当代财经管理名著译库

A CENTURY OF SOVEREIGN RATINGS

国家信用评级世纪述评

Norbert Gaillard
(美) 诺伯特·盖拉德 著
孙森 张瑜 郭娜 译

东北财经大学出版社
Dongbei University of Finance & Economics Press
大连

图书在版编目（CIP）数据

国家信用评级世纪述评／（美）盖拉德（Gaillard，N.）著；孙森等译.
—大连：东北财经大学出版社，2014. 4
（金融瞭望译丛）
ISBN 978-7-5654-1275-2

Ⅰ. 国… Ⅱ. ①盖… ②孙… Ⅲ. 信用评级-研究 Ⅳ. F830. 5

中国版本图书馆 CIP 数据核字（2013）第 179069 号

东北财经大学出版社出版发行
大连市黑石礁尖山街 217 号 邮政编码 116025
教学支持：（0411）84710309
营 销 部：（0411）84710711
总 编 室：（0411）84710523
网 址：http：//www. dufep. cn
读者信箱：dufep @ dufe. edu. cn
大连图腾彩色印刷有限公司印刷

幅面尺寸：170mm×240mm 字数：195 千字 印张：16
2014 年 4 月第 1 版 2014 年 4 月第 1 次印刷
责任编辑：李 季 王 玲 责任校对：纳 新
封面设计：冀贵收 版式设计：钟福建
定价：39. 00 元

序

2009 年由希腊引发的欧债危机给了我们一个警示：国家（也就是主权）也可能存在债务违约。许多投资者认为主要发达国家陷入债务漩涡是因为这些国家为防止银行破产而采取了刺激经济复苏的措施。然而随之而来的是，对这些参与救助国家自身信誉度的质疑声却越来越高。在这种不确定的环境下，如何对国家信用进行评价就显得非常有意义。本书向读者提供了一个必要而广泛的对一个世纪以来国家信用评级史的回顾，希望能引起经济学家和投资者的兴趣。

第 1 章给出了本书研究的主要问题。第 2、3、4 章介绍了国家信用评级的主要概念：第 2 章是对 1918 年第一次出现的国家信用评级活动的综述；第 3 章分析国家信用评级的意义和定量评级的重要性，同时描述了信用评级政策和工具的改进；第 4 章集中探讨了国家信用评级过程。第 5、6 章打开了国家信用评级的“黑匣子”：第 5 章比较了两次战争期间（第一次世界大战与第二次世界大战期间）和当今（1986—2010 年）国家信用评级方法的异同；第 6 章研究了 20 世纪 90 年代，信用评级机构评级方法的调整并且比较了信用评级机构间评级结果的不同之处。第 7 章和第 8 章通过计算违约率和准确率衡量了国家信用评级的准确性：第 7 章主要关注了两次战争期间；第 8 章则是针对当今的情况。这两章评价了上述两个时期，信用评级机构给出的国家信用评级的准确性。第 9 章和第 10 章比较了信用评级机构和市场参与者对国家信用风险的认知：第 9 章研究了 1993—2007 年间 JP 摩根新兴市场债券指数环球利差和新兴国家信用评级的关系；第 10 章对 2009 年 11 月至 2010 年 5 月的希腊债务危机期间欧元区成员国的国家信用评级和信用违约互换隐含评级进行了比较分析。

译者序

从引发华尔街剧烈震动的次贷风波，到席卷全美的金融风暴，再到令全球为之胆寒的金融危机，以及从希腊、爱尔兰、葡萄牙和西班牙蔓延至比利时和意大利的欧债危机，由此产生的多米诺效应不仅令全球资本市场一蹶不振，更使实体经济陷入衰退的泥潭……在这个过程中，扮演“市场看门人”的信用评级机构遭到了市场的强烈批评和谴责，甚至有人认为信用评级机构是导致危机的罪魁祸首。其实从 1997 年亚洲金融危机开始，信用评级机构就不断遭到人们的质疑。1997 年亚洲金融危机酝酿之时，三大公司未能发出任何警告。危机爆发后，其才开始慌张应对，然而过激的降级又进一步加剧了市场恐慌。1996 年 9 月，穆迪和标普分别给韩国开发银行的长期债信评级为“A1”和“A+”，韩国危机发生后，评级迅速降为垃圾等级：“Ba1”和“B+”。1997 年 7 月，泰铢发生危机，穆迪和标普仍给泰国政府公债“A”级，直到 10 月才加以调整，而事后激烈的降级深深地加重了这些国家的流动性危机。

欧洲主权债务危机使人们再次将关注的热点聚焦到三大信用评级机构，它们对于主权债务评级的纷纷下调，使许多欧洲国家在债务危机中越陷越深，加剧了宏观经济的周期性波动和金融系统的不稳定性，由此引发了人们对国家信用评级的关注与思考。《国家信用评级世纪述评》就是在这样的背景下顺势而生，该书向读者全面展现了国家信用评级的相关概念、国家信用评级方法以及信用评级机构间评级的不同之处，并采用实证分析方法测度了信用评级机构给出国家信用评级的准确性，比较了信用评级机构和市场参与者对国家信用风险的认知，打开了国家信用评级的“黑匣子”。

本书的作者诺伯特·盖拉德，现就职于世界银行。他毕业于巴黎政治学院和普林斯顿大学，2008年获得博士学位，毕业论文为《国家信用评级的方法》。他曾经担任国际金融公司和世界银行、经合组织和欧盟议会的顾问，以及研究生学院客座教授（日内瓦）和欧共体的国家风险专家。他长期涉足于国家政府债务及风险、地方政府债务及风险、信用评级机构等领域，对政府信用有着深入和广泛的研究。

国家信用评级诞生于1918年，穆迪发行的《穆迪投资分析——政府债券和市政债券》是世界上第一份国家信用评级报告。历史上国家信用评级活动有两段繁荣期：一是1919—1929年间，伴随着世界经济金融中心向美国的转移，穆迪、普尔、标准统计公司和惠誉对120多种国债进行了评级；二是自20世纪70年代中期信用评级活动复苏至今，这段时期是国家信用评级活动的鼎盛时期。但是1997年亚洲金融危机、2000年俄罗斯金融危机、2000年土耳其金融危机以及2009年由希腊引发的欧债危机的爆发，一次次将国家信用评级的准确性和客观性推向了风口浪尖。与国家信用评级活动相辅相成的是信用评级机构的兴衰，在评级业的百年发展历史上，曾有过上百家评级机构，经过残酷竞争的洗礼，最终形成了现在穆迪、标准普尔和惠誉的三足鼎立之势。监管当局为了提高评级行业的透明度，由美国证券交易委员会建立了美国“国家认可的统计评级机构”认证，这一认证实际上强行建立了评级业的门槛，强化了3家评级机构在市场中的垄断地位。可喜的是，近两年来，获得美国“国家认可的统计评级机构”越来越多。2011年1月，获得该资质的机构已达到10家，但是穆迪、标准普尔和惠誉3家评级公司在全球的垄断地位仍没改变。本书从信用评级机构的发展和国家信用评级活动这两条主线入手，为我们展现了一幅波澜壮阔的国家信用评级发展的历史画面。作者从国家信用评级活动的兴衰变迁，国家信用评级的含义，国家信用的评价，国家信用评级的方法、准确性和稳定性，国家信用等级水平与新兴市场债券指数环球利差的关系及局限性 8 个方面回顾了国家信用评级的百年历史。

全书语言平实生动、深入浅出、理论性与实践性有机结合，既可以作为信用管理专业或经济管理相关专业大学本科和研究生教育极富价值的教材，也可作为金融从业人员及投资者学习、了解国家信用评级的参考书，对于风险管理和信用评级理论研究者也有一定的借鉴意义。

天津财经大学大公信用管理学院的老师和研究生以及部分金融系的研究生参加了本书的翻译工作：张瑜、李嘉怡负责第 1 章、第 2 章和第 3 章；张瑜、胡佳琪负责第 4 章和第 5 章；张瑜、刘甜负责第 6 章和第 7 章；郭娜、丁静柔负责第 8 章；郭娜、柴萌负责第 9 章；郭娜、李景丽负责第 10 章和第 11 章。张瑜、郭娜老师对全书进行了审阅与校对，全书由孙森教授统稿审定。在本书翻译过程中，还得到了大公国际资信评估有限公司评级分析师和天津财经大学部分教师的帮助。另外，原书作者，世界银行的诺伯特·盖拉德教授也对我们翻译过程中的不明之处给予了热情的指点，在此一并表示感谢。国家信用评级的相关著作在我国尚不多见，书中部分内容和专有名词，目前国内尚未有统一的说法。虽然在编译的过程中，我们倾注了大量的时间和精力，但由于水平有限，疏漏与错误之处在所难免，敬请广大读者批评指正。

孙　森
2013. 6

目　录

1

引 言

亚洲金融危机爆发以来，信用评级机构的表现一直遭到人们的批评，三大国际信用评级机构的权威性也遭到质疑。在 1997 年亚洲金融危机酝酿之时，穆迪、标普和惠誉三大国际信用评级机构均未能发出任何警告；危机爆发后，评级机构在两个月内下调了一些亚洲国家的信用等级，下调幅度多达 10 个级别，从而进一步加重了这些国家的流动性危机。这些争议直指在当时并不被大家所熟知的国家信用评级。1997 年以来，许多关于国家信用评级的问题被提出来。国家如何能像私人实体那样被评级？评级机构的分析师们评估国家信用风险的标准是什么？国家信用评级准确吗？评级机构的观点仅仅是市场价差的反映吗？

本书是第一个从信用评级报告的视角，回答上述问题的。20 世纪 40 年代至 20 世纪 80 年代中期，国家信用评级几乎处于停滞状态，因此本书将其分为两个时期进行分析：第一次世界大战与第二次世界大战期间（以下简称两次战争期间）和 1986—2010 年期间（以下简称“当今”）。针对两次战争期间，本书的分析主要集中在四大主要评级机构（惠誉、穆迪、普尔出版公司（Poor’s Publishing Company）和标准统计公司（Standard Statistics））对在纽约证券交易所（NYSE）上市的以美元和英镑计价的国家债券的评级。对于当今，研究的范围则主要集中在由三大评级机构（惠誉、穆迪和标普）进行的外币长期信用评级。

本书主要分为 9 章。第 2 章到第 4 章介绍了国家信用评级的重要概念。第 2 章概述了 1918 年第一次出现，并发展至今的信用评级活动。第 3 章对国家信用评级的含义和定量评级的重要性进行了分析，并介绍了信用评级政策和工具的改进。第 4 章主要研究国家信用评级的过程。

第 5 章和第 6 章打开了国家信用评级的“黑匣子”。第 5 章对两次战争期间和当今的国家信用评级方法进行了比较。在第 5 章的基础上，第 6 章继续探讨了这些评级机构之间在国家信用风险评估体系和方法上的差异。

第 7 章和第 8 章通过计算违约率和准确性指标对国家信用进行测度。第 7 章分析了两次战争期间的评级效果，第 8 章则考察了当今的情况。这两章还分别对不同信用评级机构的评级准确性进行了评价。

第 9 章和第 10 章比较了评级机构和市场参与者对国家信用风险的认知。第 9 章重点叙述了 1993—2007 年间 JP 摩根新兴市场债券环球指数利差和新兴国家的国家信用评级的关系。第 10 章分析了 2009 年 11 月至 2010 年 5 月希腊债务危机期间，反映欧元区各成员国政府债券风险的信用违约互换隐含评级的走势和表现。

最后，第 11 章总结了国家信用评级活动取得的显著成效，并给出了概括性结论。

2

国家信用评级活动的繁荣与萧条

在过去的几个世纪中，国家经常走向破产。例如，西班牙在16世纪的黄金时期违约3次，17、18及19世纪则违约7次以上。法国在1500—1800年间违约8次。19世纪，奥匈帝国和普鲁士违约5次。这些殖民国和陆权国家的违约行为，充分表明评估国家的信誉度是非常困难的（关于20世纪前国家信用违约的讨论，详见Reinhart and Rogoff（2009）；Suter and Stamm（1992）；Winkler（1933）；Wynne（1951））。

与企业的信用评级不同，国债发行者不会主动提供自身的经济金融数据，直到19世纪晚期，才有外部企业提供一些关于国债发行者的信息，因此过去用于评估国家信誉度的有限数据和信息来源于银行。例如，在

19 世纪初，普鲁士国王被告知，在向内森·罗斯柴尔德（Nathan Rothschild）申请贷款后，其额外费用会更高，因为他的王国不是一个法治国家（Ferguson，(1998)）。几十年过后，1898 年法国里昂信贷银行金融服务研究部门（Service des Etudes Financières of the Crédit Lyonnais）基于债务收入比（弗兰德利（Flandreau，2003）），将主权的债务风险指数分为了 3 类，这个初步的评级系统只供内部使用，后来也没有进行更新升级。

非银行机构发布的第一份风险分析报告是 1990 年出版的"穆迪第一指南"，被命名为《穆迪工业及其他各类证券指南》（*Manual of Industrial and Miscellaneous Securities*），该指南建立了一个国债列表并提供了公共财政数据，但指南中没有涉及评级的内容。[①] 这本长达 1 100 页的书主要收集了有关企业、公用事业、铁路公司和外国政府的信息。实际上，这本指南是迈向国家信用评级的第一步。

2.1 国家信用评级诞生的标志

信用评级的诞生标志是 1909 年穆迪发行的《穆迪美国铁路投资分析》（*Moody's Analyses of Railroad Investments*），当时的信用评级是以企业为评级对象的（关于评级历史的概述，请参见 Sylla（2002））。穆迪于 1918 年 3 月开始对国债进行评级，成为世界上第一个对国家债券进行评估的机构。1918 年发行的《穆迪投资分析——政府债券和市政债券》（*Moody's Analyses of Investments - Government and Municipal Securities of* 1918）包含了将近30 000 种不同债券的统计数据，其中 85% 的债券是由美国政府和其州政府发行的，剩下的 15% 是外国政府、州、县和城市发行的债券。在 189 种被评级的外国国债中[②]，24 种债券是以美元或英镑计价并且在纽约证券交易所上市

---

① 国债列表中的国家包括阿根廷、奥地利、比利时、巴西、英国、加拿大、丹麦、荷兰、德国、墨西哥（Moody 1900，pp. 275–293）。

② 作者的计算。

的。这些国债的发行国是：阿根廷、加拿大、古巴、多米尼加共和国、法国、日本、挪威、巴拿马、瑞士和美国（见表2-1）。

表2-1　**第一个国家信用评级：1918 年被穆迪评级的在纽约证券交易所上市的以美元和英镑计价的外国国债**

债券	发行年	到期年	级别
阿根廷黄金债券（利率：6%）	1915	1920	A
加拿大公共服务贷款（利率：5%）	1916	1921，1926，1931	Aaa
古巴 1915 年中期债券（利率：6%）	1915	1918	Aa
古巴外国黄金债券（利率：5%）	1904	1944	Aa
古巴外国黄金债券（利率：4.5%）	1909	1949	Aa
古巴外国黄金债券（利率：5%）	1914	1949	Aa
多米尼加共和国海关黄金债券（利率：5%）	1908	1958	A
多米尼加共和国偿债基金黄金债券（利率：6%）	1913	1918	A
英法债券（利率5%）	1915	1920	Aaa
美法外国债券（利率：5%）	1916	1919	Aaa
法国可转换黄金债券（利率：5.5%）	1917	1919	Aaa
日本发行的以英镑为面值货币的债券（利率：4%）	1905	1931	A
日本首次发行的以英镑为面值货币的债券（利率：4.5%）	1905	1925	Aa
日本第二次发行的以英镑为面值货币的债券（利率：4.5%）	1905	1925	A
挪威外国贷款（利率：6%）	1916	1923	A
巴拿马偿债基金黄金债券（债券期限：30 年，利率：5%）	1914	1944	Aa
巴拿马可担保的分期付款黄金债券（利率：5%）	1915	1922—1925	Aa
瑞士黄金债券（利率：5%）	1915	1920	A
英法债券（利率：5%）	1915	1920	Aa
英国担保债券（利率：5%）	1916	1918	Aaa
英国担保债券（利率：5.5%）	1916	1919	Aaa
英国担保债券（利率：5.5%）	1916	1921	Aaa
英国可转付的担保债券（利率：5.5%）	1917	1919	Aaa
英国 90 天国库券	1917—1920	1917—1920	Aaa

资料来源：作者的计算，基于 *Moody's Manuals*（1918）。

国家信用评级的诞生恰逢美国经历其经济和财务状况的转折点，美国成为当时世界上第一大债权国（Madden *et al.*（1937）），纽约证券交易所即将成为全球规模最大的证券交易所，由此推动了给欧洲和拉美国家贷款的热潮（Rippy（1950））。穆迪的发展也受益于20世纪20年代自由主义的兴起：美国国务院在1922年3月发表的一份声明中宣称美国银行的外国贷款政策不受任何特定法律的约束（Dulles（1926））。另外，尽管一直有外国债券持有者委员会或者美国债券持有人协会等监控外国债券的质量，但是直到1933年12月，基于帮助违约国家债务重组的目的才成立了美国外国债券持有人保护理事会（Adamson（2002））。结果，穆迪于1922年以及普尔、标准统计公司和惠誉于1924年发布的债券评级结果是投资者甄别风险的唯一指南，帮助他们甄别日益增多的在纽约交易所上市的外国国债的质量（见图2-1）。

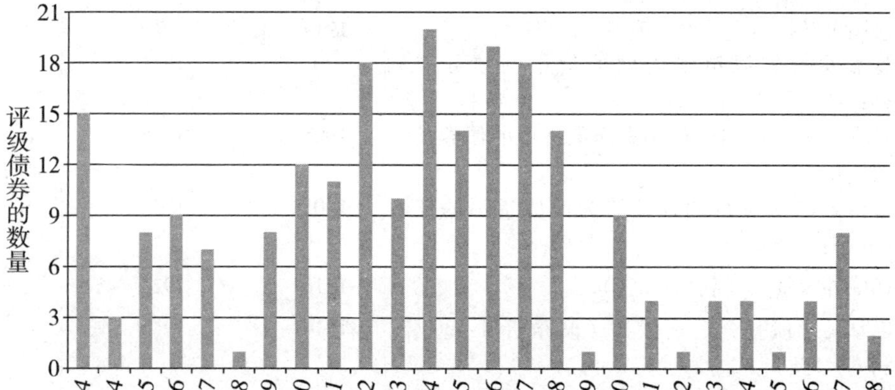

图2-1　在纽约证券交易所上市的以美元和英镑计价的债券，
并根据其发行年份于1914—1938年间被评级（共有225种国债）

资料来源：作者的计算，基于*Moody's Manual*（1918）。

直至1929年，超过120种国债被四大评级机构评级。但是此后，国家信用评级活动进入了萧条期。外国国债市场的不景气、1931年发生的国家违约浪潮和1934年颁布的《约翰逊法案》（法案规定美国银行对违约国家贷款属于违法行为)，这些都导致了20世纪30年代国家信用评级发展的放缓。1935—1938年间，占总量73%的债券是由阿根廷、加拿大和挪威发行的。鉴于紧张的国际关系，从1936年开始，惠誉撤销了对德国、奥地利、中国、捷克斯洛伐克、意大利、日本的评级。① 1939和1940年，另外三家评级机构也紧随其后纷纷撤销了对这些国家的评级。事实上，第二次世界大战对国家信用评级活动造成了致命的打击。1940年，四家评级机构撤销了对澳大利亚、欧洲或者亚洲国家以美元发行的债券的评级，只对北美和拉美国家发行的债券进行评级（即17个国家和64种债券）。②

2.2 国家信用评级活动的衰落

20世纪40年代至20世纪70年代是国家信用评级发展的低潮期，这与当时在美国发行的外国政府债券数量极低有很大的关系，究其根本原因主要有以下几方面：第一个原因是战后世界经济金融形势的变化。第二次世界大战后，发展中国家的债务危机此起彼伏，1946年，超过20个国家无力偿还所欠债务。③ 为了世界经济的恢复和发展，美国于1944年在新罕布什尔州的布雷顿森林召开了联合国货币金融会议（简称布雷顿森林会议），并在1947年启动了援助西欧的马歇尔计划。通过布雷顿森林会议，确立了新的国际金融体系，促成了世界银行和国际货币基金组织的建立，发展中国家可以寻求这两大机构的贷款支持，进而降低了从国际资本市场融资的需求。接下来，马歇尔计划的实施，为欧洲重建和欧盟成立打下了坚实基础。这一经营了4年的计划始于1947年7月，它不仅有助于西欧国家恢复经济，而且与进出口银行批准的面向拉美和欧洲国家的双边贷款政策互补。第二个原因是利息平衡税（IET）的实施，1936年美国颁布了旨在减少资本流出

---

① Fitch Bond Books (1936, 1938, 1939).

② *Moody's Manual of Investments – American and Foreign Government Securities* (1940), *Poor's Volume* (1940), *Standard Bond Descriptions* (1940), *Fitch Bond Book* (1940).

③ Foreign Bondholders Protective Council (1950), 1946—1949年报告，362页。

的利息平衡税，这一国内税收的实施大大限制了外国债券在美国债券市场的发行。最后一个原因是，在20世纪六七十年代几乎没有国家发生债务违约，这导致投资者认为国家信用违约风险已经消退。[①] 这一观念在一定程度上解释了1973—1982年间对发展中国家过度贷款的行为，其结果是降低了这些国家发展金融市场的动力（Folkerts-Landau（1985））（见图2–2）。

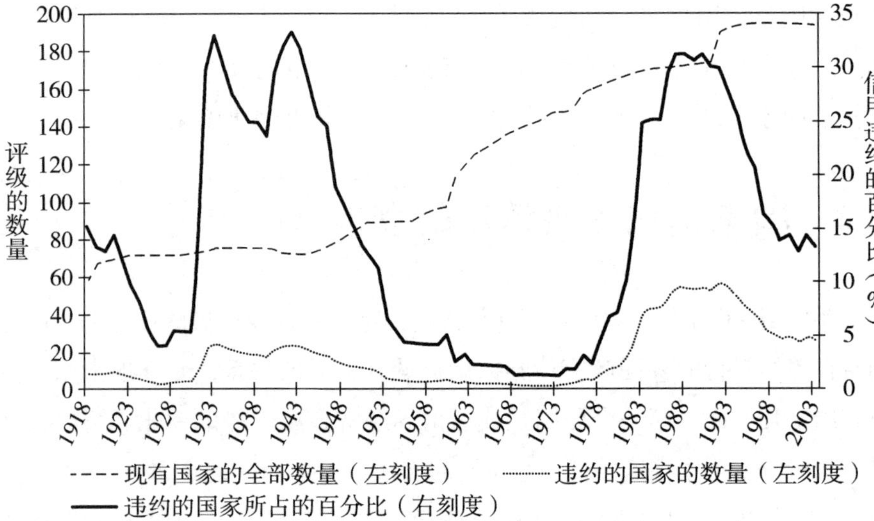

图2–2 主权信用违约的百分比

资料来源：作者的计算，基于 http：//www. cia. gov，Suter and Stamm（1992），S&P（1999，2004）。

上述三个原因造成了被评级国家数量的持续减少：1955年，标普、穆迪和惠誉评级的国家数量分别是7、13和14。[②] 1968—1974年，标普暂停了其他国家的信用评级活动，只对加拿大和美国的债券进行评级。1975年，穆迪仅评级了5个国家（澳大利亚、加拿大、美国、新西兰和巴拿马），标普仅评级了7个国家（澳大利亚、奥地利、加拿大、美国、法国、日本、挪威）。在此期间，惠誉不再进行国家信用评级。

① 参见Strange（1967）的非传统但是正确的观点：主权信用违约有可能增加。
② Standard & Poor's Corporation Records（1955），Moody's Municipal and Government Manual（1955），Fitch Bond Book（1955）.

在国家信用评级活动低迷的30年间，穆迪是唯一继续发布关于被评级和未被评级国家[1]宏观经济形势报告及1967—1973年国际金融危机报告的信用评级机构。[2] 图2-3描述了20世纪40年代至70年代期间，国家信用评级活动几近消失的过程。

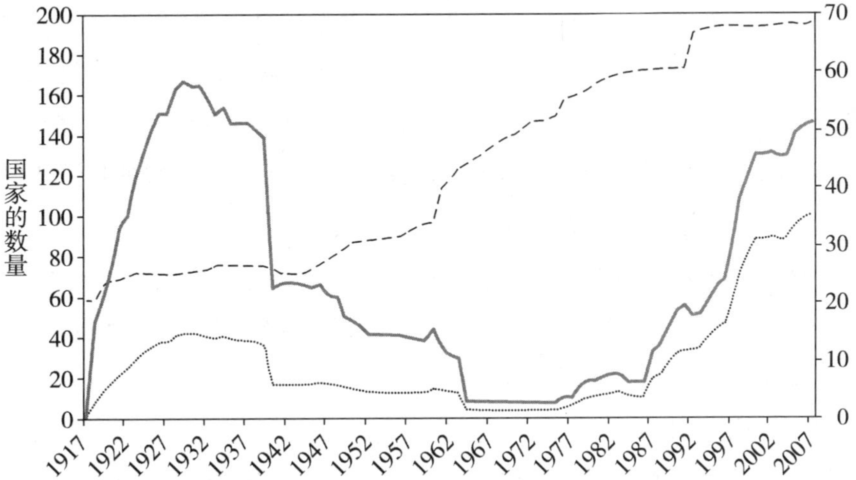

图2-3　被穆迪评级国家的比例

注释：1917—1985年在纽约证券交易所上市的以美元和英镑计价的债券评级和1986-1987年的外币国家信用评级。所有数据截至2012年3月31日。

资料来源：作者的计算，基于 *Moody's Manuals* （1918—1987）、http：//www.moodys.com和http：//www.cia.gov。

2.3　20世纪70年代中期国家信用评级活动的复苏

国家信用评级活动逐渐复苏的过程经历了四个阶段。

---

① 例如，*Moody's Bond Survey*，“Brazilian Government，State & Municipal Dollar Bonds”，1944年6月19日，和 *Moody's Bond Survey*，“Peru's Final Debt Settlement Offer，” 1953年1月26日。

② 例如，*Moody's Bond Survey*，“International & Foreigns - Currencies Again in Crisis”，1968年11月25日；*Moody's Bond Survey*，“International Monetary Conditions and the U. S. Economy，1971年5月31日”。

第一阶段是1974年利息平衡税废除的前后，其废除的结果是使1975年在纽约证券交易所上市的国债再次活跃起来，当时是由穆迪对3个债券发行国（澳大利亚、奥地利、挪威）的信用等级进行了评定。[①] 1977年，另外3个国家进入美国市场，接受穆迪和标普的评级，且芬兰、委内瑞拉和瑞典发行的两个系列的债券的金额分别为100万美元、150万美元和200万美元。[②] 然而，由于各国新发行的国债已经被评级，所以在随后的几年被评级国家的数量并未增加。同样，始于1992年的国家信用违约浪潮（见图2-2）使国际金融市场在投资者风险厌恶情绪激增的情形下遇到阻力，也妨碍了信用评级机构进行新的评级。

在穆迪做出对美国以外的国家发行的债券进行评级的重大决定之后，国家信用评级活动于1986年开始回升（如开始对德国、中国香港地区、荷兰和瑞士进行国家（地区）信用评级），这是国家信用评级活动逐渐复苏的第二阶段。[③] 标普随后效仿穆迪这种评级实践的转变，这进一步促进了评级国家数量的增加。[④] 不足为奇的是，国家信用评级不仅是对国家信誉的专属评级，[⑤] 它也是进行次国家政府评级的先决条件。例如，马耳他首次被标普评级后，当马耳他自由港码头有限公司在美国市场发行国家担保债券时，也可以得到对它自己的评级。[⑥]

20世纪90年代早期，开始实施布雷迪计划标志着国家信用评级活动进入复苏的第三阶段。该计划于1989年在美国财政部尼古拉斯·布雷迪的主持下实施，其第一项协议旨在通过发行国债对墨西哥债务进行重组。布雷迪计划的其他协议起到了扩大国债市场规模的作用，[⑦] 增加了发展中

---

① *Moody's Bond Survey*, "International Bonds Rated During 1975", 1976年1月5日。
② *Moody's Bond Survey*, 1977年10月3日、10日和31日。
③ 2003年12月16日在纽约对大卫·利维（David Levey，其于2004年7月前任穆迪国家信用风险部常务董事）的专访。
④ 这种发展加速新国家以美元发行债券（1986年意大利，1989年匈牙利）：*Moody's Bond Surveys*, 1986年10月20日和1989年7月24日。
⑤ *Moody's Bond Survey*, "Sovereign Outlook 1988", 1988年1月18日。
⑥ *Standard & Poor's CreditWeek*, 1944年3月28日。
⑦ 1994年，布雷迪债券代表了新兴国家61%的可转让债务（http：//www. emta. org）。

国家和新兴国家对信用评级的需求。①

国家信用评级复苏的最后一阶段发生在21世纪早期，但只涉及标普和惠誉。2002年，惠誉与美国国务院签署了一项协议，目的是对15个撒哈拉以南的非洲国家评级（2002年9月，莱索托是第一个被评级的国家；然后是冈比亚；2003年被评级国家有马拉维、莫桑比克、佛得角、喀麦隆和加纳；2004年是马里和贝宁；2005年是乌干达和纳米比亚；2006年是尼日利亚和卢旺达；2007年是肯尼亚和加蓬）。② 2003年，联合国开发计划署（UNDP）与标普共同实施了一项新的举措，旨在帮助撒哈拉以南的非洲国家获得评级。评级活动首先从加纳、喀麦隆、贝宁开始，然后于2004年在布基纳法索、马里、莫桑比克进行，2006、2007和2008三年分别对尼日利亚和肯尼亚、加蓬、乌干达进行了信用评级（见图2-4）。

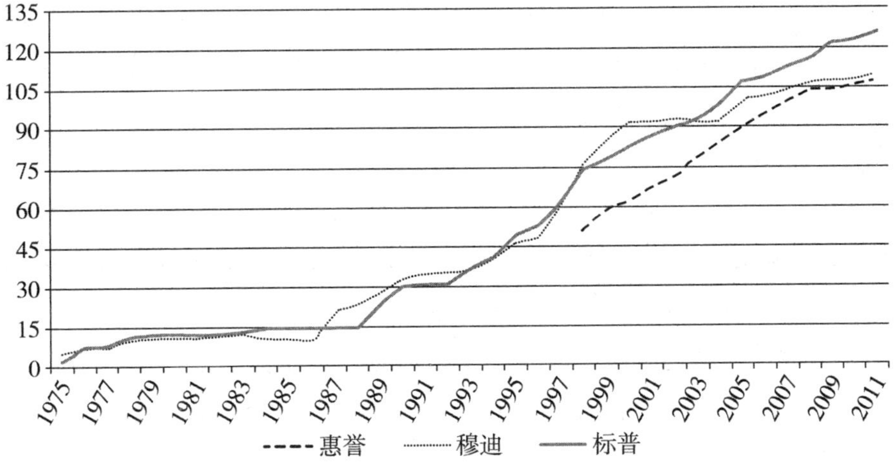

图2-4　由三大评级机构评级的国家的数量

注释：评级国家数量截至2012年1月1日。惠誉的曲线从1998年开始，在其收购IBCA后。

资料来源：http：//www.fitchratings.com，http：//www.moodys.com，http：//www.standardandpoors.com.

① 多数布雷迪债券在其发行后不久就被评级。

② http：//www.worldbank.org，Fitch（2002）and http：//www.fitchratings.com.

除了上述原因外，还有一些客观因素促进了国家债券市场的发展和国家信用评级活动的繁荣。如20世纪80年代到20世纪90年代资本管制的放松、东欧和俄罗斯资本主义制度的确立以及以市场为导向的宏观经济政策的实施，都为国家信用评级活动的复苏奠定了基础。

总之，值得注意的是，国家信用评级活动的复苏对惠誉、穆迪、标普三大评级机构是有利的。经过20世纪70年代国家信用评级活动的发展，穆迪、标普和惠誉已占据国家信用评级市场最重要的位置。2011年1月，日本资信评级有限公司（JCR）与投资和信息公司（R&I）分别对35和46个国家进行了评级，尽管如此，它们在国际信用评级市场上的话语权非常有限。惠誉1997年和2000年成功地收购了著名的IBCA和达夫菲尔普斯投资管理公司（Duff & Phelps），这2家公司曾在20世纪90年代中后期对约40个国家进行了信用评级（Huhne（1996））。如图2-4所示，惠誉在10年之内赶了上来，目前其评级的国家数量已经和穆迪一样多。

参考文献

Adamson M. R. (2002), "The Failure of the Foreign Bondholders Protective Council Experiment, 1934-1940", *Business History Review*, Vol. 76.

Dulles J. F. (1926), "Our Foreign Loan Policy", *Foreign Affairs*, Vol. 5.

Ferguson N. (1998), *The House of Rothschild: Money's Prophets, 1978-1848*, Viking, New York.

Fitch(various issues), *Fitch Bond Book.*

Fitch Ratings(2002), "Sovereign Ratings and the HIPC Initiative", 27 August.

Flandreau M. (2003), "Caveat Emptor-Coping with Sovereign Risk under the International Gold Standard, 1871-1913", in *International Financial History in the Twentieth Century: System and Anarchy*, edited by Flandreau M., Holtfrerich C. -L. and James H., Cambridge University Press, Cambridge.

Folkerts-Landau D. (1985), "The Changing Role of International Bank Lending in Development Finance", *IMF Staff Papers*, Vol. 32, No. 2.

Foreign Bondholders Protective Council (1950), *Report 1946 through 1949*, New York.

Huhne C. (1996), "Rating Sovereign Risk", *Bank of England, Financial Stability Review*, Autumn.

Madden J., Nadler M. and Sauvain H. (1937), *America's Experience as a Creditor Nation*, Prentice-Hall Inc, New York.

Moody J. (1900), *Manual of Industrial and Miscellaneous Securities*, New York.

Moody's Investors Service (various years), *Moody's Manual of Investments-American and Foreign Government Securities*, New York.

Moody's Investors Service (various years), "Moody's Bond Surveys".

Moody's Investors Service (various years), "Moody's Investment Letters".

Poor's (various years), *Poor's Volume.*

Reinhart C. and Rogoff K. (2009), *This Time is Different-Eight Centuries of Financial Folly*, Princeton University Press, Princeton.

Rippy J. F. (1950), "A Bond-Selling Extravaganza of the 1920's", *Journal of Business of the University of Chicago*, Vol. 23, No. 4.

Standard & Poor's (various years), *Standard & Poor's Corporation Records.*

Standard & Poor's (various years), "Standard & Poor's CreditWeek".

Standard & Poor's (1999), "Sovereign Defaults: Hiatus in 2000?", *Standard & Poor's CreditWeek*, 22 December.

Standard & Poor's (2003), "First Sovereign Credit Ratings Assigned under New UNDP Initiative for Africa", 4 September.

Standard & Poor's (2004), "Sovereign Defaults Set to Fall Again in 2005", 28 September.

Standard Statistics (various years), *Standard Bond Descriptions.*

Strange S. (1967),"Debts,Defaulters and Development",*International Affairs*, Vol. 43,No. 3.

Suter C. and Stamm H. (1992), "Coping with Global Debt Crises: Debt Settlements,1820 to 1986", *Comparative Studies in Society and History*, Vol. 34,No. 4.

Sylla R. (2002), "An Historical Primer on the Business of Credit Rating", in *Ratings,Rating Agencies and the Global Financial System*, edited by Levich R., Majnoni G. and Reinhart C., Kluwer Academic Publishers, Boston.

Winkler M. (1933), *Foreign Bonds-An Autopsy*, Roland Swain Company, Philadelphia.

Wynne W. (1951), *State Insolvency and Foreign Bondholders-Volume II*, Yale University Press, New Haven.

3

国家信用评级的定义、类型及改进

3.1 评级的定义

穆迪在其 1918 年出版的第一部指南和《投资快报》（*Moody's Investment Letter*）中，将国家信用评级定义为政府的相对信誉度。这一定义包含两方面的含义：政府偿付债务的能力和意愿（或诚信）。[①] 1919 年，穆迪表示其衡量的信誉度总的来说是有效的，并建立了主要国家的信

① "The Credit of Foreign Government", *Moody's Investment Letter*, 1919 年 4 月 3 日。其他三家评级机构都没有提到偿还债务的能力和意愿的概念，现在这些概念已广为接受。

贷规模。美国以 100%（即通过各方面考察该国偿付债务能力而得出的概率）名列首位，领先于加拿大（95%）、英国（90%）、比利时（85%）、法国（75%）、意大利（70%）、德国（65%）、澳大利亚（60%）和俄罗斯（55%）。穆迪称其评级体现了一国偿还其金融债务的概率。普尔、惠誉和标准统计出版的指南也对评级做出了类似的定义。①

虽然四大评级机构都没有精确定义“违约”，但违约可以理解为未偿付（或延迟偿付）本金和利息，或理解为修改合同条款导致借款人减少已发行债务的本金、延长债券到期时间或降低票面利率。我们也可以从当时的评级活动和定量评级中推断出违约的定义，和当今的定义相比没有什么不同。然而，仔细分析两次战争期间四大评级机构对违约债券的评级，可以得出结论评级不仅与违约率有关，也与回收率有关。3.6 节具体阐述了这段时期评级政策的主要特征。

接下来，我们将关注距今更近的 20 世纪 90 年代至 21 世纪初国家信用评级的发展情况。穆迪正式声明，其评级既衡量违约率，也衡量违约事件所引起的预估损失（Moody's 2010b）。然而，由于事前难以量化其损失，穆迪的信用评级主要反映了违约率。② 标普对评级的定义与穆迪类似：其评级衡量违约率，在估量违约损失的严重程度时也会考虑债券的优先权。但实际上，标普的定量评级仅仅根据违约率将债券发行人分类，而不考虑其他因素（S&P 1979，pp. 327 – 328；2010b）。直到 2005 年，惠誉的评级才开始反映违约率，而且只有对违约债务发行人评级时才考虑经济损失（Fitch IBCA 1998）。此后，惠誉以投资级和投机级两大信用等级（与标普的评级类似，表示违约涉及债务的全部或部分）取代了之前用于评估回收率的 3 个信用等级（DDD、DD 和 D）。与此同时，惠誉建立了一个新的评级制度，这一评级制度衡量回收率且适用于低等级国债。当

① *Poor's Rating Services*（1922，1925）；*Fitch Bond Book*（1924，1930）；*Standard Bond Book*（1924）.

② 2004 年 11 月 17 日和理查德·坎托（Richard Cantor，当时是惠誉的常务董事）互通的电子邮件。

然，这套评级制度有可能影响发行人的整体评级（Fitch 2005a）。3.7 节研究了惠誉评级的这一特征。

3.2 定量评级的意义

3.2.1 定量评级的含义和拓展

两次战争期间，穆迪的外国政府债券评级包括 9 个级别（Aaa、Aa、A、Baa、Ba、B、Caa、Ca、C）。[①] 在穆迪出版的每一部指南的第一部分——“评级的关键”中都阐述了信用等级的重要性。在此期间，每一个信用级别关于债务存在风险程度的解释含义几乎没有变化。

Aaa：“信用质量最高，安全性最高，”“能保证定期偿付债务。”

Aa：“投资能力强，安全性较高，”“偿付能力受安全或稳定因素影响。”

A：此级别债务“安全性高，但发展程度不足以获得更高信用级别。”

Baa：“此级别债务需要仔细辨别。”“此级别债务不能作为整体被一致推荐，但是它们为愿意以高收益来牺牲投资质量的人提供了机会。”然而，此级别债务“有可能转为投机级。”

Ba：“购买此类债务是由于其投机可能性，而不是其投资质量。”

B：“很快会出现违约现象。”

Caa：“共同体偿还债务的能力被削弱。”

Ca：“几乎没有希望保证债务偿还。”

C：“毫无价值。”

惠誉将债券分为 12 个级别：AAA、AA、A、BBB、BB、B、CCC、

---

① 1918—1929 年，不同于穆迪公司债券评级系统，外国政府债券的定量评级包括 14 个级别，后来又变为 12 个级别（Aaa、Aa、A、Baa、Ba、B、Caa、Ca、C、Daa、Da、D、E、F；1923 年取消了 E 和 F）。

CC、C、DDD、DD、D。与穆迪不同，惠誉评级类别的定义提到的是公司债务而非国债的特征。① 这是因为惠誉将所有已评级的债券收录进一个单独卷组中，其中主要是公司债券。例如，1924 年的《惠誉债券分册》汇编了 7 种类型的证券：美国政府和市政债券、外国政府和市政债券、铁路债券、公用事业债券、工业债券、投资信托债券、房地产债券。惠誉对评级的定义是简明的：被评为 AAA 级的债务信用质量要高于被评为 AA 级的债务，同样，AA 级比 A 级安全性更高。惠誉评级将 AAA、AA 和 A 级债务划为“稳健的”投资级债务。被评为 BBB、BB 和 B 级的债务是“半投资级”债务：惠誉认为 BBB 级债务的偿付能力是足够的，但是经济条件的负面变化会影响 BB 级和 B 级债务的偿付能力并导致潜在或实际违约。被评为 CCC、CC 和 C 级的债券风险性高，已经形成实际违约或很快会出现预期的违约。最后，被评为 DDD 级、DD 级或 D 级的债务已经处于违约状态，DDD 级债务有较高期望回收，D 级债务则毫无希望。

与惠誉一样，标准统计公司的定量评级也是根据企业风险评估制定的，分为 14 个信用级别：A1 +、A1 、A、B1 +、B1 、B、C1 +、C1 、C、D1+、D1 、D、E、F。② A 类级别（A1+、A1 、A）适用于高级别债务。B 类包括“商人的债务”（即最低级别的投资级债务）。B 类债务的特征是异质性：B1+的债券被视为“良好的”债券，但可能会受到不利经济环境的影响；被评为 B1 的债券是非常安全的投资选择，B 级债务是较高级别的投机级债务。C 类（C1 +、C1 、C）债务都是投机性债务。D 类债务已经出现违约。在 D 类中，最高的 D1 +级债务回收率最高，最低的 D 级债务回收预期很低。被评为 E 级和 F 级的债务几乎没有价值。

普尔在 20 世纪 30 年代对信用等级进行了修改，故引起了人们的进一步关注。1922—1937 年，其定量评级情况如下。③ A***** （只有美国国债

---

① *Fitch Bond Book*（1924）。

② *Standard Bond Book*（1924）。

③ *Poor's Volume*（1922，1924）；*Poor's Bank*，*Government and Municipal Volume*（1933）；*Poor's Fiscal Volume*（1937）. 注意公司债务等级中包括 D**、D* 和 D 级。

可获得该信用级别）是最高信用级别。随后的等级排列是 A^{****}、A^{***}、A^{**}、A^{*}、A、B^{**}、B^{*}、B、C^{**}、C^{*}、C。外国国债可以获得的最高级别为 A^{****}。获得评级在 A^{***} 和 A 之间的债务安全性极高。B^{**} 级包括商人的债务，B^{*} 是投机级的最高级别，被评为 B 级的证券有明显投机性。C^{**} 和 C^{*} 适用于投机性高的债务，此类债务被认为存在暂时性违约；获得 C 级的债务存在严重风险，并可能持久违约。在 1938 年和 1939 年，普尔取消了 A^{*****}、A^{****}、A^{***} 级。因此，在二战之前，普尔的定量评级（和穆迪相似）包括 9 个级别。①

这四家评级机构都没有提供能够解释或证明阈值的信息。值得注意的是，普尔曾对每一个被评级的债券增加了“成交率”（市场化）这一指标。标号 1 表示证券的买入价格和卖出价格之间相差不到 1 点。同样地，标号 2 表示证券的买卖差价不超过 3 点，标号 3 表示上市证券的买卖差价大于 3 点。标号 4 适用于未上市证券。

关于两次战争期间的信用评级概述和评级定义，有两点值得注意。首先，各评级机构的定量评级的风险集中度互不相同，所以严格来说它们之间没有可比性。例如，穆迪的 Baa 级、惠誉的 BBB 级、标准统计的 B1+ 或普尔的 B^{**} 并不完全一致。其次，这种不对应性意味着各机构之间的升级、降级也不相同。

在 1941 年标准统计与普尔合并后，标普开始采用惠誉的定量评级方法。唯一与惠誉不同的是对违约债务的评级，标普以 D 取代了 DDD、DD 和 D 来表示一般性违约，以 SD 表示选择性（即部分）违约。

从 1973 年起，惠誉和标普开始细化评级结果，它们将 AA 至 CCC 的信用级别又细分为 3 个级别：一个加（减）号表示在同类级别中信用程度最高（最低），没有符号表示在同类级别中信用程度居中（Kliger and Sarig（2000））。1983 年 4 月，标普首先采用这一新的评级制度，将新西

① 在评级范围缩小至两大级别类型过程中，级别最高的债务被降级，并获得新的当前最高级别（这些评级变动涉及 1938 年和 1939 年的美国、英国和加拿大政府债券）。

兰的信用级别由 AAA 下调至 AA+。20 世纪 90 年代，当惠誉重返国家信用评级领域，也受到了这种新定量评级制度的影响。穆迪于 1982 年 4 月和 1986 年 8 月分别细化其企业信用评级和国家信用评级，宣布在各个信用等级后面加上修饰数字。修正数字 1 表示该债务在同类评级中排名最靠前，修正数字 2 表示排名在中间，修正数字 3 表示该债务在同类评级中排名最靠后。

与两次战争期间不同的是，如今，不管被评级实体的类型、地理位置或发行债务所用的计价货币如何，惠誉、穆迪和标普信用评级系统使得已获得评级的债务可以进行全球比较。

3.2.2 投资级和投机级的分界线

把证券分为投资级和投机级是信用评级机构历史上的一件大事。① 如前所述，早在 20 世纪 20 年代，只有标准统计和普尔两家评级机构建立了投资级和投机级债务之间的分界线：标准统计是 B1/B，普尔是 B**/B*。然而，穆迪和惠誉没有设立明确的分界线。

事实上，1931 年 9 月和 1936 年 2 月实施的两部关于信用评级的监管法规，促成了投资级与投机级之间分界线的设定。一方面，这两部法规建立了“优秀”和“好”（前 4 个信用级别）的债务的分界线；另一方面，也建立了前者与投机级债务（证券级别低于第 4 个级别）的分界线。然而，鉴于这些信用评级机构的定量评级各不相同，将一些债务评为投资级还是投机级仍然存在不确定性。

在第一部监管法规实施后，穆迪迅速建立了明确的分界线（Baa/Ba）。直到 1937 年，惠誉、普尔和标准统计在它们各自的评级体系内明确划分了投资级和投机级之间的界线（分别是 BBB/BB、B**/B* 和 B1+/B1）。1939 年，在普尔推出了新的定量评级后，各评级机构的前 4 个信用

① 关于投资者区分投资级债务和投机级债务的困难的讨论请参见 Harold（1938）和 Moody's（2004）。

级别相当于投资级，而其他那些更低级别则视为投机级。这一分界线保持至今。

研究今天惠誉、穆迪和标普对评级的定义时会发现，级别分类的同质化是显而易见的，见表3-1—表3-3。

表3-1　**惠誉评级的当前含义**

类别	级别	含义
投资级	AAA	表示最低的信贷风险。只有在有相当强的定期偿付债务的能力的情况下才给予这一评级。没有任何冲击可以影响其支付能力
	AA	表示很低的信贷风险。表示有很强的能力定期偿付债务。支付能力不会受到负面冲击的很大影响
	A	表示较低的信贷风险。表示有较强的能力定期偿付债务。与更高的评级级别相比，这一级别在一定程度上受到环境或经济条件变化的影响
	BBB	表示现在的信贷风险较低。表示定期偿付债务的能力是足够的，但是环境和经济条件的负面冲击会影响这种能力。这是投资级的最低级别
投机级	BB	有出现信贷风险的可能，尤其会以经济负面变化的结果的形式出现。但是，采取一定商业或财务措施可能会使得债务得到偿还。评为该级别的证券不是投资级
	B	对发行人来说，B的评级表明现在存在很大的信贷风险，但是还存在一定的安全性。现在债务能够得到偿还，但是继续的偿付依赖于一个持续良好的商业和经济环境
	CCC，CC和C	CCC的评级表明违约的可能性确实存在。债务的偿付能力完全取决于持续良好的商业和经济环境。CC的评级表明某种程度的违约是可能的，C的评级表明很快会出现违约现象
违约级	RD	表明一个实体没有能够按期偿付部分而不是所有的重要金融债务，同时仍然能够偿付其他级别的债务
	D	表明一个实体或国家主权已经对其所有的金融债务违约

资料来源：http：//www. fitchratings. com.

表 3-2　　　　　　　　**穆迪评级的当前含义**

类别	级别	含义
投资级	Aaa	Aaa 级债务的信用质量最高，信用风险最低
	Aa	Aa 级债务的信用质量很高，只有极低的信用风险
	A	A 级债务为中上等级，有低信用风险
	Baa	Baa 级债务有中等信用风险。这些债务属于中等评级，因此有某些投机特征
投机级	Ba	Ba 级债务有投机成分，信用风险较高
	B	B 级债务为投机性债务，信用风险高
	Caa	Caa 级债务信用状况很差，信用风险极高
	Ca	Ca 级债务投机性很高，可能或极有可能违约，只有些许收回本金及利息的希望
	C	C 级债务为最低债券等级，通常都会违约，收回本金及利息的机会微乎其微

资料来源：http：//www. moodys. com.

表 3-3　　　　　　　　**标普评级的当前含义**

类别	级别	含义
投资级	AAA	偿还债务能力极强，为标普给予的最高评级
	AA	偿还债务能力很强，与最高评级差别很小
	A	偿还债务能力较强，但相对于较高级别的债务，其偿债能力较易受外在环境及经济状况变动的不利因素的影响
	BBB	目前有足够偿债能力，但若在恶劣的经济条件或外在环境下其偿债能力可能较脆弱
投机级	BB	相对于其他的投机级评级，违约的可能性最小，但持续的重大不稳定情况或恶劣的商业、金融、经济条件可能令发债人没有足够能力偿还债务
	B	违约可能性较 BB 级高，发债人目前仍有能力偿还债务，但恶劣的商业、金融或经济状况可能削弱发债人偿还债务的能力和意愿
	CCC 和 CC	被评为 CCC 级的债务目前有可能违约，发债人须依赖良好的商业、金融或经济条件才有能力偿还债务。如果商业、金融、经济条件恶化，发债人可能会违约。被评为 CC 级的债务目前违约的可能性很高
	SD 和 D	被评为 SD 级（选择性违约）或 D 级的发债人没有能力偿还一项或多项债务。当标普相信发债人违约且债务到期而发债人没有能力按期偿还债务时，则给予发债人 D 级别。当标普相信发债人有选择地对某些或某类债务违约，但会及时偿还另一些或另一类债务时，则给予发债人 SD 级别

资料来源：http：//www. standardandpoors. com.

3.3 信用评级的主要政策和程序

自1918年首次出现国债评级以来，随着资本市场的不断发展，惠誉、穆迪和标普的信用评级系统也得到相应发展。虽然发展至今的大多数信用评级业务已经涉及了金融机构、企业和结构性金融领域，但与20世纪20年代的国家信用评级相比，现在的情况要复杂得多。

例如，两次战争期间，评级机构只对债券评级。当时，并不对发债人本身进行评级：评级机构通过发债人发行的证券的信用质量评估其信誉度。20世纪80年代，评级机构开始对国债发行人评级。发债人的信用级别是对发债人总体偿还债务能力的评定，而不是对某一特定的金融债务。尽管评级机构仍然给国债评级，然而发债人信用级别是最常考虑的信贷意见。①

自20世纪70年代以来，信用评级机构在告知投资者相关信息时，也告知短期内评级可能发生的变化。

3.3.1 短期信用评级

早在1971年和1975年，穆迪和标普就开始发布国家信用短期评级。1995年，惠誉也发布了这样的评级。

对发债人和短期证券的短期评级，是对发债人偿还短期金融债务（即原始到期日不超过12个月的债券）能力的评定。惠誉和穆迪的短期评级来源于它们的长期评级（见表3-4）。

惠誉短期评级的F1+、F1、F2和F3分别代表了“超强”、“最高的”、“较好的”和“一般的”短期信贷质量。短期评级的B级和C级分别表示短期债务具有投机性和很高的短期违约风险。RD和D分别表示该

① 除非另有说明，当谈到自20世纪80年代以来评级机构发布的国家信用评级时，本书阐述的是国债发行人的长期信用评级。

实体已有部分或全部债务违约。穆迪的 P-1 级表示发行人的短期债务偿付能力最强，P-2 和 P-3 分别表示短期债务偿付能力较强和短期债务偿付能力尚可。被评为“Not Prime”的发行人不在任何 Prime 评级类别之列。标普的评定量表如表 3-5 所示。值得注意的是，短期评级的变化与长期评级的变化有关。

表 3-4　**惠誉、穆迪的长期和短期信用评级对应关系**

惠誉		穆迪	
长期评级	短期评级	长期评级	短期评级
AAA	F1+	Aaa	Prime-1
AA+	F1+	Aa1	Prime-1
AA	F1+	Aa2	Prime-1
AA-	F1+	Aa3	Prime-1
A+	F1+ or F1	A1	Prime-1
A	F1	A2	Prime-1 or Prime-2
A-	F1 or F2	A3	Prime-1 or Prime-2
BBB+	F2	Baa1	Prime-2
BBB	F2 or F3	Baa2	Prime-2 or Prime-3
BB-	F2 or F3	Baa3	Prime-3
BB+	B	Ba1	Not Prime
BB	B	Ba2	Not Prime
BB-	B	Ba3	Not Prime
B+	B	B1	Not Prime
B	B	B2	Not Prime
B-	B	B3	Not Prime
CCC	C	Caa	Not Prime
CC	C	Ca	Not Prime
C	C	C	Not Prime
RD	RD		
D	D		

资料来源：http：//www.fitchratings.com and http：//www.moodys.com.

注释：RD 级只适用于发债人。

表 3-5　　　　　　　　**标普短期评级定义**

类别	级别	含义
投资级	A-1+	偿还债务能力极强
	A-1	偿还债务能力较强
	A-2	偿还债务能力令人满意。然而，相对于最高的评级，其偿债能力较易受到外在环境或经济状况变动的不利影响
	A-3	目前有足够能力偿还债务，但若经济条件恶化或外在因素改变，其偿债能力可能较脆弱
投机级	B-1	相对于其他投机级发债人，获得 B-1 级的发债人短期债务偿还能力较高
	B-2	相对于其他投机级发债人，获得 B-2 级的发债人短期债务偿还能力一般
	B-3	相对于其他投机级发债人，获得 B-3 级的发债人短期债务偿还能力较脆弱
	C	被评为 C 级的债务目前有可能违约，发债人须依赖良好的商业、金融或经济条件才有能力偿还债务
违约级	SD	当标普相信发债人有选择地对某些或某类债务违约，但会及时偿还另一些或另一类债务时，则给予发债人 SD 级别
	D	当标普相信发债人违约且债务到期而发债人没有能力按期偿还债务时，则给予发债人 D 级别

资料来源：http：//www. standardandpoors. com.

3. 3. 2　评级观察

标普、穆迪和惠誉分别于 1991 年、1992 年和 1995 年对可能发生的评级变动进行了观察。虽然各评级机构所用术语不同（标普使用“信用观察”，穆迪使用“观察清单”，惠誉使用“评级观察”），但这一过程都表示一个信用等级由于可能在短期内发生变动而被观察。[①]

评级观察分为“上调”、“下调”和“方向未定”，那么被列于观察清单的信用级别则可能被调高、调低或者不变。当信用级别已被调高、调低或者没有改动的情况下，该级别将被从观察清单中去除。[②] 观察清单经常受事件影响而变化，并通常在相对较短的时间内得到解决。要注意的是，起初未被放置在信用观察清单上的信用级别也有可能被调高或调低。第 8 章对惠誉、穆迪和标普对国家信用评级信用观察的配置进行了详尽的分析。

3.3.3 评级展望

标普、穆迪和惠誉分别于 1989 年、1997 年和 2000 年对主权实体发布评级展望。评级展望用来表明在中期内评级可能变动的方向。[③]

可给予的评级展望分为四类。“正面”展望表示可能上调评级，“负面”展望表示可能下调评级，“稳定”展望表示评级可能不会变化。“发展中的”（惠誉称“演变”）展望表示评级随时间的变化而变化，评级可能上调也可能下调。但是“正面”或“负面”展望并不表示评级一定会出现变动。同样地，评级展望为“稳定”时，评级也可以被上调或下调，而不必修改在评级调整前的展望。第 8 章介绍了惠誉、穆迪和标普发布的关于国家信用的评级展望。

3.4 本币信用评级与外币信用评级

传统上，主权国家可以以本国货币（LC）或外国货币（FC）发行债

---

① 这三个词是等价的，可以交替使用。
② 这是穆迪使用的术语；标普和惠誉分别用“发展中的”和“演变的”。
③ 穆迪的评级展望是指评级在中期内可能的走向（Moody 2010b）。惠誉和标普的评级展望时间范围分别为“1 到 2 年”和“6 个月到 2 年”（Fitch 2009；S&P 2010b）。

务。[1] 在两次战争期间，惠誉、普尔和标准统计只对在纽约证券交易所上市的以美元或英镑计价的债券评级。与此相反的是，穆迪对本币债券或外币债券都进行评级，并以证券的货币面值代替本币债券和外币债券这些术语。

1921 年，穆迪对其本币和外币政策背后的原理做出如下解释："所有对外国政府债务的评级都是基于美国投资者的角度（投资者思考和行动的基础是'美元'，而不是英镑、法郎、马克或里拉），这是必须牢记的事实。从法国人的角度来看，对法郎投资（其他方面，例如收益、证券安全性，是相同的）比购买以美元计价的债券更理想。但是从美国人的角度来看，以美元计价的债券是最好的投资选择。如果一个美国人购买了以法郎计价的债券，他将成为一个法郎汇率的投机者，而不是一个投资者。"[2] 出于这个原因，穆迪对那些以美元计价债券发行国的评级要高于那些发行本币或其他货币债券的国家。以美元计价和非美元计价国债之间评级的差距通常是 1 到 2 个级别。[3]

伴随着 20 世纪 80 年代国家信用评级活动复兴的是本币和外币政策。1982—1983 年，拉美国家的破产浪潮展示了外币违约的过程。评级机构从中吸取了教训，修改了它们的评级方法。穆迪和标普首先对信誉度最高的国债发行人进行外币评级（以下简称 FC 评级）。之后，它们也对投机级发债人进行 FC 评级，并于 20 世纪 90 年代发布本币评级（以下简称 LC 评级）。[4]

此后，大多数国债发行人的 LC 评级要高于它们的 FC 评级。这一状况出现的原因是：（a）政府有了更强的能力来获得税收以及本币对外币

---

① 见 Eichengreen et al.（2005）对"原罪"的假设（即一个国家无法使用其本国货币向国外借贷或长期向国内借贷）；见 Hausmann and Panizza（2010）最新的分析。

② *Moody's Analyses of Investments and Security Rating Books - Government and Municipal Securities*（1921）.

③ 外国政府发行以美元计价的债券被评为 Aaa、Aa 或 A 级的，其发行的以非美元计价的债券会得到低 1 级别的评级。发行国获得级别低于 A 的以美元计价的证券，与其非美元计价的证券会相差 2 个级别。

④ LC（或 FC）评级反映了国家使用其本国货币（或外国货币）筹集资源以偿还债务的能力和意愿。

的收入和资产来偿付债务（Moody's 1999）；（b）发行人对本币债务的违约率比对外币债务违约率低（S&P 2003）。2001 年，国债发行人的 LC 评级一般比其 FC 评级要高 1 个级别（见表 3-6）。

表 3-6 **国债发行人 LC-FC 评级（在级别上）的差别**

评级机构	截至 2001 年 1 月	截至 2011 年 1 月
惠誉	+1.26	+0.43
穆迪	+0.72	+0.05
标普	+1.21	+0.41

资料来源：作者的计算，基于 http：//www.fitchratings.com、http//www.moodys.com、http//www.standardpoors.com。

注释：级别转化成数值。差别计算公式是：LC 评级减去 FC 评级。

然而在 21 世纪初，由于各种原因，LC-FC 评级差距缩小（参见 Fitch，2008；Moody's 2008；S&P 2005）。首先，金融自由化使外币债务危机波及本币债务。其次，新兴国家积累了大量的外汇储备，提高了它们的 FC 评级水平。最后，一些国家组成了货币联盟（如欧洲经济货币联盟），或在国内采用另一种货币（如美元化）。对这些国家来说，LC 评级和 FC 评级之间不再有差距。

今天，惠誉、穆迪和标普都倾向于认为，各国政府对任何类型债务违约的可能性几乎是相同的。

3.5 国家上限

21 世纪初，外币信用开始作为对国内发行人发行的外币债务进行评级的评级上限。2001 年，由于相信“在一次对外偿付/货币危机中，政府会选择对自己的对外发行债券违约，而不是对在其管辖范围内的外币借款人延期偿付”，穆迪放松了其“国家上限”的政策（Moody's 2001）。

因此，在 2001 年，穆迪开始为每一个评级国家的外币债券和票据指定上限。惠誉在2004年做了同样的事情。“国家上限”确立了发行人发行的以外币计价的长期债券可得到的最高信用评级。这种对长期债券发行人所设定的信用评级上限，反映了“由国家当局造成的资本风险和外汇管制风险，禁止或严重阻碍了私人部门将本币转换成外币或转换成非居民债权人的能力（转让和可兑换风险）”（Fitch 2009；Moody's 2010b）。[①]

标普发布了转让和可兑换评估报告，这一报告反映了：“主权国家限制非主权国家为了履行偿付债务的义务而使用外汇”（S&P 2010a）。2005年，这些转让和可兑换评估报告中首次使用长期债券发行人的评级符号。

非主权债务所需要的外币数额达到主权限制所能获得的可能性明显低于外币债券违约的可能性时，外币债务的国家上限评级（或转让和可兑换评估报告）就会高于外币的国家主权评级。这类主权国包括波罗的海国家、匈牙利和巴拿马。当一国（如中国或塞尔维亚）的主权可能面临外币额度的限制并使国内发行者受到FC评级约束时，它的国家上限评级和FC评级是相同的。

3.6 违约国家的信用评级

对违约债券及违约国家的评级进行分析是很有用的，有两个原因：第一，它支持了评级既反映违约率又反映回收率的观点。[②] 第二，它揭示了评级方法理论和实际的评级业务之间的矛盾。

在两次战争期间，穆迪对一些国家发布的一些评级取决于这些国家发行的债券是否拥有（a）偿债基金；或是否（b）已被保证。在此期间，两种违约证券或两个违约国家的评级也有可能不同。最著名的例子是，尽

① 但是，当一些受益于特殊特征的证券减少转让和可兑换风险时，这些证券可能会冲破国家上限。

② 这一发现在2003年12月16日作者对大卫·利维进行专访时得到证实。在评级业务中，穆迪的评级反映了投资级债务违约的概率。但是只对投机级债务发行人考虑回收率（2004年11月17日理查德·坎托（Richard Cantor）发给作者的邮件）。

管在1924年和1925年墨西哥与俄罗斯都违约（穆迪对他们的评级分别是Ba和C），但是它们发行的债券评级之间相差4个级别。而且，穆迪是基于9个等级的定量评级，墨西哥的债券评级和俄罗斯的相差4个级别，因为穆迪预测俄罗斯违约会比墨西哥违约给投资者造成更大的损失。[①] 惠誉、普尔和标准统计发布的对违约债券的评级中也存在类似的差距。

还应注意到，违约证券的级别在有些时候可能不低于那些没有违约的证券的级别。例如，在1923年和1924年，几种违约的墨西哥债券（分别发行于1899年、1910年和1913年）的信用级别比没有违约的波兰债券的级别要高。再比如2003年，违约的多米尼亚共和国（被评为B3）比实际有能力偿还债务的厄瓜多尔和摩尔多瓦（都被评为Caa1）的信用级别高。[②]

值得注意的是，在两次战争期间，三大评级机构（除了穆迪）给予违约的债券投机级级别。例如，在20世纪30年代晚期，尽管已经违约，多米尼加证券仍被惠誉、普尔和标准统计评为B级。

20世纪90年代至21世纪初也有一些类似的例证。1998年3月至2002年8月，尽管在此期间几项支付中断，印尼仍然被惠誉评为B-。惠誉这样评级的理由是印尼外币债券债务规模小，重组的风险也小（Fitch 2002）。与此相反，惠誉并没有解释为何在1998年8月到2000年5月这段期间给予违约的俄罗斯CCC级别。

分析穆迪的定量评级很有趣，因为穆迪没有把违约国家评级制定成一个单独的评级体系。特别是在1998—2009年间，被穆迪列为违约的14个主权国家中，只有3个国家（阿根廷在2001—2003年，摩尔多瓦在2002—2003年，厄瓜多尔在2008—2009年）的级别被下调至Ca。[③] 其他的违约发行人信用级别在B3和Caa3之间。没有违约发行人的级别被下调

---

① *Moody's Investment Letter*（1922），"Defaulted Foreign Government Bonds"，11月28日。*Moody's Investment Letter*（1923），"Mexican Debt Agreement，" 2月8日。

② 这一做法违背了如前所述的穆迪的评级定义，其中最低的两个信用等级的基础是回收率预期（高回收率的违约债务被评为Ca，低回收率的违约债务被评为C）。

③ 作者根据Moody's（2010a）和http：//www. moodys. com计算得出。

至 C（即穆迪的最低级别）。

与穆迪的评级政策相比，标普和惠誉的政策是，自 20 世纪 90 年代中期以来，所有违约的借款国的信用级别被自动下调至投机类级别。[①] 从这一角度看，惠誉的评级政策是随时间演变的，其对违约国的评级比非违约国的评级还要高的一些例子就是证明。在 1924—1925 年间，如前所述，违约的墨西哥债券获得了比非违约的波兰债券高 1 个级别的评级。

以上的例子表明，一个努力对投资者保证高回收率的违约国的信誉要高于一个偿还债务意愿不确定但仍然可信的国家。这些例子还支持了这样的观点，即自 1918 年以来，对 1 个低级别债务人进行信用评级时不仅要衡量违约率，还要衡量回收率。然而标普是个例外，其信用评级一直只衡量违约率。2005 年，惠誉的评级也开始衡量违约率。

3.7 国家回收率评级

2005 年，穆迪修改了评级政策，修改后的信用评级只衡量国家的违约率。与此同时，惠誉也决定对当时所有已经评级的国家进行发行人违约评级[②]，并对债券评级在 B+及以下的债务发行国进行回收率评级。值得注意的是，回收率分析是在违约已经发生的假设下进行的。

惠誉在对债券的回收率评级中以回收程度来评定。被评为 RR1 的证券，其特征相当于历史上回收了本金和利息 91% ~100% 的证券。同样，被评为 RR2（或 RR3、RR4、RR5 和 RR6）的证券，其特征相当于历史上回收了本金和利息 71% ~90%（相应的是 51 ~70%，31 ~50%，11 ~30%，和 0 ~10%）的证券。当一种证券违约时，该证券的发行人会得到 D 或 RD 级别。然而，特定类型的债务证券的评级仍然是从 B 到 C，不良

① 来自 http：//www. standardandpoors. com 和 http：//www. fitchratings. com。只有俄罗斯和印度尼西亚这两个国家在没有偿还债务的前提下仍然获得惠誉的非违约评级。

② 发行人违约评级，和前面所述的发行人信用评级是等价的，是“违约率”评级的基准。发行人违约评级不根据预期的回收率区分违约事件。

证券不再获得特定的“违约”级别（见表3-7）。

表3-7　　**惠誉对不良和违约债券的指示性评级**

回收率评级	相应的债券评级
RR1	CCC+/B-/B
RR2	CCC/CCC+
RR3	CCC-/CCC
RR4	CC/CCC-
RR5	C/CC
RR6	C

资料来源：Fitch（2005b）.

影响回收率评级的因素有抵押品、相对于其他债务的优先权、外债占总债务的比重、国际机构持有债务占比、债务的可持续性、财政部门的重要性、债务人偿还债务的意愿、经济开放程度、人均国内生产总值以及过去债务重组的做法（Fitch 2005b）。回收率评级方法使违约债务获得的评级高于非违约债务成为可能。

2006年12月，标普部分采取了惠誉的评级政策，第一次发布了回收率评级。但是，穆迪只针对国债的发行人而不对债券本身进行回收率评级（S&P 2007）。标普的回收率评级包括7个级别（见表3-8）。

表3-8　　**标普的回收率评级**

回收率评级	回收率预期	回收率范围（%）	债券评级
1+	全部回收	100	上调3个级别
1	回收率很高	90～100	上调2个级别
2	回收率较高	70～90	上调1个级别
3	回收率足够	50～70	级别不变
4	回收率一般	30～50	级别不变
5	回收率较低	10～30	下调1个级别
6	回收率很低	0～10	下调2个级别

资料来源：S&P（2007）.

注释：债券评级取决于相对发行人信用评级的变化。例如，被评为B+、回收率评级为2的债券，会被上调1个级别（即BB-）。

标普的国家回收率分析涉及以下因素：债务水平和借债能力的对比、违约和重组历史、官方双边贷款的比例、主权违约危机对金融系统和一般经济活动的影响、其他违约国最近的回收率、现有的国际货币基金组织债务的比例、潜在的货币贬值可能性、进入全球商品和资本市场的重要性、获得特别援助的潜力、财政和外部灵活性、本国金融部门对外债的开放程度、资金流入的性质、居民与非居民债务持有人的比例、该国额外负债增加的可能性、预期违约之后的政治形势、国家的议价能力（S&P 2007）。[①]

与另外两家评级机构不同，穆迪不进行回收率评级。这与穆迪发行人评级既要反映违约率也要反映对违约造成经济损失的评估的政策是一致的（Moody's 2010b）。

参考文献

Eichengreen B., Hausmann R. and Panizza U. (2005), "The Mystery of Original Sin", in Eichengreen B. and Hausmann R. (eds.), *Other People's Money*, Chicago University Press, Chicago.

Fitch (various years), *Fitch Bond Book*.

Fitch IBCA (1998), "Fitch Sovereign Ratings-Rating Methodology".

Fitch Ratings (2002), "Indonesia Upgraded to B, Outlook Stable", I August.

Fitch Ratings (2005a), "The Role of Recovery Analysis in Ratings-Enhancing Informational Content and Transparency", 14 February.

Fitch Ratings (2005b), "Sovereign Issuer Default and Recovery Ratings", 14 December.

Fitch Ratings (2008), "Local Currency Debt Markets Emerge from the Shadows", 3 April.

① 截至2011年3月31日，标普对33个国家进行了违约率评级；所有国家都被评为2、3或4级（http://www.standardandpoors.com）。

Fitch Ratings(2009), "Definitions of Ratings and Other Scales", March.

Harold G. (1938), *Bond Ratings as an Investment Guide*, Ronald Press Company, New York.

Hausmann R. and Panizza U. (2010), "Redemption or abstinence? Original sin, currency mismatches and counter-cyclical policies in the new millennium", *Working Paper No. 194*, *Centre for International Development at Harvard University*, January.

Kliger D. and Sarig O. (2000), "The Information Value of Bond Ratings", *Journal of Finance*, Vol. 55, No. 6.

Moody's Investors Service (various years), *Moody's Manual of Investments-American and Foreign Government Securities.*

Moody's Investors Service(various years), "Moody's Investment Letters".

Moody's Investors Service(1999), "Rating Methodology-The Usefulness of Local Currency Ratings in Countries with Low Foreign Currency Country Ceilings", July.

Moody's Investors Service (2001), "Revised Country Ceiling Policy-Rating Methodology", June.

Moody's Investors Service (2004), "Tracing the Origins of 'Investment Grade'", January.

Moody's Investors Service(2008), "A Guide to Moody's Sovereign Ratings", December.

Moody's Investors Service(2010a), "Sovereign Default and Recovery Rates, 1983–2009", April.

Moody's Investors Service(2010b), "Rating Symbols and Definitions", October.

Poor's(various years), *Poor's Volume.*

Poor's(various years), *Poor's Rating Services.*

Standard & Poor's(1979), *Standard & Poor's Ratings Guide 1979.*

Standard & Poor's(2003), "Sovereign Defaults: Heading Lower Into 2004", 18 September.

Standard & Poor's (2005), "Sovereign Foreign and Local Currency Rating Differentials", 19 October.

Standard & Poor's (2007), "Introduction of Sovereign Recovery Ratings", 14 June.

Standard & Poor's (2010a), "Sovereign Rating and Country T&C Assessment Histories", 13 April.

Standard & Poor's(2010b), "Standard & Poor's Ratings Definitions", 3 May.

Standard Statistics(various years), *Standard Bond Books*.

4

怎样评价国家信用？

4.1 简 介

本章介绍了评级过程，并重点阐述了国家信用评级过程中评级机构所采用的分析师驱动法。

1968 年 1 月，当标普决定向市政债券发行人收费时，评级过程发生了根本性的变化：从投资人付费模式转变成为发行人付费模式。直到 1974 年 7 月，穆迪紧随标普的政策，两家机构开始对市政和企业发行的债券评级收费。20 世纪 90 年代早期，国债发行人也开始为它们的评级付费。信用评级机构的这种从主动发布评级信息到经发行人同意才发布信用意见的商业模式的转变，必然会对评级的过程产生影响。在投资人付费模式中，信用评级机构和被评级国家之间没有商业联系。因此评级过程相对简单，只依赖评级机构的内部组织。然而，在现行的发行人付费模式中，发行人通常会参与评级。

本章的安排如下：4.2 节介绍国家信用评级队伍的组织结构和分析师简介。4.3 节介绍发行人付费模式如何影响信用评级机构对国家信用风险的评估。同时，重点阐述了评级委员会的重要性，以及自 20 世纪 90 年代以来发行人和信用评级分析师之间的紧密联系。

4.2 国家信用评级队伍

4.2.1 两次战争期间

对于在两次战争期间工作的分析师，惠誉、穆迪、普尔和标准统计公司就他们的人数和简介方面都没有提供任何相关信息。

据说，《穆迪指南》（*Moody's Manuals*）（包括附录部分）是在来着多个领域的、众多专家的指导下完成的。[①] 在国家信用评级领域，约翰·穆迪（John Moody）和马克思·温克勒（Max Winkler）发挥了重要的作用。约翰·穆迪在 1923 年以前签署每一份《投资快报》（*Investment Letters*），1921 年一直为《穆迪指南》（*Moody's Manuals*）作序。此外，直到 20 世纪 20 年代晚期，他还在监督所有指南的发行并持续关注国家信用领域的最新信息。例如，1921 年，穆迪花了几周的时间在英国、法国、比利时和德国调查它们的财政和经济状况。[②] 1922—1927 年（这一时期，创建了一个由 W·巴雷特·布朗（W. Barrett Brown）掌管的正规评级部门），作

① *Moody's Manual* (1926), "Introduction," p. vi.
② *Moody's Investment Letter* (1921), "The Foreign Situation," 8 September.

为穆迪编辑委员会委员的温克勒，主管外国政府债券评级。1928 年，温克勒发布了自己的指南（《温克勒外国公司指南》（*Winkler's Manual of Foreign Corporations*，海外统计公司（*Overseas Statistics*）出版），并且出版了两本书：《拉丁美洲的美国资本》（*Investments of United States Capital in Latin America*，世界和平基金会小册子，1929 年）和《外国债券解析》（*Foreign Bonds，An Autopsy*，罗兰·斯温公司，1933 年）。在《外国债券解析》这本书中，温克勒借鉴了穆迪的分析方法。正如《政府证券指南》（*Manuals of Government Securities*）封面所述，温克勒是唯一一位获得经济学博士学位的高级分析师。

标准统计公司披露的信息中没有说明它们是否成立了专门的国家信用评级部门。然而，该机构公布了一份参与评级过程的高级分析师和经济学家的名单。[①] 1922 年，克莱顿·A. 潘海尔（Clayton A. Penhale）担任高级编辑。1941 年，标准统计公司和普尔公司合并后，他被任命为标普公司的第一任总裁。曾在标准统计公司担任执行主编的劳伦斯·H. 斯隆（Laurence H. Sloan）被任命为副总裁。斯隆曾出版过几本关于公司盈利和股票市场的书。标准统计公司聘请了几位特约编辑：尤金·E. 阿格尔（Eugene E. Agger）、刘易斯·H. 哈尼（Lewis H. Haney）、卡尔·E. 帕里（Carl E. Parry）。阿格尔是哥伦比亚大学（Columbia University）经济学副教授，哈尼是纽约大学工商管理研究部（The New York University Bureau of Business Research）的主任，帕里是美国杜兰大学（Tulane University）的经济学教授，后来担任美联储抵押贷款部门（The Division of Security Loans at the Board of Governors of the Federal Reserve System）的主管。标准统计公司也雇佣了很多经济学家作顾问，包括 T. E. 格雷戈里（T. E. Gregory）和赫伯特·J. 达文波特（Herbert J. Davenport）。格雷戈里拥有伦敦经济学院（The London School of Economics）的科学学士学位。

---

① Standard Statistics（1922），*Standard Daily Trade Service*，May.

达文波特，美国康奈尔大学（Cornell University）的经济学教授，是一位非常有名的经济学家，写过许多书和研究文章。标准统计公司有将近300个员工。[①] 很难去评定每个员工在国家信用评级的过程中所扮演的角色。

惠誉和普尔公司在他们的队伍构成方面没有提供更详细的信息。[②] 这4个评级机构的总部都设在纽约，在美国的其他城市也都有办事处。[③] 穆迪和标准统计公司在伦敦也有办事处。

4.2.2 当 今

1940年到20世纪80年代中期，由于很多国家的信用评级被撤销，国家信用评级活动濒临消亡。穆迪公司负责公司和银行评级的分析师负责监管仅剩的几个被评级国家。[④] 1968—1974年间，标普公司完全停止了国家信用评级活动。惠誉在20世纪60年代中止了国家信用评级业务，直到20世纪90年代才恢复。

1983年对委内瑞拉的评级失败后，[⑤] 穆迪的国家信用评级活动在茱莲娜·拉尔森（Jolene Larson）的主持下，于1985—1986年重新建立起来：国家信用风险部作为银行和财政部门的一个组成部分在1985年下半年建立起来。共有3个高级国家信用分析师：大卫·利维（David Levey），吉列尔莫·埃斯特万（Guillermo Estebanez）和罗杰·奈伊（Roger Nye）。[⑥] 大卫·利维被任命为团队的常务董事，而后被提升为国家信用评级部的主管和联席主管，并一直担任到2004年。此后到2008年，由文森特·特鲁格利亚（Vincent Truglia）领导该团队，此人从1996年开始便和利维共同担任国家信用评级部的联席主管。之后，皮埃尔·卡耶托（Pierre Cailleteau）从特鲁格利亚手中接管了这个团队，并在2010年5月份辞职。

① Standard Statistics (1923), *Standard Daily Trade Service*, August.
② 浏览 *Poor's Volumes* 和 *Fitch Bond Books* 即可得知。
③ 在普尔公司破产并由保罗·T. 巴布森（Paul T. Babson）再注资后，到1941年它与标准统计公司合并之前，该机构的总部设在韦尔斯利（马萨诸塞州）。
④ 2003年12月16日，作者在纽约对大卫·利维进行了一次采访。
⑤ 委内瑞拉违约时，穆迪将它评为Aaa级。
⑥ "Moody's Moves into Sovereign Debt Rating," Australian Financial Review, 14 July 1986.

此后到2010年9月，巴特·奥斯特费尔德（Bart Oosterveld）（包括国家信用评级在内的公共部门评级首席信贷官）临时领导这个团队。在巴特·奥斯特费尔德于2011年1月份重新领导国家信用风险团队之前，丹尼尔·麦戈文（Daniel McGovern）一直担任该团队的常务董事。加入穆迪之前，大卫·利维作为国家风险管理人曾在富国银行（Wells Fargo）任职两年。文森特·特鲁格利亚曾在欧文信托公司（Irving Trust Co.）/纽约银行（Bank of New York）和纽约联邦储蓄银行（The Federal Reserve Bank of New York）工作。皮埃尔·卡耶托在20世纪90年代和2000年上半年在法兰西银行（Banque de France）、IMF、法国农业信贷银行（Crédit Agricole）工作。巴特·奥斯特费尔德则是在穆迪开始了他的工作生涯。

与穆迪国家信用评级高层人员的频繁变动相比，标普的人员构成则相对稳定。大卫·比尔斯（David Beers）（全球主权政府和国际公共财政评级主管）、约翰·钱伯斯（John Chambers）（国家信用评级部的副主管，而后担任国家信用评级委员会的主席）、玛丽·卡瓦诺（Marie Cavanaugh）（国家信用评级标准部的官员）、简·埃迪（Jane Eddy）（拉丁美洲国家信用评级的主管）和高平小川（Takahira Ogawa）（亚太平洋地区国家信用评级的主管）都在他们的职位上（或者几乎相当的职位上）工作了十多年。在加入标普之前，有些高级分析师具有丰富的银行业从业经验。①

惠誉在1997年兼并IBCA及2000年兼并达夫菲尔普斯投资管理公司（Duff and Phelps）后，它的国家信用评级业务迅速发展起来。② 曾担任瑞银华宝（UBS Warburg）高级经济师的大卫·莱利（David Riley）从2001年6月开始担任惠誉国家信用及国际公共财政团队的主管。一些经理和总

---

① 2008年6月24日标普在巴黎举行年会期间，作者收集到的信息。

② 1996年8月，惠誉、达夫菲尔普斯投资管理公司和IBCA分别对1个、8个和40个国家进行了评级（Huhne 1996）。2001年8月，惠誉评级的国家数量达到了71个。

监在加入惠誉之前在达夫菲尔普斯投资管理公司（雪莱·谢蒂（Shelley Schetty）和罗杰·谢尔（Roger Scher））或者在IBCA（保罗·霍金斯（Paul Rawkins）和理查德·福克斯（Richard Fox））工作。大多数员工都在其他公司或机构担任过国家信用风险分析师。罗杰·谢尔曾在美联储（Federal Reserve）、华宝公司（S. G. Warburg）、美国国务院（The US Department of State）工作；保罗·霍金斯曾在英国劳埃德银行（Lloyds Bank UK）工作；理查德·福克斯曾在米兰银行（Midland Bank）工作；詹姆斯·麦科马克（James McCormack）曾在加拿大出口开发公司（Export Development Corp. of Canada）工作。[①]

值得注意的是，评级机构中的现任或前任经理和董事中很少有人取得经济学博士学位。他们之中大多数人拥有美国、加拿大或英国大学的经济学硕士学位。

尽管穆迪国家信用评级团队的一些高级副主管（区域信用分析人员）及副主管（资深信用分析人员）在伦敦、法兰克福或新加坡工作，但其总部还是设在纽约。标普的总部设在纽约，但是大卫·比尔斯（David Beers）的办公室在伦敦。标普的一些常务董事、高级董事“驻扎”在伦敦、法兰克福、巴黎、多伦多、布宜诺斯艾利斯、墨尔本或者新加坡。惠誉的国家信用及国际公共财政团队以伦敦为基地，但是一些常务董事和经理“驻扎”在纽约或者中国香港。此外，惠誉、穆迪和标普也在一些外围国家设立办公室，并派出一些级别比较低的分析师。

4.3 国家信用评级过程

由于20世纪90年代早期，在国家信用领域已经实现了由投资人付费模式向发行人付费模式的转变，所以，让国债发行者参与信用等级评定的

① *Fitch Sovereign Brochure*（undated document）.

过程便成为当前信用评级过程的主要特征。

4.3.1 主动评级转变为委托评级

两次战争期间，四大评级机构没有记录它们的评级过程，因此无法准确地评定分析师或评级委员会在评级过程中的作用。[①] 鉴于信用评级机构提供的是主动评级，它们不会采用由外国政府直接提供的信息。

穆迪使用国际联盟（League of Nations）提供的数据，并且依赖它的国外统计部从美国资源处（国务院（the State Department）、商务部（The Department of Commerce）、美国大使馆（US embassies））获取的信息和数据。这些数据通过两类出版物发布。《穆迪指南》（*Moody's Manuals*）涵盖了外国国债和地方政府债券的信息，分析了每个国家的政治、经济和财政状况，并对这些国家的债券进行了评级。指南每年发行一次，1918 年时大概有 1 000 页，20 世纪 30 年代已超过了 3 000 页。穆迪每周都会发行《投资快报》（*Investment Letters*）。[②] 这些快报中包含与特定国家或国家组织的评级公告、年度回顾、预测报告和投资建议相关的文章。[③]

标准统计公司、惠誉和普尔没有披露它们的信息来源。标准统计公司在《标准债券分册》（*Standard Bond Books*）一书中发布它的国家信用评级信息，并在《标准每日交易服务》（*Standard Daily Trade Services*）中发布补充资料。惠誉和普尔分别在《惠誉债券分册》（*Fitch Bond Books*）和《普尔分册》（*Poor's Volumes*）中发布它们的国家信用风险分析和信用等级。[④]

评级机构提供主动评级的情况一直持续到 1991—1992 年。1986 年 9 月，在国家信用风险部创建后不久，穆迪发布了一份公告，指出未来会提

---

① 约翰·穆迪（John Moody）除外，因为他在评级过程中的影响很大。

② *Investment Letters* 在 1931 年被重命名为 *Investment Surveys*，1936 又被命名为 *Bond Surveys*。

③ 不同于现在，穆迪当时的出版物中包括“吸引性”债券列表及是否买卖或持有证券的建议。

④ 参见 Flandreau 等（2010），一份由 4 家机构提供的详尽的产品介绍。

供更多的主动评级。[①] 尽管一国的相关信息、数据可以从 IMF、世界银行(World Bank）和 OECD 的公开数据那里获得，但是如果没有各国政府的参与，对它们的评级还是比较困难的。因此，尽管没有任何报酬，穆迪还是通过与政府洽谈来重新设定它的评级程序。标普紧随其后，从 1988 年开始向国债购买者提供主动评级。对于没有主动提出评级申请的外国政府，穆迪当时将其划分为六类，从“极强”到“较弱”。[②]

1989 年，布雷迪债务重组计划的实施使得需要在资本市场上筹资的国家增多，这使得对国家信用评级的需求也增加了。1991 年和 1992 年，政府接受了为国家信用评级付费的要求。信誉度较高的国家（比如智利）想要证明它们的信用等级已经从先前的金融危机中恢复过来了，中低收入的国家宁愿有一个较低的信用等级，也不会放弃被评级。[③] 投资者也需要得到信用评级机构评定的国家信用等级，以此作为独立的与投资银行不同的信用分析报告。

4.3.2 评级委员会的重要性

20 世纪 90 年代早期，国家信用评级的标准化不仅依赖于发行人的参与，也依赖于评级委员会的参与。实际上，在对国家信用风险进行主动评级时，评级委员会就已经在发挥作用了。例如，1986 年 8 月 15 日，即在决定完善其国家信用评级级别之后，穆迪举行了一次评级委员会会议来重新评估丹麦和新西兰的信用风险。下文中所介绍的现行的评级过程也包含了发行人的参与。

事实上，惠誉、穆迪和标普的评级过程非常相似（参见 Fitch 2006；Moody's 2004；S&P 2009）。评级过程开始于国债发行人对评级的需求。一旦支付了费用，发行人便被指派给一个主笔分析师，该分析师的工作由一

---

① 穆迪的 FC 评级从 1985 年的 11 个增加到 1990 年的 34 个。

② “US Credit Rating Agency Is Considering Altering the Way It Expresses Its Assessments of Sovereign Borrowers,” Financial Times，8 July 1988.

③ 2010 年 3 月 22 日，作者在纽约对大卫·利维进行了一次采访。

个陪访分析师来辅助完成。[①] 主笔分析师主导此次分析工作，并负责与发行人之间的会谈。[②] 这种会议是和政府官员进行讨论的大好机会（比如国家元首、总理、财政部长、经济部长、中央银行行长、高级公务员、工会领袖）。当数据采集和分析工作完成后，主笔分析师会向评级委员会呈交一份评级建议。

评级委员会程序的设立是为了限制单个分析师对评级结果的影响。通常情况下，评级委员会包括 4 ~ 10 个分析师，且至少包括 1 个高级董事或常务董事。评级委员会讨论主笔分析师的建议及评级依据。除高级分析师外，委员会中的投票成员都要就此评级建议提出看法。[③] 每个投票成员拥有 1 票。最后，评级委员会正式确定信用等级。

而后，发行人被告知此次评级结果及主要评级依据。如果发行人对此有异议并可以提供有价值的新信息，惠誉和标普允许发行人在评级结果公布之前提出申诉，虽然这种申诉可能并不会改变评级委员会的决定。相比之下，穆迪不允许发行人提出申诉，一旦评级结果确定，评级过程就已经结束。评级结果将会通过新闻媒体和评级机构的网站发布给公众。

国家信用评级的结果会被持续监督和跟踪。主笔分析师负责评级结果的监管工作。与常务董事及董事一样，无论何时，只要政治、经济、财政、金融及其他信息可能会影响发行人的信誉度时，他们就会对评级的结果进行审查。评级结果至少每年跟踪一次，跟踪的过程就意味着另一个评级过程的发生。原则上，观察清单的变化、评级展望的变化和信用等级的确认都需要评级委员会的评估。评级过程的主要步骤概括在图 4-1 中。

有些国债发行人可能会拒绝参与评级过程，在此情况下，评级机构便不能与发行人就信用问题进行直接的沟通。2009 年 2 月，穆迪列出 3 个

---

① 自 2004 年引进 IOSCO 代码后，评级机构的分析职能与商业职能被严格分开，如此分析师便可免受评级费用问题所带来的干扰。

② 在过去的十年中，一个特定分析师监管的国家数量从 8 个到 15 个不等（数据来源于对诸多国家信用分析师的采访）。

③ 由于级别较低的分析师可能会被提拔为主笔分析师，因此此项规定意味着主笔分析师不能参与投票。

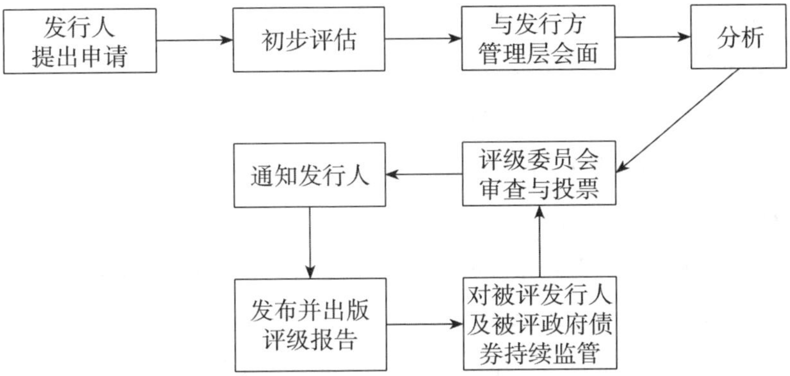

图 4-1　标准评级过程

资料来源：S&P（2009）.

不参与评级过程的发行国家，它们是巴林、沙特阿拉伯和土库曼斯坦（Moody's 2009）。在发行人提出申请后（如 2008 年 6 月马里和 2009 年 8 月塞舌尔向标普提出申请），该国的信用评级可能会被撤销。在某些情况下，评级机构也有可能主动撤销评级，例如评级机构缺少充分的信息去维持该评级（例如，2009 年 10 月，穆迪决定撤销对摩尔多瓦的评级），或者是该国的所有交易性国际债券已经到期（例如，惠誉分别在 2005 年 2 月和 2007 年 7 月撤销对土库曼斯坦和冈比亚的评级）。由于美国政府认为对伊朗的评级与美国主导的对该国实行的经济制裁不符，2002 年 6 月，穆迪撤销了对伊朗的国家信用评级。惠誉在 2008 年 4 月撤销了对伊朗的评级，但是惠誉宣称，撤销对伊朗的评级是因为伊朗政府发行的最后一笔欧洲债券已到期并且已经全部偿还，而不是源于经济制裁或是美国政府的压力，也不反映伊朗经济的发展状况。①

参考文献

Fitch (various years), *Fitch Bond Books*.

① 参见 "Fitch Withdraws Iran Rating on Bond Payment," *Reuters*, 24 April 2008.

Fitch Ratings(undated), "Fitch Sovereign Brochure".

Fitch Ratings(2006), "The Rating Process", July.

Flandreau M., Gaillard N. and Packer F. (2010), "To Err Is Human: Rating Agencies and the Interwar Foreign Government Debt Crisis", *BIS Working Papers No.* 335, December.

Huhne C. (1996), "Rating Sovereign Risk", *Bank of England, Financial Stability Review*, Issue 1, Autumn.

International Organization of Securities Commissions(2004), *Code of Conduct Fundamentals for Credit Rating Agencies*, December.

Moody's Investors Service(various years), "Investment Letters".

Moody's Investors Service(various years), *Manuals of Government Securities.*

Moody's Investors Service(2004), "Guide to Moody's Ratings, Rating Process, and Rating Practices", June.

Moody's Investors Service(2009), "Non-Participating Rated Issuers, February".

Poor's(various years), *Poor's Volumes.*

Standard & Poor's(2009), "Guide to Credit Rating Essentials".

Standard Statistics(various years), *Standard Bond Books.*

Standard Statistics(various years), "Standard Daily Trade Services".

5

穆迪国家信用评级：1918—1939 年与 1986—2006 年的比较

本章分析了在两个国家信用评级活动繁荣时期（两次战争期间和当今），决定国家信用级别的主要因素，尤其以穆迪的评级活动为重点。研究发现，正如前文所述，尽管这两个时期的监管框架和评级行业明显不同，但穆迪国家信用评级的决定因素是相同的。

我考察了两次战争期间的外国政府证券，但从样本中排除了政府担保债券、次级政府（州、县、市等）债券、尚未完全独立的国家（加拿大除外）发行的债券，以及美国政府发行的债券（基准）。我还将不同国家的债券按其所发行的货币进行区分，以此来考察当今各国的国家信用评级。我分析了 1918—1938 年间除本币债券外在纽约证券交易所交易的以美元标价的国家债券、在美国可支付的债券及在纽约证券交易所（NYSE）交易的以英镑标价的国家债券（总共225种外国政府债券）。1986—2006年间，我则重点关注了以外币表示的国家信用评级。

本章分为5部分。5.1节是文献回顾。5.2节阐述了穆迪在两个时期的评级政策。5.3节介绍了穆迪的评级方法。5.4节分析了所考察时期国家信用评级的决定因素。5.5节为本章小结。

5.1 文献回顾

本章主要回顾了两类文献：实证分析两次战争期间国家信用的繁荣与萧条和自20世纪90年代以来国家信用评级的决定因素。

许多研究工作分析了20世纪20年代在纽约证券交易所出现的国家信用繁荣与萧条及随后的违约浪潮。Madden *et al.*，（1937）；Lewis（1938，1945）；Borchard，（1951）和Wynne（1951）分析了一战以来作为第一债权国的美国的作用，并对1931年出现的国家信用违约激增的原因及程度做了全面的介绍。Winkler（1933）和Rippy（1950）则认为1931年的国家违约浪潮是由于银行家无能力区分好与坏的债务人造成的。更为贴切的是，Mintz（1951）强调了在20世纪20年代发行的美元外国政府债券的质量在下降：根据证券的发行时间划分，在20世纪30年代出现违约状况的证券中，1920年发行的债券中违约债券占10%，1925年发行的占35%，1929年发行的则超过80%。此后，Eichengreen and Werley（1988）与Eichengreen and Portes（1989）通过计算20世纪20年代发行的美元国家信用债券的实际回报率，评定了国家信誉度的级别。东欧和拉丁美洲国家级别较低，西欧国家级别较高。最后，Flandreau *et al.*（2010）通过对两次战争期间国家信用评级表现的研究发现，评级的预测能力并不优于现有市场价格的预测能力。

有关当代国家信用评级方法的文献始于Cantor and Packer（1996）。他们发现，穆迪和标普在 1995 年 9 月发布的国家信用评级可由 5 个变量来解释：人均收入、通货膨胀、外债、经济发展水平和违约历史。JÜttner and McCarthy（2000）认为，坎托和帕克的模型在亚洲金融危机之后，缺乏准确性。他们认为，加入银行业和货币变量后，1998 年评级的决定因素是经常账户平衡、经济发展指标和违约历史、与美元的息差及问题资产的范围。然而，两个后续的研究则与坎托和帕克的结果相符。Afonso（2003）认为的 2002 年评级最重要的变量（人均收入、通货膨胀率、经济发展指标、违约历史）也是坎托和帕克所提出的决定因素。Moody's（2004）的研究也有类似的发现：4 个解释变量中的 2 个（人均国内生产总值和外债）是与坎托和帕克相同的。穆迪的主要发现是加入了能够显著改善模型的政治变量。Afonso *et al.*（2011）通过对国家信用评级短期及长期决定因素的研究发现，人均国内生产总值、实际国内生产总值的增长、公共债务水平及政府资产负债对国家信用评级有一个短期的显著影响。政府效率、外债水平和对外储备则是重要的长期决定因素。最后，Bhatia（2002）采用了不同的方法：他根据穆迪和标普的出版物分析了国家信用评级方法的演变，并强调了亚洲金融危机的结构性变化及 1998 年后两家信用评级机构对财务和资产质量标准的引进。

5.2 穆迪的评级政策

穆迪在 1986 年重新使用了 1981 年对国家信用债券的评级方法。第一，1919 年和 1920 年，许多已列入《穆迪指南》（*Moody's Manuals*）中的国家信用债券尚未被评级，评级机构对此的解释是信息不充分或政治及金融动荡。[①] 实际上，穆迪采用了保守性的策略。通过对这段时期 3 次债券评级高潮（1918 年、1919 年和 1920 年）的考察发现：穆迪起初只对

① Moody's Manual of Investments-American and Foreign Government Securities（1918）.

较高级别的国家信用债券评级，后来才开始对较高风险的国家信用债券及高风险的证券评级（见图5-1）。1918年，美元债券的最低级别为A，1919年为Ba，1920年为Caa。1921年，所有被列入《穆迪指南》（*Moody's Manuals*）的国家信用债券均已被评级。① 20世纪80年代中期，国家信用评级同样遵循自上而下的方法。较低的评级出现得较晚：第一个B等级出现在1989年，第一个Caa等级出现在1998年（见图5-2）。第二，从1934年到1939年，投机级债券所占的比重大于当今的任何一年：1938年的比重超过65%，1999年则为47.2%。出现这种差异的主要原因是1932—1934年间的大规模降级（见表5-1）。第三，2002年升级的国家数量和比率（包括一大部分东欧国家）高于1997—1998年亚洲金融危机期间被降级的国家数量和比率（见表5-2），其目的是最小化亚洲金融危机对评级的影响。第四，通过对1931年债务危机和亚洲金融危机之前的4年（即1927—1930年和1993—1996年期间）评级的考察显示，被评国家信用债券和降级的比率从未超过10%。这种现象支持了传统的观点（Reisen and von Maltzan（1999）。Ferri *et al.*（1999）），认为评级很难预测国家债务危机和违约状况。同时，这种传统观点与Winkler（1933）和Rippy's（1950）对银行家不能预测1931年危机的批评相呼应，也证实了Flandreau *et al.*（2010）对信用评级机构预测能力判断的结果。

穆迪的评级政策也必然通过评级的演化来进行分析。表5-3和表5-4列示了1918—1939年和1986—2006年期间1年期的评级转换率。本节考察了1918年3月至1939年1月期间每年发布在《穆迪指南》（*Moody's Manuals*）中的评级结果，② 并整理了在此期间至少连续2年被评级的国家信用债券共计1 819个重复的观测值。由于违约债券也总是会被评级，

---

① 在随后的几年中，穆迪不仅对在纽约证券交易所报价的债券进行评级，也对在东京和欧洲证券交易所（从伦敦证券交易所到更小的交易所，比如贝尔格莱德和考纳斯）报价的LC和FC证券评级。

② 对于穆迪在1918—1921年出版的《穆迪指南》，其出版时间是没有规律的（1918年为3月份，1919年为2月份，1920年为11月份，1921年为11月份）。1922—1923年的指南在8月份出版。而后从1924年至1926年均在3月份出版，1927—1939年在1月份出版。

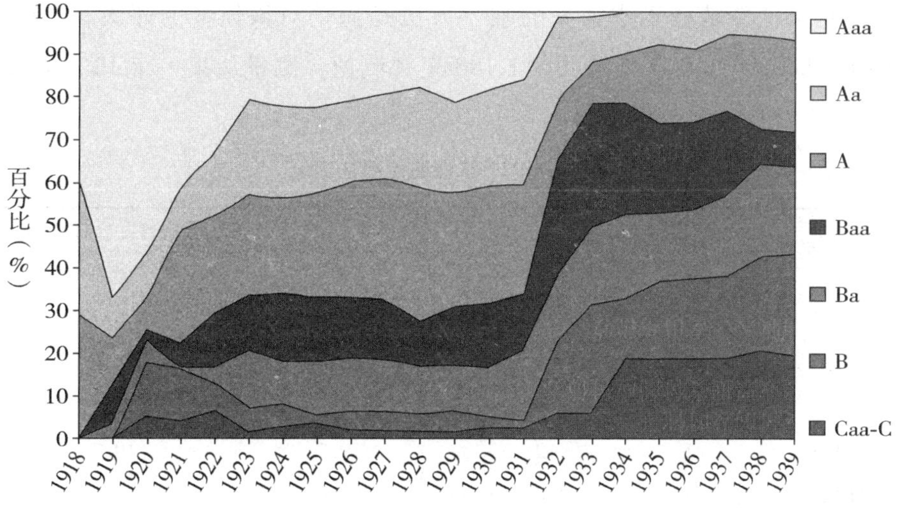

图 5-1　1918—1939 年的国家信用评级按类别划分

注释：所列年限的所有信用级别均是在《穆迪指南》（*Moody's Manuals*）中列出的级别。

资料来源：作者的计算，基于 *Moody's Manuals*（1918—1939）。

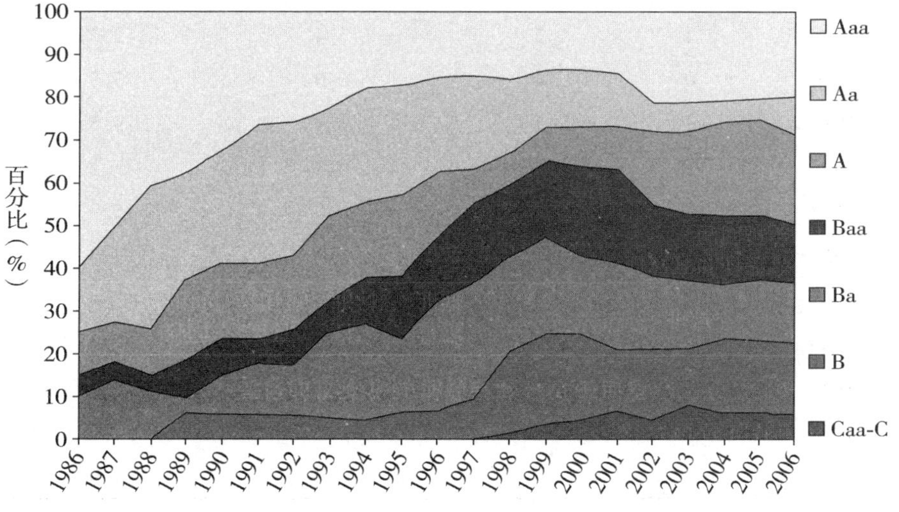

图 5-2　1986-2006 年的国家信用评级按类别划分

注释：所有的信用级别均截至 2011 年 12 月 31 日。

资料来源：作者的计算，基于 http：//www. moodys. com。

所以这类债券从样本中消失的唯一方法是撤销对该债券的评级。由此，1986—2006 年的转换矩阵共计 1 180 个观测值，测量从某一年 12 月至下一年 12 月评级的变化。

表 5-1　　**1919—1939 年穆迪评级的变化**

	升级的数量	降级的数量	升级的百分比（%）	降级的百分比（%）
1919	10	0	41.7	0.0
1920	0	2	0.0	6.7
1921	5	5	12.8	12.8
1922	2	9	4.1	18.4
1923	12	12	19.7	19.7
1924	0	0	0.0	0.0
1925	7	0	9.6	0.0
1926	8	5	8.9	5.6
1927	3	2	3.1	2.1
1928	9	1	8.2	0.9
1929	4	3	3.4	2.5
1930	0	4	0.0	3.3
1931	2	11	1.7	9.5
1932	1	93	0.8	77.5
1933	0	42	0.0	35.9
1934	4	32	3.4	27.4
1935	9	4	7.6	3.4
1936	0	0	0.0	0.0
1937	0	10	0.0	8.5
1938	3	2	2.6	1.7
1939	0	2	0.0	1.9

注释：所列年限的所有信用级别均是在《穆迪指南》中列出的级别。所使用的1919 年的信用级别是发布在 1920 年 2 月的《穆迪指南》中的级别。

资料来源：作者的计算，基于 *Moody's Manuals*（1918—1939）。

表 5-2　　1987—2006 年穆迪评级的变化

	升级的数量	降级的数量	升级的百分比（%）	降级的百分比（%）
1987	0	1	0.0	5.0
1988	0	0	0.0	0.0
1989	0	5	0.0	18.5
1990	1	4	3.1	12.5
1991	1	3	2.9	8.8
1992	1	2	2.9	5.9
1993	2	2	5.7	5.7
1994	6	4	15.0	10.0
1995	5	3	11.1	6.7
1996	7	1	14.9	2.1
1997	12	6	20.3	10.2
1998	5	11	6.8	14.9
1999	6	4	7.3	4.9
2000	11	3	12.4	3.4
2001	8	3	9.0	3.4
2002	26	4	28.9	4.4
2003	15	7	16.9	7.9
2004	8	4	9.0	4.5
2005	13	3	13.4	3.1
2006	20	2	19.8	2.0

资料来源：作者的计算，基于 http：//www. moodys. com。

表 5-3　　1918—1939 年，穆迪 1 年期的评级转换率

	最终级别								
列级别	Aaa	Aa	A	Baa	Ba	B	Caa	Ca	C
Aaa	**86.7**	12.9	0.4	0.0	0.0	0.0	0.0	0.0	0.0
Aa	3.2	**80.6**	14.4	1.8	0.0	0.0	0.0	0.0	0.0
A	0.5	2.6	**81.1**	13.7	0.5	1.6	0.0	0.0	0.0
Baa	0.0	0.0	9.0	**76.6**	11.7	2.7	0.0	0.0	0.0
Ba	0.0	0.0	0.4	3.6	**82.5**	11.1	2.4	0.0	0.0
B	0.0	0.0	0.0	0.5	3.4	**87.8**	7.8	0.5	0.0
Caa	0.0	0.0	0.0	0.0	2.1	5.2	**88.5**	4.2	0.0
Ca	0.0	0.0	0.0	0.0	0.0	0.0	2.0	**98.0**	0.0
C	0.0	0.0	0.0	0.0	0.0	0.0	0.0	50.0	**50.0**

注释：所列年限的所有信用级别均是在《穆迪指南》中列出的级别。所使用的 1919 年的信用级别是发布在 1920 年 2 月的《穆迪指南》中的级别。

资料来源：作者的计算，基于 *Moody's Manuals*（1918—1939）。

表 5-4　　1986—2006 年，穆迪 1 年期的评级转换率

列级别	最终级别 Aaa	Aa1	Aa2	Aa3	A1	A2	A3	Baa1	Baa2	Baa3	Ba1	Ba2	Ba3	B1	B2	B3	Caa1	Caa2	Caa3	Ca	C
Aaa	**97.9**	2.1	0.0	0.0	0.0	0.0	0.0	0.0	0.0	0.0	0.0	0.0	0.0	0.0	0.0	0.0	0.0	0.0	0.0	0.0	0.0
Aa1	11.0	**79.4**	8.2	1.4	0.0	0.0	0.0	0.0	0.0	0.0	0.0	0.0	0.0	0.0	0.0	0.0	0.0	0.0	0.0	0.0	0.0
Aa2	4.8	9.5	**84.1**	1.6	0.0	0.0	0.0	0.0	0.0	0.0	0.0	0.0	0.0	0.0	0.0	0.0	0.0	0.0	0.0	0.0	0.0
Aa3	1.9	0.0	15.4	**82.7**	0.0	0.0	0.0	0.0	0.0	0.0	0.0	0.0	0.0	0.0	0.0	0.0	0.0	0.0	0.0	0.0	0.0
A1	0.0	0.0	0.0	12.3	**81.6**	4.1	0.0	0.0	0.0	0.0	2.0	0.0	0.0	0.0	0.0	0.0	0.0	0.0	0.0	0.0	0.0
A2	0.0	0.0	0.0	3.2	7.9	**82.5**	1.6	1.6	0.0	1.6	1.6	0.0	0.0	0.0	0.0	0.0	0.0	0.0	0.0	0.0	0.0
A3	0.0	0.0	0.0	0.0	4.6	10.6	**83.3**	1.5	0.0	0.0	0.0	0.0	0.0	0.0	0.0	0.0	0.0	0.0	0.0	0.0	0.0
Baa1	0.0	0.0	0.0	0.0	3.6	5.3	12.5	**75.0**	0.0	1.8	0.0	1.8	0.0	0.0	0.0	0.0	0.0	0.0	0.0	0.0	0.0
Baa2	0.0	0.0	0.0	0.0	0.0	2.1	6.1	12.2	**77.5**	0.0	2.1	0.0	0.0	0.0	0.0	0.0	0.0	0.0	0.0	0.0	0.0
Baa3	0.0	0.0	0.0	0.0	0.0	0.0	1.4	5.4	11.0	**75.3**	1.4	2.7	1.4	0.0	0.0	1.4	0.0	0.0	0.0	0.0	0.0
Ba1	0.0	0.0	0.0	0.0	0.0	0.0	0.0	1.1	2.2	11.0	**80.2**	3.3	0.0	0.0	1.1	1.1	0.0	0.0	0.0	0.0	0.0
Ba2	0.0	0.0	0.0	0.0	0.0	0.0	0.0	1.6	0.0	4.9	12.9	**70.9**	1.6	1.6	4.9	1.6	0.0	0.0	0.0	0.0	0.0
Ba3	0.0	0.0	0.0	0.0	0.0	0.0	0.0	0.0	0.0	0.0	3.9	9.8	**70.6**	9.8	2.0	3.9	0.0	0.0	0.0	0.0	0.0
B1	0.0	0.0	0.0	0.0	0.0	0.0	0.0	0.0	0.0	0.0	0.0	3.2	9.7	**74.2**	8.9	3.6	0.0	0.0	0.0	1.6	0.0
B2	0.0	0.0	0.0	0.0	0.0	0.0	0.0	0.0	0.0	0.0	0.0	0.0	0.0	12.7	**74.5**	5.5	5.5	0.0	1.8	0.0	0.0
B3	0.0	0.0	0.0	0.0	0.0	0.0	0.0	0.0	0.0	0.0	0.0	0.0	2.9	6.0	17.6	**61.8**	8.8	0.0	2.9	0.0	0.0
Caa1	0.0	0.0	0.0	0.0	0.0	0.0	0.0	0.0	0.0	0.0	0.0	0.0	0.0	0.0	7.4	7.4	**77.8**	3.7	0.0	3.7	0.0
Caa2	0.0	0.0	0.0	0.0	0.0	0.0	0.0	0.0	0.0	0.0	0.0	0.0	0.0	0.0	0.0	0.0	25.0	**75.0**	0.0	0.0	0.0
Caa3	0.0	0.0	0.0	0.0	0.0	0.0	0.0	0.0	0.0	0.0	0.0	0.0	0.0	0.0	0.0	0.0	0.0	50.0	**50.0**	0.0	0.0
Ca	0.0	0.0	0.0	0.0	0.0	0.0	0.0	0.0	0.0	0.0	0.0	0.0	0.0	0.0	0.0	0.0	50.0	0.0	0.0	**50.0**	0.0
C	0.0	0.0	0.0	0.0	0.0	0.0	0.0	0.0	0.0	0.0	0.0	0.0	0.0	0.0	0.0	0.0	0.0	0.0	0.0	0.0	**0.0**

注释：所有的信用级别均截至 2011 年 12 月 31 日。

资料来源：作者的计算，基于 http://www.moodys.com。

在对比表5-3和表5-4时需注意，两个时期的评定量表是不同的（参见第3章），两次战争期间的转换矩阵与债券有关，而当今的转换矩阵与国家有关。然而，从这些矩阵中也可以得出一些结论。穆迪的评级在这两个时期特别稳定：一年中评级没有任何变化的国家信用债券和国家的比率分别为82.6%和83.3%。在当今，投资级的国家或债券更加稳定，而在两次战争期间，则是投机级的国家或债券更加稳定。事实上，1931年国家债务危机影响了投资级债券，而20世纪90年代的国家债务危机对投机级和投资级的国家均有影响（见附录1）。

归纳本节，本文列出了1918—1939年和1986—2006年间穆迪国家信用评级的主要特点（见表5-5）。

表5-5 **1918—1939年与当今对比，穆迪国家信用评级的特征**

	两次战争时期	当今
监管活动	无	有：自1975年以来*NRSRO*状况，2006年的《信用评级机构改革法》（*Credit Rating Agency Reform Act of* 2006），2010年的《多德-弗兰克法》（*Dodd-Frank Act of* 2010）
以金融监管为目的的评级	1931年9月之前无	在整个20世纪90年代和21世纪初，越来越多地被美国证监会使用
在国家信用评级领域穆迪的竞争对手	1922年之前没有，1922—1924年有1个（普尔），此后有3个（普尔、标准统计公司、惠誉）	1986—1997年有4个（标普、惠誉、IBCA、达夫菲尔普斯投资管理公司） 1997—2000年有3个（标普、惠誉、达夫菲尔普斯投资管理公司） 2000年之后有2个（标普和惠誉）

续表

	两次战争时期	当今
穆迪的出版物	2 种：《穆迪指南》《投资快报》	至少 10 种：《穆迪指南》 《评级新闻》(Rating News) 《特别评论》(Special Comments) 《特别报道》(Special Reports) 《评级方法报告》(Rating Methodology reports) 《评级列表》(Rating Lists) 《信用意见》(Credit Opinions) 《国家统计》(Country Statistics) 《国家分析》(Country Analyses) 《国家信用统计手册》(Country Credit Statistical Handbooks)
投资建议	有	无
收入来源	向投资者出售《穆迪指南》和《投资快报》	向发行人收取费用
穆迪的评级级别	9 个评级类别	21 个评级类别
穆迪的评级方法	违约概率+回收率	违约概率+回收率
办事处的数量	1918 年 2 个，1929—1939 年 8 个	2007 年有 29 个
高级国家信用评级分析师的数量	1 个（直到 1929 年，仅有约翰·穆迪）	1986 年为 3 个，2006 年为 12 个
穆迪国家信用评级部门的“大老板”	约翰·穆迪（John Moody，1918—1922） 马克思·温克勒（Max Winkler，1922—1927）	茱莲娜·拉尔森 (Jolene Larson，1986—1990) 大卫·利维 (David Levey，1990—2004) 文森特·特鲁格利亚 (Vincent Truglia，2004—2008) 皮埃尔·卡耶托 (Pierre Cailleteau，2008—2010) 巴特·奥斯特费尔德 (Bert Oosterveld，since2010)

续表

	两次战争时期	当今
专门设立的国家信用评级部门	从 1922 年起，仅有一个全球性国家信用风险管理部门	在 1985 年年底，创建了一个专门的评级部门
评估实体的类型	债券	债券和国家
评估实体的数量（1918—1939 年，以美元和英镑标价，在纽约证券交易所上市的债券；1986—2006 年，以外币评估的国家）	1918 年为 24 个，1929 年为 123 个，1939 年为 108 个	1986 年为 20 个，1996 年为 59 个，2006 年为 101 个
升级的年度百分比（平均）（%）	6	10
降级的年度百分比（平均）（%）	11	7
级别未变的百分比（%）	83	83

5.3 穆迪的评级方法

穆迪的国家信用评级方法，即在其出版物中所提到的信用评级机构的标准在整个 20 世纪的变化甚小。第一，穆迪的评级方法通常反映两种风险：无支付能力的风险和无支付意愿的风险。第二，它包含一系列的标准和变量，但其权重则是主观的和未知的。① 第三，没有数学公式可以明确地用于评定国家信用等级。

1919 年，评估国家信用风险最主要的因素为国民收入、战争造成的

① *Moody's Manuals*（1924，1929，and 1937）；Moody's（1999，2006a）.

人口变化及“人们的盈利能力”。[①] 穆迪的目标是了解每年的储蓄和收入能在多大程度上弥补不断增加的公共债务。1924 年，穆迪的评级方法框架变得更加全面，并且提供了一个有 25 项标准的列表。表 5-6 列出了这些标准，同时标明其为定性或定量标准，以及这些信息是否能在《穆迪指南》或《投资快报》中获得（即直接可获得），是否能在其他地方获得，或者不可获得。

表 5-6　　**穆迪在 1924 年强调的 25 个标准的列表**

标准	定量标准	定性标准	直接可用性	间接可用性	信息不充分
1. 问题的合法性和有效性		X		X	
2. 一国的免税问题		X	X		X
3. 国际联盟		X	X	X	
4. 人口的种族特征	X	X	X		
5. 教育水平	X	X			X
6. 职业统计	X	X	X		
7. 体制和政治的稳定性		X	X		
8. 债务违约风险		X	X	X	
9. 自然资源	X	X	X		
10. 人均财富	X				
11. 国家债务对国家财富的比率	X				
12. 年度债务费用对年度收入的比率	X		X	X	
13. 债务和财富的增长率	X		X	X	
14. 国有产业的重要性	X	X	X	X	
15. 货币制度	X	X	X		
16. 偿债基金的存在		X	X		X
17. 历史记录		X	X	X	
18. 利息支付的及时性		X	X		
19. 以黄金或票据支付的应付债券	X	X	X		
20. 汇率	X		X		
21. 政府的收入、支出与税收	X		X		
22. 有形贸易	X		X		
23. 无形贸易	X		X	X	
24. 币制	X	X	X		
25. 工业化程度	X	X	X		

资料来源：作者的分类，基于 *Moody's Manual*（1924）。

① *Moody's Investment Letter*（1919），“The Credit of Foreign Governments,” 3 April.

正如穆迪2006年的评级方法所用（见表5-8），本节将1924年提出的25项标准划分为八大类（见表5-7）。第6、第14和第25项标准反映了一个国家的工业化程度。第3个和第7个变量是体制、政治和地缘政治稳定性的指标。对一个国家的“跟踪记录”包括第8、第17和第18项标准。第15、19、20和24个变量代表货币的稳定性。外贸数据可以通过第22、23项标准获得，财政收支和人均财富可参考第21项和第10项标准，第11、12、13项标准代表相对于财富或收入的债务负担。对于其他的标准，我对此提出几点看法。“问题的合法性和有效性”这项标准是不重要的，因为穆迪从来没有发现非法发行的债券。穆迪经常提出“民族特色”这项标准，将其作为国家财富的代表，而我认为这是一项不合理的标准，第2、第5和第6项标准也由于信息不充分而应当被舍弃。

表5-7　**1924年将变量分为八大类**

工业化	职业统计
	国有产业的重要性
	工业化程度
体制稳定性	国际联盟
	体制和政治稳定性
违约历史	债务违约风险
	历史记录
	利息支付的及时性
货币稳定性	货币制度
	以黄金或票据支付的应付债券
	汇率
	币制
外贸	有形外贸
	无形贸易
财政收支	政府的收入、支出与税收
人均财富	人均财富
债务负担	国家债务对国家财富的比率
	年度债务费用对年度收入的比率
	债务和财富的增长率

资料来源：作者的分类，基于*Moody's Manual*（1924）。

这样分类便于对穆迪的评级方法进行实证分析，进而解释决定国家信用评级的主要因素。

表 5-8　　**穆迪在 2006 年强调的 46 项标准的列表**

经济结构和表现	名义国内生产总值（亿美元） 人口（百万） 人均国内生产总值（美元） 人均国内生产总值（购买力平价计算，美元） 名义国内生产总值（增减%，当地货币） 实际国内生产总值（增减%） 通货膨胀（每年 12 月物价消费指数变动百分比） 总投资/ 国内生产总值 国内总储蓄/ 国内生产总值 名义出口的商品和服务（增减%，美元计价） 名义进口的商品和服务（增减%，美元计价） 经济开放度
政府财政	政府一般收入/国内生产总值 政府一般支出/国内生产总值 政府一般财政平衡/国内生产总值 政府基本收支/国内生产总值 政府一般债务（亿美元） 政府一般债务/国内生产总值 政府一般债务/政府一般收入 政府内部支出/政府一般收入 政府外币和外币指数债务/政府一般债务
对外支付和债务	名义汇率（12 月份 1 美元对当地货币） 实际有效汇率（变动百分比） 经常账户余额（亿美元） 经常账户余额/ 国内生产总值 外债（亿美元） 短期外债/外债总额 外债/ 国内生产总值 外债/ 经常账户余额 外债的利息支付（亿美元） 外债的摊销支付（亿美元） 净外国直接投资/ 国内生产总值 官方外汇储备（亿美元） 国内银行的对外资产净值（亿美元）
货币、外币脆弱性和流动性指标	M2（从上一年 12 月至下一年 12 月百分比的变化）短期名义利率（%每年，12 月 31 日） 国内信贷（从上一年 12 月至下一年 12 月百分比的变化）国内信贷/ 国内生产总值 M2/官方外汇储备 外债总额/官方外汇储备 偿债率 外部脆弱性指标 流动性比率 在国际清算银行的总负债/在国际清算银行的总资产 “美元化”的比例 “美元化”的脆弱性指标

资料来源：Moody's（2006a）.

5.4 穆迪国家信用评级决定因素的实证分析

为了分析两次战争期间穆迪考察的国家信用评级的决定因素，本节对1925 年和 1929 年的评级分别使用了最小二乘回归模型和有序概率模型。首先，本文采用坎托和帕克所使用的 8 个解释变量（见表 5-9）。这 8 个变量中，有 7 个参考了穆迪 1924 年评级方法中所使用的标准（见表 5-7）：唯一的区别是本文考虑的是体制的稳定性，而坎托和帕克采用的是国内生产总值。

表 5-9　**对坎托和帕克（1996）使用的 8 个独立变量的说明**

变量名称	定义	测量单位
人均收入	1994 年人均国民生产总值	美元
增长	1991—1994 年年平均国内生产总值的增长	百分比
通货膨胀	1992—1994 年年平均消费物价指数	百分比
财政收支	1992—1994 年年平均中央政府预算盈余与国内生产总值之比	百分比
外部平衡	1992—1994 年年平均经常账户盈余与国内生产总值之比	百分比
外部债务	1994 年外币债务与出口之比	百分比
发展指标	1995 年 9 月，IMF 对工业化国家的分类	指标变量：工业化国家=1,其他=0
违约历史	自 1970 年以来外币债务的违约	指标变量：违约 = 1，不违约=0

注释：人均收入和通货膨胀已经转化为对数。

在坎托和帕克的模型中，被解释变量是一个国家的平均级别，即穆迪发布在 1925 年和 1929 年的《穆迪指南》中关于在纽约证券交易所发行或上市的美元和英镑政府债券级别的平均数值。[①] 例如，当4种美元阿根廷债券被评为Aa级（即8）时，阿根廷的级别为8。1925年的样本中包含37个国家，1929年的样本中则包含43个国家。表5-10中列出了对1925年和1929年8个变量的描述（资料来源可在附录2中找到）。表5-11和5-12则分别列出了1925年和1929年的相关系数。

表5-10 1925年使用的8个独立变量的说明（括号内为1929年的）

变量名称	符号	定义	测量单位
人均收入	PCI	人均财富，1921年（1925年）	美元
增长	GRO	年平均国内生产总值的增长，1921—1923年（1925—1927年）	百分比
通货膨胀	INF	年平均居民消费价格比率，1921—1923年（1925—1927年）	百分比
财政收支	FB	年平均中央政府预算盈余与总财富之比，1921—1923（1925—1927年）	百分比
外部平衡	EB	年平均贸易余额与总财富之比，1921—1923年（1925—1927年）	百分比
外部债务	FCDX	外币债务相对于出口，1923（1927年）	百分比
发展指标	DI	穆迪对“制造业大国”的分类，1925年（1929年）	指标变量：制造业大国=1，其他=0
违约历史	DH	自1900年（自1904年）以来外币债务违约	指标变量：违约=1，不违约=0

注释：人均收入和通货膨胀已经转化为对数。

① 评级数值化的转化如下：Aaa = 9，Aa = 8，A = 7，Baa = 6，Ba = 5，B = 4，Caa = 3，Ca = 2 and C = 1。这是Cantor and Packer（1996）与Moody's（2004）所采用的线性变换。

表 5-11　　1925 年的相关系数（N=37）

	PCI	GRO	INF	FB	EB	FCDX	DI	DH	INST
PCI	1	—	—	—	—	—	—	—	—
GRO	0. 30	1	—	—	—	—	—	—	—
INF	-0. 07	-0. 19	1	—	—	—	—	—	—
FB	0. 00	0. 22	-0. 28	1	—	—	—	—	—
EB	-0. 10	0. 01	-0. 04	0. 04	1	—	—	—	—
FCDX	-0. 01	-0. 28	0. 43	0. 05	0. 01	1	—	—	—
DI	0. 49	-0. 06	0. 11	0. 06	-0. 12	-0. 05	1	—	—
DH	-0. 46	-0. 13	0. 15	0. 11	0. 21	0. 13	-0. 26	1	—
INST	0. 54	0. 31	-0. 42	0. 02	-0. 22	-0. 39	0. 35	-0. 20	1

表 5-12　　1929 年的相关系数（N=43）

	PCI	GRO	INF	FB	EB	FCDX	DI	DH	INST
PCI	1	—	—	—	—	—	—	—	—
GRO	0. 25	1	—	—	—	—	—	—	—
INF	-0. 21	-0. 25	1	—	—	—	—	—	—
FB	-0. 09	-0. 01	0. 00	1	—	—	—	—	—
EB	-0. 14	-0. 07	0. 02	0. 02	1	—	—	—	—
FCDX	-0. 12	-0. 06	0. 08	0. 04	-0. 09	1	—	—	—
DI	0. 46	0. 10	0. 16	-0. 17	-0. 15	-0. 06	1	—	—
DH	-0. 47	-0. 05	0. 28	-0. 17	0. 21	0. 23	-0. 25	1	—
INST	0. 55	0. 23	-0. 28	-0. 08	-0. 01	-0. 30	0. 31	-0. 19	1

表 5-13 对比了 1925 年的回归模型［4］和 1929 年的回归模型［7］，以及坎托和帕克对穆迪 1995 年 9 月评级的回归结果（回归模型［1］）。研究结果表明，穆迪在 20 世纪 20 年代评级的决定因素与 1995 年的决定因素是相同的：人均收入、通货膨胀、外债和违约历史指标。但是，衡量财富增长的变量是不显著的，而且财政收支平衡和贸易平衡或者与预期的符号相反，或者不显著。这 3 个回归结果的主要区别在于“经济发展指标”这个变量的不同：该变量在坎托和帕克的模型中是重要变量，但它却没有出现在 1925 年和 1929 年的回归结果中。

表 5-13

最小二乘回归结果

回归	[1]	[2]	[3]	[4]	[5]	[6]	[7]	[8]	[9]	[10]	[11]
评级日期	1995年9月	2003年7月		1925年1月			1929年1月			2006年12月	
国家数量	49	67		37			43			95	
截距	3.408	14.910	12.780	0.582	-0.292	1.360	-0.788	-0.107	1.029	-20.099	15.387
	(1.379)	(16.481)	(15.047)	(0.350)	(0.169)	(1.065)	(0.638)	(0.081)	(0.911)	(4.939)	(13.722)
人均收入	**1.207**	**0.485**	**0.205**	**1.926**	**2.369**	0.801	**2.339**	**2.675**	**1.776**	**3.825**	
	(4.041)	**(8.118)**	**(2.852)**	**(2.852)**	**(3.590)**	(1.439)	**(5.425)**	**(5.872)**	**(4.087)**	**(10.203)**	
增长	0.130	**0.419**	**0.304**	0.083			0.031			0.008	-0.174
	(1.545)	**(4.019)**	**(3.404)**	(0.959)			(0.883)			(0.638)	(1.124)
通货膨胀	**-0.630**			**-0.306**			**-0.044**			**-0.199**	**-0.327**
	(2.701)			**(2.534)**			**(2.699)**			**(3.049)**	**(3.993)**
财政平衡	0.049			-0.006	0.003	0.002	-0.242	-0.254	-0.258	-0.075	-0.015
	(0.818)			(0.808)	(0.371)	(0.289)	(4.015)	(3.852)	(4.730)	(1.174)	(0.175)
外部平衡	0.006			-0.294	-0.282	-0.188	-0.327	-0.326	-0.344	0.052	**0.134**
	(0.535)			(3.412)	(3.044)	(2.733)	(4.985)	(4.529)	(5.597)	(1.759)	**(3.510)**
外部债务	**-0.015**	**-0.898**	**-0.749**	**-0.001**	**-0.002**	**-0.001**	**-0.002**	**-0.002**	**-0.002**		
	(5.365)	**(3.273)**	**(3.261)**	**(3.851)**	**(5.932)**	**(4.573)**	**(6.582)**	**(6.070)**	**(5.667)**		
总债务										**-0.005**	**-0.009**

续表

回归	[1]	[2]	[3]	[4]	[5]	[6]	[7]	[8]	[9]	[10]	[11]
评级日期	1995年9月	2003年7月		1925年1月			1929年1月			2006年12月	
										(2.509)	(3.103)
发展指标	**2.957**			0.545	0.720	-0.123	0.130	-0.215	-0.341		
	(4.175)			(1.026)	(0.138)	(0.325)	(0.333)	(0.531)	(1.013)		
违约史	**-1.463**			**-0.852**	**-0.987**	**-1.289**	-0.468	**-0.624**	**-0.786**	**-2.035**	
	(2.097)			**(2.312)**	**(2.510)**	**(4.476)**	(1.680)	**(2.124)**	**(3.185)**	**(3.433)**	
治理成效			**2.971**								
			(5.399)								
制度指标						**1.132**			**0.650**		
						(5.390)			**(4.174)**		
治理指标											**3.461**
											(7.515)
调整 R^2	0.905	0.671	0.776	0.762	0.723	0.857	0.841	0.808	0.868	0.835	0.710
标准差	1.325	2.273	1.889	0.870	0.938	0.674	0.672	0.740	0.613	2.149	2.852

注释:括号内为T统计量的值。系数的预期符号与5%显著性水平下T统计量的显著性用黑体标注。回归模型[1]是坎托和帕克对穆迪1995年评级的回归结果。回归模型[2]和[3]是穆迪对2003年评级回归的结果(Moody's(2004))。考虑到2006年"发展指标"和"人均收入"之间高度的相关性,前一个变量在回归模型[10]中没有出现。考虑到"人均收入"、"发展指标"一方面与"违约历史"之间的高度相关性,另一方面与"治理指标"之间的高度相关性,前三个变量在回归模型[11]中被去除。

为了完善模型，本文舍弃了财富增长和通货膨胀这 2 个变量，[①] 只保留了穆迪在 1925 年和 1929 年实际采用的变量。回归模型［5］和回归模型［8］使用了 20 世纪 20 年代经常使用的 6 个变量。回归结果证实了 3 个决定因素的重要性：人均收入、外债和违约历史，这 3 个指标不仅非常重要，而且与预期的符号相同。

穆迪曾明确表示，人均收入越高，一国的信誉度就越高。[②] 在计算 1921 年的人均财富及评级类别时，我发现人均财富与所评的级别正相关：人均财富 1 188 美元的国家被评为 Aaa 级，1 135 美元的国家被评为 Aa 级，770 美元的国家被评为 A 级，381 美元的国家被评为 Baa 级（原文如此），465 美元的国家被评为 Ba 级，456 美元的国家被评为 B 级以及更低的级别。财政收支平衡与所评的级别无相关性这一结果并不奇怪，在获得较高级别的国家中，法国和比利时有大量的赤字，斯堪的纳维亚的预算达到平衡，实行积极财政政策的英国则有盈余。同样，贸易平衡与所评级别也不相关，因为大多数的西欧国家都有结构性赤字（荷兰高达 3.5%，挪威高达 5.7%），而中等级别（Baa 和 Ba 级）的国家在 1921—1923 年的这段时期，平均而言，拥有贸易盈余。应该强调外债对出口比率的重要性，因为它表明了一个国家依赖贸易开放和出口而获得的借贷能力。1933 年，穆迪表示“排列债务国最有效的方法可能是净外债与出口所得款总额及其他外资来源的比”。[③] 经济发展程度这一指标是不显著的，因为只有少数几个国家被列为“制造业大国”（比利时、法国、德国、瑞士、英国、美国），而一些“非制造业大国”（加拿大、丹麦、荷兰、挪威和瑞典）也被评为 Aaa 级。最后，穆迪在其《穆迪指南》和《投资快报》中所使用的违约历史指标（将其命名为“诚信”、“声誉”或“荣誉国家”）是贯穿在所有评级类别中的一个强大的识别变量。自 20 世纪 20 年代以

① 这两个系列的数据来源于 Maddison（2003）；Mitchell（1992，1993）和 Oxford Latin American Economic History database（http：//oxlad. qeh. ox. ac. uk）。

② *Moody's Investment Letter*（1923），“The Wealth and Credit of Foreign Nations，” 2 August.

③ *Moody's Investment Survey*（1933），“Foreign Bonds - Position and Prospects，” 7 September.

来，任何一个被评为 Aaa 或 Aa 级的国家均没有发生过违约，而所有被评为 B 级或者更低级别的国家在 1900—1925 年间都曾发生过违约。①

然而，通过对回归［5］和回归［8］更深入的研究发现，3 个国家（厄瓜多尔、墨西哥和波兰）的级别是异常值：实际给定它们的级别都低于模型所估测的级别。这些国家有一个共同的特点，正如穆迪所强调的，它们经常发生政治动乱。

波兰："政治条件在一定程度上仍具有不确定性，也正是由于这个原因，对这种类型的债务，我并不持乐观的态度。"②

墨西哥："政府的基础非常重要。例如，如果英国的每位官员都突然死亡，则根据英国法律的普遍观念和宪法权利，第二天一个全新的政府将会成立。然而，如果墨西哥的全部官员丧生，那么墨西哥政府本身也会消失。"③

厄瓜多尔：穆迪分析了厄瓜多尔财政部在 1923 年发布的年度报告并强调，"过去的内部革命几乎耗尽了国本，并且增加了公共债务"，"战争对减少进出口贸易方面的影响，尤为明显"。④

这些观点使我意识到穆迪根据体制的稳定性这一变量对这些国家进行了更多的区分。坎托和帕克没有考虑该变量，但它被列入 1924 年穆迪的评级方法中。因此，我选用"制度指标"进行了第三个系列的回归，该指标的得分由 3 个因素构成："政治稳定及无暴力或恐怖事件"、"法治"及"建国的时间"（见表 5-14）。⑤ 指标的最终得分为 0、1、2 或 3（得分越高，体制越好）。回归模型［6］和回归模型［9］表明，这种"制度指标"显著提高了 1925 年和 1929 年模型的解释能力。

① 作者的计算。
② *Moody's Investment Letter*（1925），"The Rehabilitation of Poland，" 26 February.
③ *Moody's Manual*（1925），"The Art of Investing in Public Securities，" p. xvi.
④ *Moody's Manual*（1924）"Republic of Ecuador，" p. 390.
⑤ 穆迪在 20 世纪 20 年代经常强调这 3 个因素。在当时，这 3 个因素决定着一个国家的制度质量。

表 5-14　　1925 年和 1929 年的“工业化指标”得分（INST）

（1925 年 N=37，1929 年 N=43）

国家	工业化指标	国家	工业化指标
阿根廷	3	危地马拉	1
澳大利亚	3	海地	2
奥地利	2	匈牙利	2
比利时	3	爱尔兰自由邦	2
玻利维亚	2	意大利	1
巴西	3	日本	3
保加利亚	2	墨西哥	1
加拿大	3	荷兰	3
智利	2	尼加拉瓜	1
中国	1	挪威	2
哥伦比亚	3	巴拿马	1
哥斯达黎加	3	秘鲁	2
古巴	2	波兰	1
捷克斯洛伐克	2	罗马尼亚	2
丹麦	3	俄罗斯	1
多米尼加共和国	2	萨尔多瓦	3
厄瓜多尔	1	瑞典	3
爱沙尼亚	2	瑞士	3
芬兰	2	英国	3
法国	3	乌拉圭	3
德国	2	南斯拉夫	2
希腊	1		

注释：在两次战争期间，使用 Kaufmann *et al.*（2005）实施的“治理成效”指数是不现实的。正如穆迪（Moody's 2004）所做的那样，因为数据的缺乏关系到 6 个标准中的 4 个（“话语权和问责制”、“政府效率”、“监管质量”、“腐败控制”）。因此，我创建了一个“制度指标”，该指标包括 3 个虚拟变量：（a）如果该国在 1900 年之前创建，则值为 1（否则值为 0）；（b）如果有法治，则值为 1（否则值为 0）；（c）如果没有政变、战争、混乱或外国势力介入的风险，则值为 1（否则值为 0）。

虚拟变量的赋值是基于《穆迪指南》和《投资快报》中穆迪的分析。

1925 年样本中的 37 个国家全部包含在 1929 年的样本中。1929 年样本中的 6 个新增国家为澳大利亚、保加利亚、哥斯达黎加、爱沙尼亚、危地马拉、爱尔兰自由邦。对于 1925 年和 1929 年包含在两个样本中的国家都有着相同的“制度指标”。

针对穆迪2003年7月和2006年12月评级的回归结果被添加到表5-13中。第一个系列（回归模型［2］和回归模型［3］）来自Moody's（2004），第二个系列（回归模型［10］和回归模型［11］）来自我的回归结果。[①] 在对2006年评级结果的回归中，我使用了坎托和帕克的变量，并加入了Kaufmann *et al.*（2005）使用的6个指标的平均值作为治理指标。表5-15和表5-16分别列出了对这9个变量的统计性描述和它们之间的相关系数。样本中95个国家和地区的治理指标汇总在表5-17中（分数越高，治理得越好）。根据坎托和帕克的文献，国家信用评级的决定因素从根本上没有发生改变，穆迪对2003年评级的回归结果和我对2006年评级的回归结果都支持上述观点，但正如在20世纪20年代考虑体制和政治变量那样，这些回归结果也强调了这种变量的重要性。

表5-15　　2006年使用的9个独立变量的说明

变量名称	符号	定义	测量单位
人均收入	PCI	2004年人均国内生产总值购买力平价	美元
增长	GRO	2002—2005年度平均实际国内生产总值增长	百分比
通货膨胀	INF	2003—2005年度平均居民消费价格比率	百分比
财政收支	FB	2003—2005年度平均一般政府预算盈余与国内生产总值之比	百分比
外部平衡	EB	2003—2005年度平均贸易余额与国内生产总值之比	百分比
外部债务	FCDX	2005年政府一般债务与政府一般收入之比	百分比
发展指标	DI	2006年5月穆迪对工业化国家的分类	指标变量：制造业大国=1，其他=0
违约历史	DH	自1981以来外币债务违约	指标变量：违约=1，不违约=0
治理指标	GOV	2005年5月，Kaufmann *et al.*（2005）实施的6个指标的平均值	指数

注释：人均收入已经转化为对数。

① 如前所述，评级数值化的转化为：Aaa = 20，Aa1 = 19，Aa2 = 18，…，Caa3 = 2，Ca = 1，C = 0。

表 5-16　　2006 年的相关系数（N=95）

	PCI	GRO	INF	FB	EB	FCDX	DI	DH	INST
PCI	1	—	—	—	—	—	—	—	—
GRO	-0.34	1	—	—	—	—	—	—	—
INF	-0.45	0.18	1	—	—	—	—	—	—
FB	0.23	0.29	-0.06	1	—	—	—	—	—
EB	0.27	0.16	0.00	0.59	1	—	—	—	—
FCDX	-0.33	-0.20	0.07	-0.55	-0.24	1	—	—	—
DI	0.79	-0.46	-0.38	0.04	0.10	-0.13	1	—	—
DH	-0.56	0.11	0.53	-0.17	-0.13	0.18	-0.47	1	—
INST	0.76	-0.34	-0.50	0.06	0.01	-0.28	0.68	-0.54	1

表 5-17　　2006 年的治理指数（N=95）

国家和地区	治理成效指数	国家和地区	治理成效指数
阿根廷	-0.3397	立陶宛	0.7729
澳大利亚	1.6400	卢森堡	1.8850
奥地利	1.5753	马来西亚	0.3766
巴哈马	1.1282	马耳他	1.2531
巴林	0.3755	毛里求斯	0.6592
巴巴多斯	1.1325	墨西哥	0.0383
比利时	1.3705	摩尔多瓦	-0.6363
伯利兹	0.3698	蒙古	-0.0351
玻利维亚	-0.4284	摩洛哥	-0.1887
波斯尼亚和黑塞哥维那	-0.5818	荷兰	1.6944
博茨瓦纳	0.8001	新西兰	1.8531
巴西	0.0092	尼加拉瓜	-0.3224
保加利亚	0.2072	挪威	1.7369
加拿大	1.6311	阿曼	0.4918
智利	1.2456	巴基斯坦	-1.0255
中国	-0.4889	巴拿马	0.1602

续表

国家和地区	治理成效指数	国家和地区	治理成效指数
哥伦比亚	-0.5528	巴布亚新几内亚	-0.7237
哥斯达黎加	0.7657	巴拉圭	-0.7840
克罗地亚	0.2434	秘鲁	-0.3503
塞浦路斯	0.8748	菲律宾	-0.4098
捷克共和国	0.7446	波兰	0.5423
丹麦	1.8302	葡萄牙	1.1375
多米尼加共和国	-0.2512	卡塔尔	0.3635
厄瓜多尔	-0.6525	罗马尼亚	-0.0085
埃及	-0.4615	俄罗斯	-0.6344
爱沙尼亚	1.0621	萨尔瓦多	-0.0609
斐济群岛	-0.1676	沙特阿拉伯	-0.3794
芬兰	1.9171	新加坡	1.6205
法国	1.1475	斯洛伐克	0.7399
德国	1.4169	斯洛文尼亚	0.9852
希腊	0.7222	南非	0.4310
危地马拉	-0.6450	韩国	0.6122
洪都拉斯	-0.5084	西班牙	1.1173
中国香港	1.3107	瑞典	1.7343
匈牙利	0.9021	瑞士	1.8114
冰岛	1.9371	中国台湾	0.8303
印度	-0.2624	泰国	0.0276
印度尼西亚	-0.7340	特立尼达和多巴哥	0.2990
爱尔兰	1.4761	突尼斯	-0.0118
以色列	0.4451	土耳其	-0.1671
意大利	0.7200	乌克兰	-0.6265
牙买加	-0.0518	阿拉伯联合酋长国	0.6900
日本	1.1319	英国	1.5629
约旦	0.0345	美国	1.3526
哈萨克斯坦	-0.8186	乌拉圭	0.5837
科威特	0.3039	委内瑞拉	-0.9683
拉脱维亚	0.7086	越南	-0.5980
黎巴嫩	-0.5463		

注释：该治理指数是 Kaufmann *et al.* （2005）所使用的 6 个指标的平均值。

表 5-18

有序概率模型

回归	[1]	[2]	[3]	[4]	[5]	[6]	[7]	[8]
评级日期	1925年1月			1929年1月			2006年12月	
国家数量	37			43			95	
截距	-4.673(0.792)	-4.518(1.003)	-4.629(1.571)	-5.626(1.936)	-5.647(2.068)	-4.878(1.590)	-11.157(5.031)	4.487(7.283)
人均收入	**3.347(3.454)**	**3.286(3.812)**	**2.104(2.200)**	**5.026(4.222)**	**4.741(4.444)**	**3.990(3.519)**	**1.902(7.981)**	
增长	0.630(0.496)			0.037(0.590)			0.012(0.189)	-0.084(1.436)
通货膨胀	**-0.532(2.993)**					**-0.097(2.994)**	**-0.091(2.829)**	**-0.104(3.365)**
财政平衡	-0.009(0.841)	0.004(0.425)	0.003(0.319)	-0.422(3.423)	-0.372(3.243)	-0.508(3.708)	-0.047(1.456)	-0.004(0.117)
外部平衡	-0.521(3.495)	-0.406(3.088)	-0.429(2.824)	-0.665(4.276)	-0.530(3.976)	-0.667(4.384)	**0.031(2.068)**	**0.055(3.559)**
外部债务	**-0.002(2.462)**	**-0.002(3.268)**	**-0.002(2.306)**	**-0.005(3.731)**	**-0.004(3.710)**	**-0.004(3.123)**		
总债务							**-0.003(2.537)**	**-0.003(2.688)**
发展指标	0.789(1.061)	0.025(0.038)	-0.519(0.737)	0.673(0.819)	-0.341(0.501)	-0.779(1.072)		
违约史	**-1.158(2.223)**	**-1.233(2.463)**	**-2.220(3.604)**	-0.749(1.485)	**-0.973(2.082)**	**-1.526(2.908)**	**-0.938(3.132)**	
制度指标			**2.015(3.995)**			**1.231(3.467)**		
治理指标								**1.372(6.746)**
伪 R^2	0.893	0.831	0.941	0.945	0.904	0.951	0.873	0.755

注释:括号内为T统计量的值。系数的预期符号与5%显著性水平下T统计量的显著性用黑体标注。评级的数值采用四舍五入的方法,以满足有序概率模型的要求。考虑到2006年“发展指标”和“人均收入”之间高度的相关性,前一个变量在回归模型[7]中没有出现。考虑到“人均收入”、“发展指标”一方面与“违约历史”之间的高度相关性,另一方面与“治理指标”之间的高度相关性,前三个变量在回归模型[8]中被去除。

我所进行的实证分析的最后一步包括通过多项式有序概率模型［11］来重复最小二乘回归模型［4］。当处理定性的因变量时，如评定的级别，这种模型更加合适。有序概率模型的结果（见表5-18）证实了最小二乘回归结果：人均国内生产总值、外币债务对出口比率、违约历史指标和制度指标对两次战争期间穆迪国家信用评级的解释力度达到90%。穆迪国家信用评级的方法包括了所有这些变量（见表5-6）。对于2006年12月发布的评级，通货膨胀、一般资产负债率和违约历史是重要的解释变量，但是到目前为止，人均国内生产总值和治理指标仍然是两个最具决定性的因素。

5.5 结束语

本章比较了两次战争期间和1986—2006年间穆迪国家信用评级的业务和方法。尽管目前的业务状况、组织和评级过程与20世纪二三十年代有着明显的不同，但在方法框架方面却有着惊人的相似之处。在这两个时期，穆迪的评级方法中列出了一系列的经济、金融和政治变量，却没有提供任何的宏观经济公式。从本质上讲，穆迪在这两个时期的国家信用评级可以用有限的宏观经济和制度变量来解释，这些变量包括人均国内生产总值、外币债务对出口比率、违约历史和体制稳定性。这些发现可以得出这样的结论：尽管在亚洲金融危机之后穆迪的评级方法有所改变，但其对于国家信用风险的认知是“永恒的”。

参考文献

Afonso A. (2003), "Understanding the Determinants of Sovereign Debt Ratings: Evidence for the Two Leading Agencies", *Journal of Finance and Economics*, Vol. 27, No. 1.

Afonso A. , Gomes P. and Rother P. (2011), "Short-and Long-Run Determinants of Sovereign Debt Credit Ratings", *International Journal of Finance and Economics*, Vol. 16, Issue 1.

Bhatia A. (2002), "Sovereign Credit Ratings Methodology: An Evaluation", *IMF Working Paper*, *WP/02/170*.

Borchard E. (1951), *State Insolvency and Foreign Bondholders-Volume I*, Yale University Press, New Haven.

Cantor R. and Packer F. (1996), "Determinants and Impact of Sovereign Credit Ratings", *Federal Reserve Bank of New York*, *Economic Policy Review*, October.

Corporation of Foreign Bondholders (various issues), *Annual Report*, London.

Eichengreen B. and Portes R. (1989), "Settling Defaults in the Era of Bond Finance", *World Bank Economic Review*, Vol. 3, No. 2.

Eichengreen B. and Werley C. (1988), "How the Bondholders Fared: Realized Rates of Return of Foreign Dollar Bonds Floated in the 1920s", *University of California at Berkeley*, *Economic Working Paper 8869*.

Ferri G. , Liu L. -G. and Stiglitz J. (1999), "The Procyclical Role of Rating Agencies: Evidence from the East Asian Crisis", *Economic Notes*, *Banca Monte dei Paschi di Siena SpA*, No. 3.

Flandreau M. , Gaillard N. and Packer F. (2010), "To Err Is Human: Rating Agencies and the Interwar Foreign Government Debt Crisis", *BIS Working Papers No.* 335, December.

Jüttner J. D. and McCarthy J. (2000), "Modelling a Rating Crisis", *Macquarie University*, *Unpublished manuscript*, Sydney.

Kaufmann D. , Kraay A. and Mastruzzi M. (2005), "Governance Matters IV: Governance Indicators for 1996—2004", *World Bank*.

League of Nations (1925), *Memorandum on Currency and Central Banks*

1913–1924, Geneva.

League of Nations (1932), *Statistical year-book of the League of Nations*, Geneva.

Lewis C. (1938), *America's Stake in International Investments*, Brookings Institution, Washington.

Lewis C. (1945), *Debtor and Creditor Countries: 1938, 1944*, Brookings Institution, Washington.

Madden J., Nadler M. and Sauvain H. (1937), *America's Experience as a Creditor Nation*, Prentice-Hall Inc, New York.

Maddison A. (2003), *L'Economie mondiale, Une perspective millénaire*, Etudes du Centre de Développement, OCDE.

Mintz I. (1951), *Deterioration in the Quality of Foreign Bonds Issued in the United States 1920–30*, NBER, Cambridge.

Mitchell B. R. (1992), *International Historical Statistics-Europe, 1750 – 1988*, MacMillan Publishers, Basingstoke.

Mitchell B. R. (1993), *International Historical Statistics-The Americas, 1750 – 1988*, MacMillan Publishers, Basingstoke.

Moody 's Investors Service (various issues), *Manual of Government Securities.*

Moody 's Investors Service (various issues), *Investment Letters.*

Moody 's Investors Service (various issues), *Investment Surveys.*

Moody 's Investors Service (1999), *Moody 's Sovereign Ratings: A Ratings Guide*, March.

Moody 's Investors Service (2004), *A Quantitative Model for Foreign Currency Government Bond Ratings*, February.

Moody 's Investors Service (2006a), *Moody's Statistical Handbook – Country Credit*, May.

Moody 's Investors Service (2006b), *Sovereign Ratings Summary*, December.

Moody 's Investors Service(2007), *Sovereign Default and Recovery Rates, 1983–2006*, June.

Mulhall M. G. (1896), *Industries and Wealth of Nations*, Longmans, Green and Co., London.

Reisen H. and von Maltzan J. (1999), "Boom and Bust and Sovereign Ratings", *OECD Development Centre, Technical Papers No. 148.*

Rippy J. F. (1950), "A Bond-Selling Extravaganza of the 1920's", *Journal of Business of the University of Chicago*, Vol. 23, N. 4.

Standard & Poor's (2004), *Sovereign Defaults Set to Fall Again in 2005*, 28 September.

Winkler M. (1933), *Foreign Bonds-An Autopsy*, Roland Swain Company, Philadelphia.

Wynne W. (1951), *State Insolvency and Foreign Bondholders-Volume II*, Yale University Press, New Haven.

6

国家信用评级方法：理论与实践

本章向读者打开了主要信用评级机构国家信用评级方法的“黑匣子”。因为只有穆迪提供了两次战争期间的评级标准的详细信息（见第5章），本章的分析范围局限在“当今”——1986—2010年这段时期。

6.1节表明惠誉、穆迪、标普三大评级机构的评级方法大致相同。6.2节表明国家信用评级可以由少数几个指标来解释。然而，越来越多的低收入国家需要评级以及自20世纪中期以来主要新兴市场国家在经济上的成功，使评级机构在对国家信用进行评级时必须考虑更多的因素。6.3节探讨了信用评级机构间的评级差异，并通过分析机构的评级报告解释了这些分歧。本节还分析了新的信用评级机构的进入对国家信用风险评级业务的影响。

6.1 国家信用评级标准的演变和比较

自20世纪90年代以来，惠誉、穆迪和标普的信用评级方法一直在演变。三大评级机构努力提高分析过程的透明度，更新评级标准，形成其评级方法的基本框架。然而，定性和定量变量的使用，自上而下和自下而上评级方法的结合，以及相似级别国家之间的对比是国家信用风险评估在过去20年中一直保持的显著特征。

6.1.1 通用与不变的国家风险评估方法

惠誉、穆迪和标普的评级一直都是定性和定量分析的结果。正如在第5章中所强调的，定性因素（例如，政治稳定性、制度的稳定性、对主要经济政策目标的认可度）在评估国家的偿债意愿和能力上具有决定性的作用。第5.4节详细介绍了政治局势的不稳定对国家信誉的负面影响。定量的数据（例如，公共债务占政府财政收入的比重和人均国内生产总值）帮助评级分析师更客观、有效地评估国家风险。

评级机构传统上也用自下而上和自上而下相结合的方法来评级。自下而上的方法，这是分析框架的核心，集中探讨每个国家的信用基本面（Fitch 2002，2010c；Moody's 2002a，2008b；S&P 1997a，b，2010）。自上而下的分析是对它的补充，该分析的目的是评估地区性或全球性事件对一个国家或一组国家的影响——例如，欧洲货币联盟（EMU）成立或2007—2008年的金融危机。

与同级别的国家比较是国家信用评级方法的第三个关键要素。惠誉、穆迪和标普的国家分析通常包括被评级国家之间的对比（即处于同一个信用级别的其他国家）。这三大评级机构也发布包含被评级国家统计数据比较的具体报告（例如，Fitch 2010d；Moody's 2009b；S&P 2006a）。这些报告有助于相似级别国家之间的比较和评估每个国家的相对表现。

6.1.2 国家信用评级标准的扩展

直到亚洲金融危机时，评级机构对国家信用风险的评估，主要受三种评级理论的影响。① 第一种理论研究债务国维护信誉的原因。Eaton and Gersovitz（1981）认为，债务国之所以偿债，是因为不偿债会形成一个违约的名声并且因此失去进入国际资本市场的机会。Bulow and Rogoff（1989）的主要观点是对小国借款的前提是债权国对债务国有直接的制裁权。二者都支持信用评级机构的观点，那就是违约历史是评级的一个关键要素。第二种理论侧重于分析货币危机对信用的影响。Krugman（1979）；Flood and Garber（1984）解释了在储备金不足的情况下，国家为什么不能抵御投机者对本国货币的投机操作的冲击。Obstfeld（1994）认为，货币危机可能是一个自我实现的预言。这些研究使得评级机构倾向于过度重视一些指标，如 GDP 增长率和外汇储备（Moody's 1994a；S&P 1992）。第三种理论分析了债务悬崖问题。Krugman（1988）；Sachs（1989）和 Borensztein（1990）认为累积外债会成为未来投资和经济增长的障碍，这些研究使信用评级机构确信债务比率是短期和中期需要考虑的重要财政变量（Moody's 1990，1991，1994b；S&P 1994a，1995）。

标普（1997b）自 1997 年 4 月起提供了一个详尽的分析框架——在亚洲金融危机爆发前的 3 个月，该机构强调 8 个主要的标准：政治稳定性、经济结构、经济增长、预算的灵活性、公共债务、物价稳定、国际收支平衡、外部债务。但是，像穆迪和惠誉 IBCA 一样，标普很少注意到或有负债、私人部门外债和短期债务。这些是印度尼西亚、韩国、马来西亚和泰国所经历的困难的根源。

亚洲金融危机后，惠誉 IBCA（1998）总结自己的错误，承认自己的

---

① 这里的结论来自于对一些资深评级分析师的采访。

责任，并列出需要加以考虑的新标准。惠誉承认，对任何国家来说短期债务都是一个关键性的脆弱性指标，并且强调总外债而不仅仅是公共外债的重要性。同时，惠誉也提出汇率稳定是评价国家信用的一个重要因素。

惠誉、穆迪和标普在2002 年更新了它们的国家信用评级方法。惠誉（2002）公布了14 个主要标准：（a）人口、教育、结构因素；（b）劳动力市场分析；（c）产出与贸易结构；（d）私人部门动态；（e）供给与需求平衡；（f）国际收支平衡；（g）中期增长约束分析；（h）宏观经济政策；（i）贸易与外商投资政策；（j）银行与金融部门分析；（k）外部资产集中度；（l）外部负债集中度；（m）政治与制度体系；（n）国际地位。像穆迪一样（见5.3 节），惠誉并没有提供关于评级标准和权重方面的信息。然而惠誉曾明确表示，其国家信用评级模型将给出一个FC 评级的得分标准（Fitch 2007，2010c）。标普的方法很相似，每个国家按每个分析标准从1（最高分）到6（最低分）排序（S&P 1998）。[①]这些指标的数量从1997—1998 年的8 种增加到2002 年的10 种。在2006 年减少到9 种之后就一直没有再改变过（见表6-1）。

表6-1　**标普1997 年、2002 年、2008 年国家信用评级标准**

1997 年4 月	2002 年4 月	2008 年5 月
政治稳定性	政治稳定性	政治风险
经济前景Ⅰ：结构	经济前景Ⅰ：结构	经济结构
经济前景Ⅱ：增长率	经济前景Ⅱ：增长率	经济增长前景
财政灵活性Ⅰ：预算灵活性	财政政策灵活性Ⅰ：财政收入、支出与平衡表现	财政政策灵活性
财政灵活性Ⅱ：公共债务	财政政策灵活性Ⅱ：债务与利息负担	一般政府债务负担
物价稳定	财政政策灵活性Ⅲ：预算外与或有负债	预算外与或有负债
外部灵活性Ⅰ：国际收支平衡弹性	货币政策稳定性	货币政策灵活性
外部灵活性Ⅱ：外债	外部灵活性Ⅰ：流动性	外部流动性
	外部灵活性Ⅱ：收入部门净外债	外债负担
	外部灵活性Ⅲ：银行和私人部门净外债	

资料来源：S&P（1997b，2002，2008a）.

① 然而，没有准确的公式结合这些得分来决定评级。结果，那时我们不得不认为标普的方法比惠誉和穆迪的更加“公式化”。

Bhatia（2002）研究了标普在亚洲金融危机之后更新的评级方法。[①]他强调标普开始更加重视量化预算外负债和或有负债、准备金充足率和私人债务规模。20 世纪初期，穆迪更改其评级方法，与惠誉和标普更新后的评级方法基本一致（Fitch 2002，2007，2010c；Moody's 2002a，2003d，2009b；S&P 2002，2008a）。

在阿根廷2001 年违约之后，评级机构被迫修正它们对美元化国家的国家风险评估方法。它们之前往往认为美元化是可能增加国家信誉度的因素（Duff & Phelps 1999），或者至少有利于美元化国家公司和金融机构的评级（S&P 1997c）。但是惠誉、穆迪、标普自 2001 年以来对于美元化的经济体采取了更加谨慎的评级政策。穆迪在它的评级手册中引入了一个"美元化"脆弱性指标（a "dollarization" vulnerability indicator）（Moody's 2003d）。[②]在全球范围内，银行体系高水平的美元化，特别是在中美洲，一直被视为一个潜在的系统性风险，应约束在该地区的大多数国家信用评级（Fitch 2004；Moody's 2003a；S&P 2006b）。除了考虑不断增加评级标准的数量并持续更新评级标准，信用评级机构也提高了它们评级过程的透明度，并改善了评级方法。这些努力促使它们尝试使国家风险评估模型化。

6.1.3 国家风险评估模型化

安然公司在 2001 年 12 月破产之后，惠誉、穆迪和标普遭到外界强烈批评。[③]它们的方法被认为是不透明、不准确、过时的。2003 年 1 月，美国证券交易委员会（SEC）公布了一份关于评级机构在证券市场中角色和作用的报告，以回应国会在 2002 年《萨班斯—奥克斯利法案》(Sarbanes-Oxley Act）中的指令。该报告强调了透明度在评级过程中的重要性。同年9 月，国际证券委员会组织（IOSCO）发布了一份关于信用评级机构活动

① 巴蒂亚（Bhatia）的分析是特别重要的，因为他在加入国际货币基金组织之前到 20 世纪早期一直在标普任职。
② 这个指标表示国内银行的外币存款占国内银行的官方外汇储备和外国资产的总额的比重。
③ 安然公司在 2001 年 12 月 2 日破产之前的几天还被惠誉、穆迪、标普评为投资级。

原则的声明。其中一条原则是，评级机构应该“采用和实施书面程序和方法，以确保它们所发布的信用报告是在对它们所能获得的全部相关信息进行公正全面分析的基础上得出的，并且要求信用评级分析师公正履职。信用评级的方法应该是严密、系统的，评级过程要遵循既定的评级过程”。另外一条原则是评级机构“在它们的评级活动中应该做到信息披露和目标透明。”例如，“信用评级机构应该公布评级的程序和方法，以便外部各方能够理解信用评级机构是如何确定评级结果的。”2004 年 12 月，IOSCO 公布了一份详细的关于评级原则和行为准则的指导手册。

尽管上述原则和声明是针对规范公司评级做出的，但这些原则通过下面两种方式在国家信用评级领域实施：(a) 定量模型的发展；(b)“概念性”方法的框架。

穆迪是唯一通过公开 LC 和 FC 评级定量模型，来揭示它的国家信用评级方法的评级机构（Moody's 2003c，2004）。这两项研究[①]的目标是确定一些标准（粗略地）决定国家信用评级。四个关键变量解释了 80% 以上的 LC 和 FC 评级等级：政府债务占政府一般财政收入的比重、人均 GDP、实际 GDP 增长率和政府效率（由世界银行编制）。定量模型的评级结果偏差较小：只有不到 20% 的穆迪预测的评级结果与实际评级结果有 2 个级别以上的差异。

穆迪对评级结果的差异解释如下：预期评级高的国家也包括那些已经违约的国家（阿根廷和乌拉圭），以及接近违约的国家（巴西和土耳其）。但实际评级高的国家是那些有良好的债务动态的国家（意大利）、实行积极债务管理的国家（哥伦比亚和埃及），或低债务负担国家（秘鲁和哈萨克斯坦）。此后，穆迪的定量模型就没有更新过，其他主要的评级机构也没有完善自己的国家风险评级模型。

然而，2008 年 9 月，穆迪发布了一份报告，解释穆迪如何根据 LC 和

---

① 三位作者分别是大卫·莱利、路易斯·埃内斯托·马丁内斯·阿尔斯和文森特·特鲁格利亚（David Levey，Luis Ernesto Martínez-Alas，and Vincent Truglia）。

FC 评级等级确定国家信用评级水平（Moody's 2008b）。穆迪的评级方法提供了一个基于三阶段评级的概念性框架。[①]

第一步确定国家的经济弹性。弹性度取决于国家的经济实力（因素 1）和国家的体制实力（因素 2）。经济实力主要取决于人均 GDP、经济的多样化程度与规模和长期经济走势。体制实力取决于监管质量（政府效率）、对产权的尊重、政府行为的透明度、效率和可预测性。因素 1 和因素 2 分为 5 个等级：极高、高、中等、低、极低。结合这两个因素的得分计算经济弹性的得分，得分也被分为 5 个等级。

第二步包括分析政府财政实力（因素 3）和政府对“事件风险的敏感性”（因素 4）。财政实力用政府动用资源偿还债务的能力来度量。这种度量包括评估公共债务的敏感性、国家提高税收的能力和获得外币的能力。事件风险的敏感性评估集中探讨“威胁债务偿还的直接和间接风险，以及拥有较高评级的国家突然被下调多个等级的风险。”因素 3 和 4 也从极高到极低分为 5 个等级。结合这两个因素的得分产生了财务稳健性得分，得分也被分为 5 个等级。

第三步涉及该国的经济弹性与其财务稳健性的比较。评级范围的鉴定结果，如表 6–2 所示。最终评级结果的决定是建立在同行比较和对额外因素的加权分析的基础上的。

穆迪的框架比之前的版本更加“概念化”，但是该机构的方法仍然是分析师导向型的：对国家评级（因素 1–4）的 5 个标准（从极高到极低）的划分最终还是取决于评级分析师个人的判断。

2010 年 11 月，标普提出了一个新的国家信用评级方法，并向市场参与者征求意见（S&P 2010）。这个框架也由一个多步骤的分析过程组成。首先，标普将其在 2008 年列出的主要标准归为五大类，给出了 6 点等级分，从 1（最高）到 6（最低）打分，见表 6–3。

---

① 这种方法由皮埃尔·卡耶托、圭多·希普利亚尼和、克里斯廷·林多和托马斯·J. 伯恩（Pierre Cailleteau, Guido Cipriani, Kristin Lindow, andThomas J. Byrne）创立。

表6-2　　　　　　　　　**穆迪国家评级一览表**

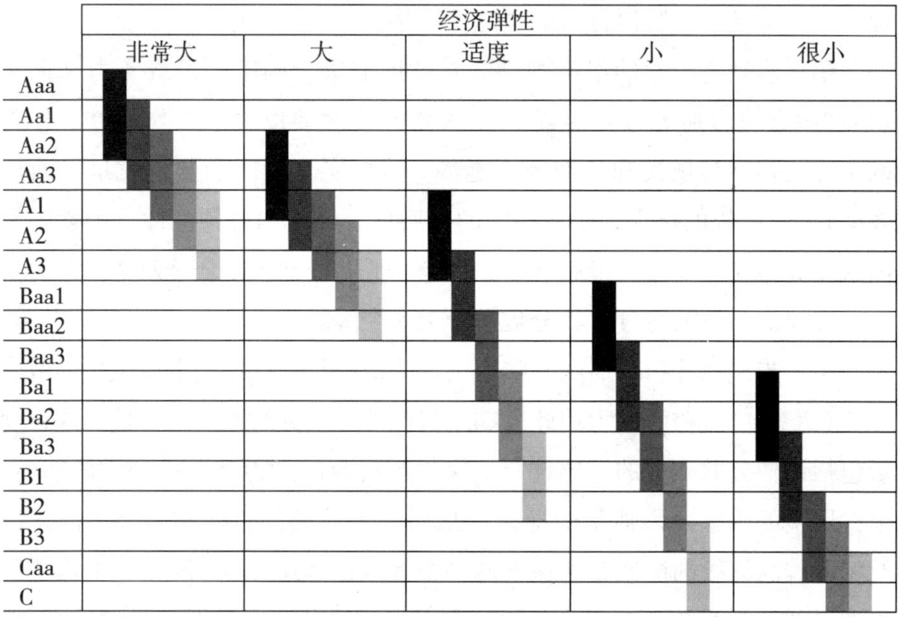

图例：财务稳健性

■ 非常稳健　■ 很稳健　■ 适度　■ 不太稳健　■ 太不稳健

资料来源：Moody's（2008b）.

表6-3　　　　　　　　　**标普的五个关键评级因素**

评估因素	6点等级得分
制度有效性和政治风险	政治得分
经济结构和增长预期	经济得分
外部流动性和国际投资环境	外部得分
结合债务负担的财政政策灵活性和稳定性	财政得分
资金和货币政策灵活性	货币得分

资料来源：S&P（2010）.

其次，从五个方面（政治、对内经济状况、对外经济状况、财政、货币）对一国的经济状况进行评级，而这五个方面又可划分成两组。其中，政治和对内经济状况体现了一国的政治经济概览，而对外经济、财政和货币的评分则显示出一国的金融灵活度和准确性。这两组分别基于11点和9点打分。然后将这两组的结果结合起来，形成一个“指示性”水平（见表6-4）。在此基础上可给出最终的FC评级，但在给出最终结果前会进行调整。最后得出LC评级，这一评级通常比FC评级高，因为信用评级机构认为，对于本币债务，国家有更高的财政和货币灵活性。图6-1阐述了标普的分析过程。

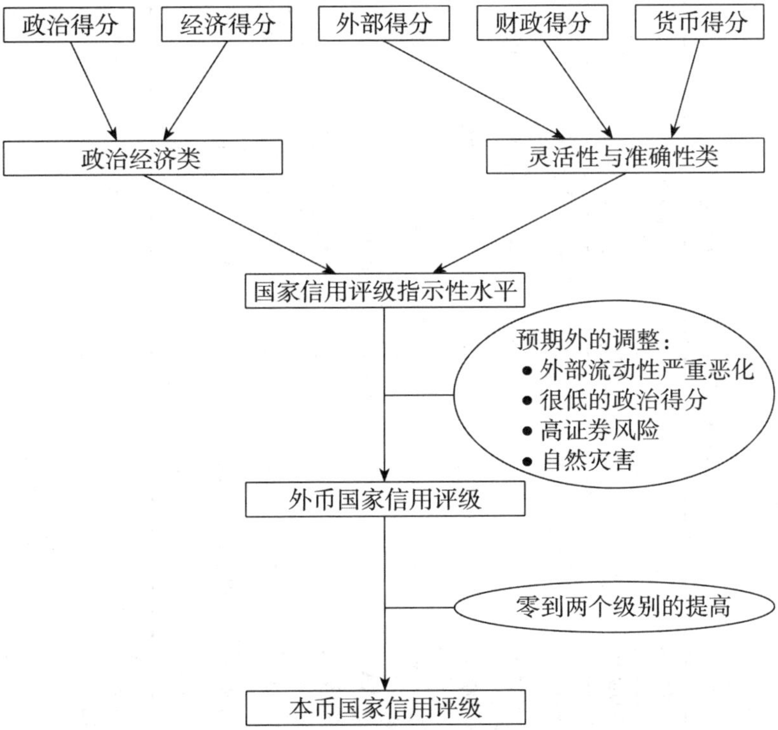

图6-1　标普国家信用评级方法

资料来源：S&P（2010）.

2010年标普提出的方法和穆迪2008年的分析框架有着共同的特征：两者都包含一个多步骤的过程，使用一个相对概念化的方法，结合国家的政治经济结构特征，构建其财政状况的框架，并据此来评级。一个主要的

表 6-4 **标普国家信用评级指示性水平**

		政治和经济类										
		超强	极强	很强	强	中等强	中等	中等弱	弱	很弱	极弱	风险
灵活性与准确性	极强	AAA	AAA	AA+	AA	AA−	A+	A	N. A.	N. A.	N. A.	N. A.
	很强	AAA	AAA	AA	AA−	A+	A	A−	BBB+	N. A.	N. A.	N. A.
	强	AAA	AA+	AA	AA−	A	A−	BBB+	BBB	BBB−	N. A.	N. A.
	中等强	AA+	AA	AA−	A+	A−	BBB	BBB−	BB+	BB	BB−	B+
	中等	AA	AA−	A+	A	BBB+	BBB−	BB+	BB	BB−	B+	B
	中等弱	AA−	A+	A	A−	BBB	BB+	BB	BB−	B+	B	B
	弱	A	A−	BBB+	BBB	BB+	BB	BB−	B+	B	B−	B−
	很弱	N. A.	BBB	BBB−	BB+	BB	BB−	B+	B	B	B−	B−
	极弱	N. A.	BB	BB−	B+	B	B−	B−	B−	CCC/CC	CCC/CC	CCC/CC

注释:N. A . 表示不可获得。

资料来源:S&P (2010).

差异是：不像标普，穆迪对于经济弹性得分在平均水平以上的国家，不会给出投机级别。这可能意味着穆迪倾向于给政治和经济类评级标准更高的权重。惠誉在国家信用评级上没有实施类似的分析框架（Fitch 2010c），但其所采用标准和穆迪、标普是相似的。

评级机构对其评级方法的公开提高了评级的透明度，使投资者和监管者能够判断国家信用评级的准确性和相关性。由此看来，评级机构近期的评级报告是对与国家信用评级决定因素有关的学术研究的有益补充。

6.2 国家信用评级的决定因素

正如第 5 章所示，一些论文研究了国家信用评级的决定因素，并证明了通过若干因素的分析就可以对国家的信用风险进行评估。但是自 20 世纪 90 年代末以来，在不断增加的对低收入和中等收入国家的评级过程中已经强调了一些新的因素的重要性。

6.2.1 传统的决定因素

一些实证研究主要探讨了发展中国家和发达国家的国家信用评级的决定因素。表 6-5 总结了关于发展中国家和发达国家的国家信用评级决定因素的实证研究的主要结论。

不管是使用最小二乘法（OLS），还是使用截面或面板数据的有序概率模型，这些作者认为，在 1981—2006 年间，国家信用评级稳定的决定因素是：人均 GDP、公共债务占出口比、财政收入、GDP、通货膨胀、政府效率指标、违约历史指标。这些实证研究也建立了与惠誉、标普、穆迪在报告中强调的政治、经济和财政标准相对应的变量，强调增加评级方法透明度的重要性。

显然，这里最关键的问题是国家信用评级的主要决定因素与评级机构的评级标准有多大的差别。

表 6-5 **国家信用评级决定因素的主要研究**

参考文献	模型	数据	年份	信用评级机构	主要决定因素
Cantor and Packer (1996)	最小二乘	截面、45 个国家	1995	穆迪和标普	人均 GNP、GDP、通货膨胀、外币债务对出口比、经济发展指标、违约历史指标
Hu *et al.* (2002)	有序概率	面板、92 个国家	1991—1998	标普	债务本息占出口创汇收入比、债务占 GNP 比、储备债务、储备进口比率、GNP、通货膨胀、违约历史指标、地区虚拟变量、非工业化国家虚拟变量
Afonso(2003)	最小二乘	截面、81 个国家	2001	穆迪和标普	人均收入、GDP、通货膨胀、经常账户盈余、政府预算盈余、债务对出口比、经济发展指标、违约历史指标
Alexe *et al.* (2003)	最小二乘	截面、68 个国家	1998	标普	人均 GDP、债务对 GDP 比、国内贷款对 GDP 比、政府效率、政治稳定性
Canuto *et al.* (2004)	最小二乘	截面、66 个国家	1998—2002	惠誉、穆迪和标普	人均 GDP、GDP、通货膨胀、政府债务对收入比、政府预算盈余、贸易对 GDP 比、债务对出口比、经济发展指标、违约历史指标
Borio and Packer (2004)	最小二乘	面板、2 个国家	1996—2003	穆迪和标普	人均 GDP、GDP、通货膨胀、外币债务违约年份、公共债务对 GDP 比、外部债务对出口比、清廉指数、政治风险得分
Afonso *et al.* (2011)	有序概率	面板、130 个国家	1995—2005	惠誉、穆迪和标普	人均 GDP、GDP、政府债务对 GDP 比、外部债务对出口比、外汇储备、政府效率指标、违约历史指标
Gaillard (2011)	最小二乘 有序概率	截面、95 个国家	2006	穆迪	人均 GDP、通货膨胀、经常账户盈余、公共债务对收入比、政府效率指标、违约历史指标

注释:Gaillard(2011)指第 5 章中报告的发现。

6.2.2 低收入和中等收入国家的决定因素

在过去二十年中，越来越多的中低收入国家努力进入资本市场，并因此获得惠誉、穆迪或标普的信用评级。[①]结果，自 20 世纪 90 年代以来，高收入国家在国家信用评级总量中所占的比重急剧减少。如标普的这一比重从 1990 年 1 月的 80% 下降到 2010 年 1 月的 42%。[②] 正如 6.1 节所述，这些变化使得评级机构在进行国家信用风险评级时，必须考虑更多的指标。近来，关于研究新兴国家评级的决定因素的文献表明，外汇储备资产和工人汇款也是其评级的关键因素。[③]

Eliasson（2002）分析了标普在 1990—1999 年间对 38 个新兴市场国家进行国家信用评级的决定因素。Eliasson 的发现与坎托和帕克的研究结果一致，但是她确定短期债务对外汇储备金的比率也是一个重要的解释变量，应该成为国家信用评级的决定因素之一。Afonso *et al.*（2011）发现储备金对进口比也是一个重要的变量——特别是对惠誉和标普。更有趣的是，外汇储备金，在他们后期的研究（即 2001—2005 年）中有更强的解释力，因为他们的研究包括了发达国家和发展中国家。这些结果表明，现在一个国家的外部储备规模是国家信用评级中一个重要的决定因素。

表 6-6 列出了中、低收入经济体中持有最多外汇储备的国家：巴西、俄罗斯、印度和中国（所谓的金砖国家）在 2005 年和 2009 年的外汇储备情况和评级结果。有一种观点认为，这些国家不断增加的外汇储备使得它们的国家评级存在上升的趋势。[④] 大量的机构评级报告也支持这个观点（见 Fitch 2010a；Moody's 2007a，2008a；S&P 2008b，2009c）。

---

① 见第 1 章国家信用评级在 20 世纪 90 年代至 21 世纪初扩展的原因。

② 作者根据世界银行分析分类和 http：//www. standardandpoors. com 计算得出。

③ 对于本节的其余部分，“新兴国家”指“中低收入国家”，因为在新兴经济体的研究中没有高收入国家（除了 Eliasson（2002）对以色列和韩国的研究）。

④ 在 2005 年 6 月和 2009 年 6 月间这四个国家分别被平均提高了 3、1.3、0.7 和 2 个级别（作者的计算）。

表6-6　　　金砖国家2005年和2009年的外汇储备和评级

	外汇储备包括黄金（十亿美元）		惠誉评级		穆迪评级		标普评级	
	2005	2009	2005	2009	2005	2009	2005	2009
中国	828.8	2 453.2	A-	A+	A2	A1	BBB+	A+
俄罗斯	182.3	439.1	BBB-	BBB	Baa3	Baa1	BBB-	BBB
印度	144.2	272.2	BB+	BBB-	Baa3	Baa3	BB+	BBB-
巴西	53.8	238.5	BB-	BBB-	B1	Ba1	BB-	BBB-

注释：评级截至2011年6月30日。

资料来源：惠誉（2005，2010c）外汇储备数据；http：//www.fitchratings.com，http：//www.moodys.com 和 http：//www.standardandpoors.com。

工人的汇款是低收入国家信用评级的第二个重要决定因素。自2010年7月1日起，至少被一家评级机构（仅限惠誉、穆迪和标普）评级的140个国家中，有22个国家的工人汇款与GDP的比例超过了7%。考虑到这些国家有一半在2000年之前没有被评级，就很容易理解为什么汇款只有在近期才成为一个决定性的因素，见表6-7。

Ratha（2005）的研究表明，大量稳定的汇款流可以提高低收入经济体的信誉度。在分析1993—2006这一时期的评级报告时，Aveñdano *et al.*（2011）发现评级机构在给小型低收入经济体评级时考虑了汇款流的因素。中美洲地区的汇款依赖在最近的经济危机中得到了证实：在拉美和加勒比地区的6个被评级国家中，有5个汇款/GDP水平较高的国家（牙买加、萨尔瓦多、危地马拉、洪都拉斯和多米尼加共和国）被降低级别（在经济危机期间汇款少，所以被降级了）；或者是，在2008年9月和2009年9月间将它们的经济展望从积极修改为平稳，或从平稳修改为消极。

总之，必须承认自两次世界大战以来，国家信用评级的主要决定因素基本保持不变。但是，20世纪90年代以来，由于中、低收入国家更容易

表6-7 **主要依赖汇款的被评级国家**

国家	工人汇款和雇员工资占GDP百分比（%）			第一次外币国家信用评级日期（信用评级机构）
	2000年	2004年	2008年	
摩尔多瓦	13.9	27.1	31.4	1997年1月14日（穆迪）
莱索托	32.2	27.5	27.0	2002年9月2日（惠誉）
黎巴嫩	9.2	25.7	24.5	1997年2月26日(惠誉、穆迪、标普)
洪都拉斯	6.8	13.4	21.5	1998年9月25日（穆迪）
约旦	21.8	20.4	17.9	1995年10月27日（穆迪和标普）
萨尔瓦多（中美洲）	13.4	16.2	17.2	1996年8月26日（标普）
牙买加	9.9	16.0	14.9	1998年3月30日（穆迪）
波斯尼亚	30.1	20.7	14.8	2004年3月29日（穆迪）
尼加拉瓜	8.1	11.6	12.4	1998年3月27日（穆迪）
阿尔巴尼亚	16.2	15.5	12.2	2007年6月29日（穆迪）
危地马拉	3.1	11.0	11.4	1997年7月8日（穆迪）
孟加拉国	4.2	6.3	11.3	2010年4月5日（标普）
菲律宾	9.2	13.2	11.2	1993年7月1日（穆迪）
塞尔维亚	12.6	16.8	11.1	2004年11月1日（标普）
佛得角	16.4	12.3	9.7	2003年8月15日（惠誉）
塞内加尔	5.0	7.9	9.7	2000年12月18日（标普）
亚美尼亚	4.6	12.1	8.9	2006年5月24日（惠誉）
冈比亚	3.3	15.5	8.2	2002年11月11日（惠誉）
越南	N.A.	7.0	7.9	2002年5月28日（标普）
多米尼加	7.7	11.3	7.8	1997年2月13日（标普）
摩洛哥	5.8	7.4	7.8	1998年3月2日（穆迪和标普）
斯里兰卡	7.1	7.7	7.3	2005年12月8日（惠誉和标普）

注释：惠誉在2002年对冈比亚进行了唯一一次评级，2007年7月撤回。越南2000年的数据不可得。

资料来源：世界发展指标/全球发展金融报告、http：//www.fitchratings.com、http：//www.moodys.com、http：//www.standardandpoors.com.

进入资本市场，使得信用评级机构在给这些经济体评级时必须考虑更多的因素（例如，外汇储备和汇款占GDP的比重）。再者，没有实证研究表明机构间的信用报告的决定因素存在显著的差异。这与我们的观测是一致的，即惠誉、穆迪和标普所强调的标准几乎是一样的。下一节将越过这一总体相似的国家信用评级方法，探索评级机构之间的共性和差异。

6.3 评级机构间的评级结果差异

本节检验并分析了信用评级机构之间的评级结果差异（即信用报告分歧）。[①]

6.3.1 惠誉、穆迪和标普的评级结果差异

分析不同机构间国家信用评级关系的一个基本方法是计算斯皮尔曼（Spearman）相关系数。三大评级机构两两之间的相关关系见表6-8。相关系数从0.957到0.993，该数据有力地表明了惠誉、穆迪和标普在相对国家信用风险排序上有着趋同的观点。

表6-8 斯皮尔曼相关系数

	1992年	1995年	1998年	2001年	2004年	2007年	2010年
惠誉—穆迪	N. R.	N. R.	N. R.	0.986	0.977	0.981	0.990
惠誉—标普	N. R.	N. R.	N. R.	0.986	0.991	0.993	0.989
穆迪—标普	0.957	0.979	0.964	0.983	0.971	0.979	0.987

注释：基于1月1日的评级。计算结果没有根据经济展望和债信观察进行调整。N. R. 表示不相关，因为直到20世纪90年代晚期，惠誉进行评级的国家很少。

资料来源：作者基于http：//www. fitchratings. com、http：//www. moodys. com、http：//www. standardandpoors. com计算得出。

① 当至少两个评级机构对一个特定发行人的评级结果产生分歧时，就会出现多重评级。

然而，斯皮尔曼相关系数不能很好地解释评级机构间的分歧。因此，有必要对评级结果差异进行更进一步的分析。鉴于此，建立3组数据来比较惠誉和穆迪的评级结果（样本1）、惠誉和标普的评级结果（样本2）、穆迪和标普的评级结果（样本3）。每个样本（例如，样本1、2、3）分别由惠誉和穆迪、惠誉和标普、穆迪和标普给出的外币国家信用评级的季度观测值（1月、4月、7月、10月的第1天）组成。例如，样本1的一个观测值是惠誉—穆迪对给定国家在特定日期的评级结果的对比。样本1和2的起始日是2000年7月1日（即惠誉IBCA和Duff & Phelps在2000年5月19日合并之后的第1季）。样本3的起始日是1986年10月1日（即穆迪国家信用评级规模缩小之后的第1季，穆迪在1986年8月15日缩小其国家信用评级规模）。3个样本的结束日均为2011年1月1日。

建立3组数据的最后一步是将惠誉、穆迪和标普的评级量表转换成一个统一的21点数值量表（见表6-9），以便于每组间的评级结果差异的比较。

表6-10列举了惠誉、穆迪和标普间的评级结果出现一致性与差异性的频率与程度。289个成对数列形成了13 032个观察结果。[①]

三大机构间的评级结果有差异的占所有观测值的比例不到一半，若要具体分析评级结果的差异是否显著，则取决于被评估的是惠誉—穆迪，惠誉—标普，穆迪—标普中的哪一个样本。

相对于穆迪—标普只有51.36%，惠誉—穆迪有50.51%，惠誉和标普的一致评级结果具有最高的频率——64.45%。通过对穆迪和其他两个信用评级机构评级结果差异的进一步分析，发现穆迪评级百分比要高于惠誉和标普（分别为29.69%比19.80%、25.05%比23.59%）。若仅惠誉和穆迪的评级结果相比，惠誉的评级结果差异较高（分别为20.45%和15.10%）。这些结果可以总结为三大评级机构间评级结果的平均误差。

① 一个成对序列包括一个同时被两个评级机构评级的国家拥有的所有可观测的成对评级结果。

表 6-9　　　　　　　　**评级结果的数值转换**

惠誉	穆迪	标普	数值刻度
AAA	Aaa	AAA	20
AA+	Aa1	AA+	19
AA	Aa2	AA	18
AA-	Aa3	AA-	17
A+	A1	A+	16
A	A2	A	15
A-	A3	A-	14
BBB+	Baa1	BBB+	13
BBB	Baa2	BBB	12
BBB-	Baa3	BBB-	11
BB+	Ba1	BB+	10
BB	Ba2	BB	9
BB-	Ba3	BB-	8
B+	B1	B+	7
B	B2	B	6
B-	B3	B-	5
CCC+	Caa1	CCC+	4
CCC	Caa2	CCC	3
CCC-	Caa3	CCC-	2
CC/C	Ca	CC	1
DDD/DD/DD-RD/D	C	SD/D	0

注释：惠誉在 2005 年之前的违约评级类别是 DDD、DD、D，之后是 RD、D（见第 3 章）。

平均来说，穆迪的评级结果要比惠誉和标普分别高 0.17 和 0.05 个级别。相比之下，标普是最保守的公司：平均而言，它的评级结果要比惠誉低 0.04 个级别。

同时，被穆迪和惠誉评级的发行人信用级别最高相差 5 个级别。被穆迪—标普和惠誉—标普评级的发行人，评级级别最高相差分别为 6 个级别和 7 个级别。然而所有的样本中，90.63% 的评级结果相差 1 个级别，97.93% 的评级结果差异为 2 个级别。具体而言，3 个样本的结果分别为：穆迪—标普、惠誉—穆迪和惠誉—标普的评级结果差异在 1 个级别（2 个级别）的比率分别为 88.34%（98.07%）、88.82%（96.56%）和 96.31%（98.96%）。这些数据支持一个观点，即尽管穆迪和它的两个竞争对手的评级结果经常不一致，但惠誉和标普的评级结果仍然高度相关。

表 6-10　　　　主要机构间评级结果的一致性和差异性

	惠誉—穆迪（样本 1）	惠誉—标普（样本 2）	穆迪—标普（样本 3）
样本期间	2000 年 7 月—2011 年 1 月	2000 年 7 月—2011 年 1 月	1986 年 10 月—2011 年 1 月
成对序列数	87	100	102
观察值数	3 318	3 550	6 164
一致评级结果数	1 676	2 288	3 166
差异评级结果数	1 642	1 262	2 998
平均绝对误差（级别）	0. 17	0. 04	0. 05
一致评级结果（%）	50. 51	64. 45	51. 36
惠誉评级结果高 1 个级别（%）	15. 64	18. 56	N. A.
惠誉评级结果高 2 个级别（%）	3. 44	1. 49	N. A.
惠誉评级结果高 3 个级别（%）	0. 69	0. 23	N. A.
惠誉评级结果高 4 个级别（%）	0. 03	0. 03	N. A.
惠誉评级结果高 5 个级别（%）	0. 00	0. 11	N. A.
惠誉评级结果高 6 个级别（%）	0. 00	0. 03	N. A.
惠誉评级结果高 7 个级别（%）	0. 00	0. 00	N. A.
穆迪评级结果高 1 个级别（%）	22. 66	N. A.	18. 53
穆迪评级结果高 2 个级别（%）	4. 31	N. A.	4. 93
穆迪评级结果高 3 个级别（%）	1. 15	N. A.	0. 89
穆迪评级结果高 4 个级别（%）	0. 87	N. A.	0. 49
穆迪评级结果高 5 个级别（%）	0. 69	N. A.	0. 19
穆迪评级结果高 6 个级别（%）	0. 00	N. A.	0. 02
穆迪评级结果高 7 个级别（%）	0. 00	N. A.	0. 00
标普评级结果高 1 个级别（%）	N. A.	13. 30	18. 45
标普评级结果高 2 个级别（%）	N. A.	1. 15	4. 80
标普评级结果高 3 个级别（%）	N. A.	0. 00	0. 31
标普评级结果高 4 个级别（%）	N. A.	0. 03	0. 03
标普评级结果高 5 个级别（%）	N. A.	0. 28	0. 00
标普评级结果高 6 个级别（%）	N. A.	0. 14	0. 00
标普评级结果高 7 个级别（%）	N. A.	0. 20	0. 00

注释：N. A. 表示不可获得。

资料来源：作者的计算。

270 个成对序列中有 2 个以上级别差异（以下称“大的评级结果差异”）

的占所有观察值的比例很小（样本 1、2、3 分别为 3.44%、1.04% 和 1.93%）。然而，对机构间评级结果的重大分歧要特别关注。[①] 表6-11 列出了不同评级组合给出的差异在 2 个级别以上的国家，并计算了这些国家遭遇评级差异的次数。通过对国家信用评级方法和三大评级机构发布的评级报告的全面分析，我们可以在很大程度上解释机构间存在大的评级结果差异的原因。

存在大的评级结果差异的国家中有相当一部分（39.3%）是那些处在违约边缘的国家、违约中的国家或者刚刚从违约中恢复的国家。多数情况下，这些处于困境中的国家被穆迪评为 B3 或 Caa1 级，但是惠誉和标普给出的评级结果要比穆迪低 2 个级别以上。阿根廷、伯利兹城、多米尼加共和国、印度尼西亚、摩尔多瓦、巴基斯坦、巴拉圭、俄罗斯、乌拉圭的评级结果，都体现了这种评级结果差异。在少数情况下，穆迪给那些刚刚完成债务重组的国家（例如，厄瓜多尔和摩尔多瓦）Caa3 或 Ca 的等级，惠誉和标普给出的评级结果要比穆迪高 3 或 4 个级别（B-或 CCC+）。[②] 存在这种类型的差异是因为穆迪的评级政策倾向于过度重视还款意愿，在对低评级国家评级时也考虑了回收率（见第 3 章），因此这点并不是穆迪和它的两个竞争对手之间的主要分歧。[③] 惠誉和标普间大的评级结果差异可以分为两类。惠誉低于其他评级机构 2 个级别以上的评级大多集中在阿根廷，其在 5 年期被评为违约类（DDD 或 RD），然而标普给它的评级结果却是 B 类。[④] 尽管如此，标普通常对违约国家（例如，喀麦隆、多米尼加共和国、印度尼西亚和俄罗斯）给出更低的等级（典型的是 SD 和 CCC 类）。[⑤] 其他大的评级结果差异可能只持续几周，是由不同评级机构调整评级类别的时间不同引起的。

---

① 这一主张是基于几位高级评级分析师的访谈和讨论。进一步的分析见穆迪的定量模型（Moody's 2003c，2004），其认为任何偏离模型预测值的异常值都超过了两个级别。

② 见穆迪（2009a）。

③ 这种观点完全不同于 Beattie and Searle（1992a）以及 Cantor and Packer（1997）的观点，他们发现公司评级结果差异可能反映了评定量表的差异。

④ 不像标普，在 2010 年 6 月阿根廷完成 90% 以上的违约债券重组之前，惠誉并没有将阿根廷的等级从违约类提高（Fitch 2009b，2010b）。

⑤ 当观察到评级结果差异时，喀麦隆只在它的本币债务上违约，它的本币债券和外币债券的评级等级都是 CCC。

表 6-11 **评级结果差异较大的国家**

	惠誉—穆迪	惠誉—标普	穆迪——标普
惠誉评级较高的国家和地区(不考虑突发事件的影响)	巴林岛(3)、厄瓜多尔(1)、中国香港(10)、科威特(4)、摩尔多瓦(1)、罗马尼亚(1)、沙特阿拉伯(4)	喀麦隆(1)、多米尼加共和国(6)、印度尼西亚(3)、葡萄牙(2)、俄罗斯(2)	N. A.
穆迪评级较高的国家(不考虑突发事件的影响)	阿根廷(28)、捷克共和国(2)、多米尼加共和国(1)、爱沙尼亚(5)、匈牙利(4)、冰岛(24)、拉脱维亚(4)、摩尔多瓦(5)、斯洛伐克(1)、土库曼斯坦(15)、乌拉圭(1)	N. A.	伯利兹(2)、中国(1)、多米尼加共和国(7)、斐济(9)、希腊(1)、匈牙利(2)、冰岛(24)、印度(1)、印度尼西亚(3)、日本(18)、拉脱维亚(2)、立陶宛(1)、巴基斯坦(4)、巴拉圭(6)、葡萄牙(1)、俄罗斯(9)、韩国(1)、乌克兰(1)、委内瑞拉(5)
标普评级较高的国家(不考虑突发事件的影响)	N. A.	阿根廷(21)、多米尼加共和国 (1)、厄瓜多尔(1)	巴林岛(5)、巴巴多斯(1)、厄瓜多尔(3)、印度尼西亚(1)、秘鲁(1)、罗马尼亚(1)、沙特阿拉伯(9)

注释:N. A. 表示不可获得。

资料来源:作者的计算。

当一个机构第一次对某个国家进行信用评级时，与其他评级机构会产生7.8%的大的评级结果差异。这些评级差异涉及惠誉—穆迪或穆迪—标普对巴林岛、巴巴多斯、印度、秘鲁、沙特阿拉伯的评级。在每一种情况下，穆迪是最初的评级者，也是第一个修改它的评级结果的评级机构，所以它和惠誉或标普信用评级的差距在缩小。[①] 除印度之外，在所有情况下，穆迪在提高评级对象的等级之前，其初始评级等级较低。这些结果表明，给一个从未被评级过的国家评级是困难的，正如坎托和帕克所强调的，信用评级机构在20世纪早期由于缺乏经验可能会导致相异的风险评估结果。另一种观点认为，这种类型的评级结果差异有利于初始评级机构与后续评级机构的观点趋于一致。

第三种类型的评级结果差异是暂时性的（也就是说，其持续时间不会超过连续的两个季度）。投资级和投机级国家都会发生这种差异，这种差异是由评级结果变化的不同时间导致的。例如，韩国、立陶宛、乌克兰和葡萄牙都存在一个大的评级结果差异，产生原因是标普总是最快降低它们的评级若干级别。当这些国家处于财政困境时（韩国1997年12月、立陶宛和乌克兰从2008年10月到2009年3月、葡萄牙2010年4月），标普将其评级下调了3个或4个级别，使其低于穆迪或惠誉的评级等级。然而，存在评级结果差异是短暂的：惠誉和穆迪在8个月内也降低了这些国家的等级。[②] 相对地，几次调高级别也导致了大的评级结果差异。穆迪2002年11月调高了捷克共和国和斯洛伐克3个级别，引起了惠誉—穆迪间的大的评级结果差异。类似地，标普和惠誉在2003年9月和2004年11月（分别）调高了罗马尼亚的评级级别，导致了标普—穆迪和惠誉—穆迪对该国的评级结果存在3个级别的差异。

其他大的评级结果差异可以分地区、分国家解释。例如，对中国的信用评级也存在着较大的差异，标普的评级结果较低，而穆迪的评级结果较

① 有趣的是，这些都是两个级别评级结果的变化。
② 存在一个例外：大幅度调低级别2个月后，标普将韩国的信用等级提高了3个级别。

高。事实上，这个特定的评级结果差异反映了两个显著的事实：标普对中国的评级级别从来没有超过穆迪的水平；样本期间的一半时间里，标普和穆迪对中国的信用评级存在 2 个级别的差异。直到 2004—2005 年，两家机构的评级结果开始趋同，这一差异似乎是由标普对中国银行业缺乏信心引起的（标普 2003）。[①] 这种解释与 Morgan（2002）的一致，他发现评级机构对银行业的评级结果频繁出现差异，是由于银行相比于其他债券发行者具有更大的资产不透明性。该论证也补充了 Livingston *et al.*（2007）的研究，他们得出结论，资产不透明性与公司评级结果差异之间存在因果关系。

惠誉和穆迪对中国香港的评级结果超过两年（从 2001 年 6 月到 2003 年 10 月）存在 3 个级别的差异（占所有大的评级结果差异的 3.7%）。惠誉对中国香港评级等级较高的原因可能与中国香港不断增加的国际储备，及惠誉的信念即中国政府采取的“一国两制”政策将使香港“在经济和政治上拥有更高程度的自主权”有关（Fitch 2001b）。然而穆迪却有完全不同的观点，报告称中国香港的经济和金融市场与中国内地的一体化程度日益加深（Moody’s 2001a）。

巴林岛、科威特和沙特阿拉伯两个级别以上的评级结果差异（占所有观测值的 9.3%）源于在 2001 年和 2005 年间发布的评级报告，穆迪的评级级别较低，而惠誉和标普的评级级别较高。更普遍的是，对这 3 个国家来说，在样本期间 68% 的时间里，穆迪的评级结果较低，在 2.3% 的时间里穆迪的评级结果高于惠誉和标普。穆迪的保守主要体现了它对持久的地缘政治风险的洞察力（参见 Moody’s 1997，2003b，e，2007b）。

穆迪在 1999 年、2009 年、2010 年好几次对希腊的评级高出标普 2 个级别以上。然而，这些大的评级结果差异都是短暂的。对穆迪—标普的深

---

① 那时候，许多预警报告强调中国的大量不良贷款（NPLs）。例如，2006 年安永（Ernst & Young）估计的中国不良贷款为 9 110 亿美元（Ernst & Young，2006）。

入分析表明，后者从来没有给予希腊较高的评级。希腊在 2002 年 11 月得到了穆迪的最高评级等级——从 A2 级调高到 A1 级，原因是希腊 GDP 的高增长率、较低的年度预算赤字、债务占 GDP 比重从 1995 年的 108.7% 降低到 2002 年的 105.3%（Moody's 2002b）。

土库曼斯坦是一个令人费解的存在多重评级的国家。尽管惠誉和穆迪都认为该国面临的主要问题是制度结构不透明和缺乏可靠的经济信息，但 2001 年 5 月至 2005 年 2 月，惠誉对该国的评级级别比穆迪低 4 个级别（CCC-/B2）（Fitch 2001a；Moody's 2001b，2005）。[①] 可以认为，这种差异只是由惠誉更强硬的观点导致的。

2007 年 3 月至 2009 年 4 月，穆迪和标普对斐济的风险评估存在不同的观点，并最终导致一个大的评级结果差异。在 2006 年末和 2007 年初的政局动荡之后，标普几次下调了斐济的评级（S&P 2007，2009b）。但此时穆迪的评级结果却保持不变，导致了 3 个级别的评级结果差异。与标普相比，穆迪较少关注斐济的经济政治状况，并断言，鉴于该国需要支付的外债本息水平较低，2006 年 12 月的政变对政府财政不构成威胁（Moody's 2006）。

穆迪和标普关于委内瑞拉的 2 个级别以上的评级结果差异是“当今时期”第一个持续时间超过一年（1996 年 2 月至 1997 年 6 月）的大的评级结果差异。标普在 1994 和 1996 年间多次降低委内瑞拉的级别，使其信用等级比穆迪低 3 个级别。不足为奇的是，标普调低级别的原因（国际储备减少、银行系统管理不善、油价波动、政局不稳）与穆迪之后在 1998 年调低 3 个级别的原因相同（分别参见 S&P 1994b；Moody's 1998）。这一发现可能反映了两种不同的国家信用风险评估方法：第一种随着经济金融新闻的变动更频繁地进行调整，第二种则是基于“贯穿经济周期”的评级体系。[②]

---

① 惠誉在 2005 年 2 月撤销了对土库曼斯坦的评级报告。
② 第 8 章探讨了这个假设。

其他大的评级结果差异都具有穆迪评级级别较高的特点，原因是穆迪2001年修改了其“国家上限”政策（见第3章）。这一更新导致了一次提高外币评级级别的浪潮：在1个月内（从2002年10月20日到11月12日），穆迪调高了以下12个国家（澳大利亚、捷克共和国、爱沙尼亚、匈牙利、冰岛、日本、拉脱维亚、立陶宛、新西兰、波兰、斯洛伐克、斯洛文尼亚）的外币上限和外币评级级别，原因是它们已经变得越来越不可能将债务延期偿付作为一个政策工具。这样大幅度地提高级别有两个主要后果。首先，从2003年1月至2011年1月，穆迪对这12个国家的评级结果在98.9%的时间与惠誉和标普的评级结果一致或较高。[①]其次，在同一时期，这些国家中有8个存在大的评级结果差异：捷克、爱沙尼亚、匈牙利、冰岛、日本、拉脱维亚、立陶宛、斯洛伐克。这些多重评级的国家中，有3个我们已经讨论过了，但是其他的需要更加深入的讨论。表6-12陈述了从2003年1月到2011年1月，穆迪和惠誉对爱沙尼亚、匈牙利、冰岛、拉脱维亚及穆迪和标普对匈牙利、冰岛、日本、拉脱维亚的评级结果差异。[②]

最大的评级结果差异出现在日本和冰岛，它们的2个级别以上的评级结果差异分别出现在2003—2007和2003—2008年间。值得注意的是，由于惠誉和标普更迅速地降低了冰岛的级别，2008年9月至10月出现了5个级别的评级结果差异。其他大的评级结果差异主要集中在2006和2009年，当惠誉和标普在穆迪之前下调了匈牙利和拉脱维亚的级别时。自2008年末以来，穆迪、惠誉和标普的评级结果已经趋于一致，基本上是穆迪大幅度地调低了级别。综合来看，评级结果的显著差异大部分源于转移和可兑换风险，这种风险的降低，可使信用级别大幅度地提高。

---

① 惠誉对斯洛文尼亚和匈牙利的评级结果分别比穆迪的评级结果高14和17天。标普对斯洛文尼亚和立陶宛的评级结果分别比穆迪的评级结果高71和280天。

② 没有观察到穆迪—惠誉对日本、穆迪—标普对爱沙尼亚存在大的评级结果差异。

表6-12 **穆迪和惠誉及穆迪和标普间的评级结果差异**

（2003年1月至2011年1月）

	穆迪和惠誉				穆迪和标普			
	爱沙尼亚	匈牙利	冰岛	拉脱维亚	匈牙利	冰岛	日本	拉脱维亚
评级结果相同（%）	0.00	3.03	3.03	0.00	3.03	15.15	21.21	0.00
穆迪的评级结果高1个级别（%）	57.58	21.21	12.12	57.58	0.00	0.00	0.00	39.39
穆迪的评级结果高2个级别（%）	27.27	63.64	12.12	30.30	90.91	12.12	24.24	54.55
穆迪的评级结果高3个级别（%）	15.15	12.12	54.55	12.12	6.06	21.21	54.55	6.06
穆迪的评级结果高4个级别（%）	0.00	0.00	15.15	0.00	0.00	48.48	0.00	0.00
穆迪的评级结果高5个级别（%）	0.00	0.00	3.03	0.00	0.00	3.03	0.00	0.00

资料来源：作者的计算。

为了发现从来没有2个级别以上评级结果差异的两个信用评级机构间可能存在的重大分歧，有必要检验289个成对序列数的平均误差。平均误差超过1.5个级别的（以下称为“显著的平均差异”）在表6-13中列出。

表6-13 **显著的平均评级结果差异**

	惠誉—穆迪(样本1)		惠誉—标普(样本2)		穆迪—标普(样本3)	
	国家	差距(级别)	国家	差距(级别)	国家	差距(级别)
惠誉评级级别较高的国家	没有	N.A.	没有	N.A.	N.A.	N.A.
穆迪评级级别较高的国家	土库曼斯坦	3.37	N.A.	N.A.	斐济	2.44
	阿根廷	3.00				
	冰岛	2.12				
标普评级级别较高的国家	N.A.	N.A.	阿根廷	2.81	沙特阿拉伯	1.53
			阿鲁巴岛	2.00		

注释：N.A. 表示不可获得。

资料来源：作者的计算。

除了阿鲁巴岛外，所有具有显著平均评级结果差异的国家之前我们已经研究过了。自从惠誉和标普开始对阿鲁巴岛评级以来，这一荷兰的海外领土被标普评为 A-级，而被惠誉评为 BBB 级（即比标普低 2 个级别）。这两个机构同时强调了该国的优势和劣势，但是标普似乎更看重阿鲁巴岛稳定的政治制度和宪法地位（Fitch 2009a；S&P 2009a）。

通过对评级结果差异的深入分析可以得到很多结论。第一，惠誉、穆迪、标普的国家风险评估方法有相同之处。在检验的 13 032 对惠誉—穆迪、惠誉—标普、穆迪—标普的观测值中，54. 7% 是一致的，不到 2. 1% 有 2 个级别以上的评级结果差异。惠誉和标普是评级结果经常一致的两个信用评级机构，然而穆迪的评级结果往往较少与其竞争对手相关。第二，高收入国家（从惠誉—标普的 30. 75% 到惠誉—穆迪的 34. 84%）出现评级结果差异的频率要低于中低收入国家（从惠誉—标普的 37. 84% 到穆迪—标普的 58. 41%）。[①]此外，高收入国家中，出现两个级别以上的评级结果差异的国家所占的比重较小（从惠誉—标普的 0% 到惠誉—穆迪的 3. 31%）。这些研究结果与 Al-Sakka and ap Gwilym（2010）对 49 个新兴国家自 2000 年 1 月至 2008 年 1 月的国家评级结果差异的分析结果一致。第三，大部分大的评级结果差异是（a）对违约国家实施不同的评级政策；（b）设定的权重标准不同导致的。尤其是，穆迪特殊的评级政策（其在违约概率、回收率、国家上限实行中的低评级措施在 2002 年导致了一次调高级别的浪潮）是产生大的评级结果差异的一个主要原因。这些结果进一步揭示了国家评级领域存在一些分歧的原因。

事实上，三个主要信用评级机构间评级结果的广泛一致表明其国家信用评级方法非常相似。接下来，分析新开展的国家信用评级业务、影响力相对较小的信用评级机构的不同观点，及对国家信用评级产生的影响。

① 这里的高收入国家指的是从 1986 到 2010 年一直被世界银行归为高收入类的国家（世界银行 2010）。

6.3.2 主要机构和小型非美公司的评级结果差异

《信用评级机构改革法案（2006）》（Credit Rating Agency Reform Act of 2006）的颁布，旨在通过强化信用评级机构的会计责任、提高透明度和行业竞争度，来改善评级质量以保护投资者和公众利益。这一法案使在美国证券交易委员会（SEC）建立的国家认可的统计评级组织（NRSRO）认证的评级公司越来越多。在2011年1月1日，有10家评级机构在国家认可的统计评级组织（NRSROs）登记；而2001年，只有3个（惠誉、穆迪、标普）①。新认证的三家机构都是非美公司：多美年债券评级服务公司（DBRS）、日本信用评级机构（JCR）、评级和投资信息公司（R&I）。另外一个非美机构，大公国际资信评估有限公司（Dagong），美国证券交易委员会认为它无法遵循联邦证券法对记录保存、生成和检查的规定，而拒绝了其注册为美国“国家认可统计评级机构”的资质申请。尽管如此，到2010年底，大公国际依然对64个国家进行了评级。②

四家小型非美公司（以下称作“追随者”）公布的国家信用评级方法与三大评级机构（“领导者”）十分相似：它们声称它们的评级是建立在定量和定性分析的基础上，基于一系列的经济、金融、政治标准而进行的评估（大公国际2010b；DBRS 2006a；JCR 日期不详；R&I 2009）。而且它们的评级量表也相同，这样很便于“追随者”和“领导者”的评级结果的比较。

本节的其余部分对比了截至2011年1月这4个“追随者”和“领导者”发布的国家信用评级结果。这种比较的方法是计算每一个“追随者”和“领导者”评级结果一致和出现分歧的频率（见表6-14和表6-15）。

---

① 见美国证券交易委员会（SEC）（2011）对国家认可的统计评级组织登记的最新概述。

② 多美年债券评级服务公司，成立于1976年，总部位于多伦多，直到2006年才开始发布国家信用评级报告（DBRS 2006b）。日本信用评级机构成立于1985年，1987年开始进行国家信用评级。评级和投资信息公司在日本债券评级学会和日本投资者服务协会合并之后，于1998年4月成立，同年开始进行国家信用评级。日本信用评级机构和评级和投资信息公司总部都位于东京。大公国际资信评估有限公司，总部位于北京，成立于1994年，2010年才开始发布国家信用评级报告。

表6-14　　一致与分歧："领导者"与大公国际和多美年债券评级服务公司（DBRS）

截至2011年1月1日	大公国际与惠誉	大公国际与穆迪	大公国际与标普	DBRS与惠誉	DBRS与穆迪	DBRS与标普
观察值数	60	61	61	13	13	13
一致评级（%）	28.33	19.67	32.79	53.85	46.15	76.92
"追随者"的评级高1个级别（%）	20.00	18.03	9.84	15.38	7.69	15.38
"追随者"的评级高2个级别（%）	6.67	6.56	9.84	0.00	0.00	0.00
"追随者"的评级高3个级别（%）	5.00	4.92	6.56	7.69	7.69	0.00
"追随者"的评级高4个级别（%）	1.67	1.64	0.00	0.00	0.00	0.00
"追随者"的评级高5个级别（%）	0.00	0.00	0.00	0.00	0.00	0.00
"追随者"的评级高6个级别（%）	0.00	0.00	0.00	0.00	0.00	0.00
"领导者"的评级高1个级别（%）	18.33	29.51	22.95	15.38	30.77	7.69
"领导者"的评级高2个级别（%）	10.00	6.56	6.56	7.69	7.69	0.00
"领导者"的评级高3个级别（%）	6.67	6.56	9.84	0.00	0.00	0.00
"领导者"的评级高4个级别（%）	3.33	4.92	1.64	0.00	0.00	0.00
"领导者"的评级高5个级别（%）	0.00	0.00	0.00	0.00	0.00	0.00
"领导者"的评级高6个级别（%）	0.00	1.64	0.00	0.00	0.00	0.00

资料来源：作者的计算。

表6-15　　一致与分歧："领导者"与日本信用评级结果（JCR）及评级和投资信息公司（R&I）

截至2011年1月1日	JCR与惠誉	JCR与穆迪	JCR与标普	R&I与惠誉	R&I与穆迪	R&I与标普
观察值数	35	34	35	46	46	46
一致评级（%）	51.43	55.88	54.29	60.87	52.17	45.65
"追随者"的评级高1个级别（%）	25.71	20.59	17.14	17.39	13.04	23.91
"追随者"的评级高2个级别（%）	17.14	11.76	22.86	15.22	10.87	15.22
"追随者"的评级高3个级别（%）	0.00	2.94	2.86	0.00	2.17	0.00
"追随者"的评级高4个级别（%）	0.00	0.00	0.00	0.00	0.00	0.00
"追随者"的评级高5个级别（%）	0.00	0.00	0.00	0.00	0.00	0.00
"追随者"的评级高6个级别（%）	0.00	0.00	0.00	0.00	0.00	0.00
"领导者"的评级高1个级别（%）	5.71	8.82	2.86	6.52	21.74	13.04
"领导者"的评级高2个级别（%）	0.00	0.00	0.00	0.00	0.00	2.17
"领导者"的评级高3个级别（%）	0.00	0.00	0.00	0.00	0.00	0.00
"领导者"的评级高4个级别（%）	0.00	0.00	0.00	0.00	0.00	0.00
"领导者"的评级高5个级别（%）	0.00	0.00	0.00	0.00	0.00	0.00
"领导者"的评级高6个级别（%）	0.00	0.00	0.00	0.00	0.00	0.00

资料来源：作者的计算。

大公国际是经常与三大“领导者”不一致的“追随者”：评级结果差异率为73.1%，而多美年债券评级服务公司、日本信用评级机构、评级和投资信息公司分别为41.0%、46.2%和47.1%。3个“追随者”和3个“领导者”之间的一致度甚至要高于上节提到的惠誉、穆迪和标普的一致度（见表6-10）。

通过观察多美年债券评级服务公司、日本信用评级机构和评级和投资信息公司的评级结果形成的成对序列数，发现只有4个有2个级别以上的评级结果差异。这个差异中，评级结果较高的都是“追随者”。这表明多美年债券评级服务公司、日本信用评级机构、评级和投资信息公司不愿意给出比惠誉、穆迪或标普更低的评级。通过观察发现多美年债券评级服务公司的较高评级结果数几乎与较低评级数相等，可以证实多美年债券评级服务公司的信用评级与三大“领导者”高度相关。相比之下，评级和投资信息公司和日本信用评级机构的较高评级数分别是较低数的2.25倍和7倍。注意，那些有1个级别以上较高评级的国家，其评级是由两个日本信用评级机构之一给出的，而且这些国家有一半是亚洲国家。①更为显著的是，12个亚洲国家和地区中有9个（即印度、印度尼西亚、日本、马来西亚、菲律宾、韩国、中国台湾、泰国和越南），被日本信用评级机构和/或评级和投资信息公司评级，日本信用评级机构和投资信息公司的平均评级结果比惠誉—穆迪—标普的要高。②这些发现支持一个观点，即日本的评级机构或许更加宽容，特别是对亚洲政府，但这种评级结果的差异并不能说明日本信用评级机构和投资信息公司与其他评级机构在评级方法方面不同。③

大公国际和3个“领导者”之间的评级结果差异需要进行详细的分

① 亚洲国家被列入JCR和R&I国家信用评级范围的不到26%。

② 三个例外是新加坡（5个机构都评为AAA级）、中国香港（日本信用评级机构、投资信息公司、惠誉、穆迪的评级结果相同，但标普的评级高一个级别），中国（被投资信息公司和惠誉评为A+级，但被穆迪和标普评为AA-级）。

③ 这些结果完善了Beattie and Searle（1992b）和Shin and Moore（2003）的研究。他们的研究表明，评级机构往往在对自己国家的发行人评级时更加宽容。

析。两个级别以上的评级结果差异占所有观测值的 18.1%，从而揭示了许多重要分歧。表 6–16 给出了大公国际和惠誉、穆迪、标普评级较高的国家的差异。

表 6–16　**大的评级结果差异：大公国际与惠誉、穆迪、标普**

	大公国际与惠誉	大公国际与穆迪	大公国际与标普
大公国际评级较高的国家	巴西、中国、俄罗斯、委内瑞拉	巴西、中国、摩洛哥、委内瑞拉	巴西、中国、尼日利亚、俄罗斯
领导者评级较高的国家	比利时、法国、意大利、西班牙、英国、美国	比利时、法国、冰岛、意大利、西班牙、阿拉伯联合酋长国、英国、美国	比利时、法国、冰岛、爱尔兰、西班牙、英国、美国

资料来源：作者的计算。

“领导者”给出的最高级别的国家的数量比大公国际多 2 倍。这一发现表明大公国际比它的竞争对手更加保守。平均来说，惠誉、标普、穆迪给出的评级比大公国际分别高 0.17、0.23、0.39 个级别。

而且，除了阿拉伯联合酋长国，大公国际对其评级要求更严格的国家都是工业化国家。事实上，大公国际对传统的高信用级别国家有一种不同的观点：被惠誉、穆迪、标普共同评为 AAA 级的 14 个国家中有 8 个，被大公国际评为 AA 甚至是 A 级。从这个角度看，美国是受影响最大的国家（被评为 A+级）。大公国际信用评级较高的主要是大型或中型新兴国家。中国、俄罗斯、巴西、摩洛哥、尼日利亚、委内瑞拉分别被大公评为 AAA、A+、A、BBB+、BB+、BB+级。

大公国际的这一特殊的风险评估方法的基本原理是基于这样的一种理念，即如果政府债务的增长速度超过了经济产出和财政收入的增长速度，那么一国的信誉度就会处在危险中（大公国际 2010a）。大多数的工业化国家都不满足这一要求，因此大公国际给这些国家的信用级别较低。相反，大多数新兴国家由于其高 GDP 增长率和稳定的政府债务占 GDP 比而得到较高的信用级别。

可以毫不夸张地说，当涉及国家信用评级时，大部分的小型非美机构（例如，DBRS、JCR、R&I）和主要机构的观点趋同。相比之下，大公国际是与惠誉、穆迪、标普最不一致的机构。该公司有其独特的背景：不像它的竞争对手，大公国际是最近才进入国家信用评级业务这一领域的，总部位于新兴国家，它的评级是主动提供的。大公国际也发展了一套具有说服力的言论来与三大信用评级机构抗衡，并且认为“现行的信用评级标准是国际信用关系受到损害的根本原因”（大公国际，日期不详）。也有观点认为，大公国际和三大主要评级机构存在分歧与其渴望打破西方信用评级机构的垄断有关。

本章的结论如下：第一，惠誉、穆迪、标普有着相似的评级方法。第二，它们的国家信用评级方法可以用相同的政治、经济、金融变量解释。第三，主要机构间评级结果一致度很高。第四，通过对国家信用风险评估的定性和经验分析解释了 1986 至 2011 年间大部分评级结果的差异。第五，大公国际是唯一发布相异的评级结果的新进入者。

既然国家信用评级方法的“黑匣子”已经打开，下文将根据国家信用评级结果的准确性来评估信用评级机构的表现。

参考文献

Afonso A. (2003), “Understanding the Determinants of Sovereign Debt Ratings: Evidence for the Two Leading Agencies”, *Journal of Economics and Finance*, Vol. 27(1).

Afonso A., Gomes P. and Rother P. (2011), “Short-and Long-Run Determinants of Sovereign Debt Credit Ratings”, *International Journal of Finance and Economics*, Vol. 16. Issus 1.

Al-Sakka R. and ap Gwilym O. (2010), “Split Sovereign Ratings and Rating

Migrations in Emerging Economies",*Emerging Markets Review*,Vol. 11.

Alexe S., Hammer P., Kogan A. and Lejeune M. (2003), "A Non-Recursive Regression Model for Country Risk Rating", *Rutcor Research Report 9*, *Rutgers Center for Operational Research*, March.

Avendaño R., Gaillard N. and Nieto-Parra S. (2011), "Are Working Remittances Relevant for Credit Rating Agencies?", *Review of Development Finance*, Vol. 1, Issue 1, January-March.

Beattie V. and Searle S. (1992a), "Bond Ratings and Inter-Rater Agreement", *Journal of International Securities Markets*, Summer.

Beattie V. and Searle S. (1992b), "Credit Rating Agencies: the Relationship between Rater Agreement and Issuer-Rater Characteristics", *Journal of International Securities Markets*, Winter.

Bhatia A. (2002), "Sovereign Credit Ratings Methodology: An Evaluation", *IMF Working Paper*, *WP/02/170*, Washington, D. C.

Borensztein E. (1990), "Debt Overhang, Credit Rationing, and Investment", *Journal of Development Economics*, Vol. 32.

Borio C. and Packer F. (2004), "Assessing New Perspectives on Country Risk", *BIS Quarterly Review*, December.

Bulow J. and Rogoff K. (1989), "Sovereign Debt: Is to Forgive to Forget?", *American Economic Review*, Vol. 79(1).

Cantor R. and Packer F. (1995), "Sovereign Credit Ratings", *Current Issues in Economics and Finance*, Vol. 1, No. 3, Federal Reserve Bank of New York, June.

Cantor R. and Packer F. (1996), "Determinants and Impact of Sovereign Credit Ratings", *Economic Policy Review*, Federal Reserve Bank of New York, October.

Cantor R. and Packer F. (1997), "Differences of Opinion and Selection Bias in the Credit Rating Industry", *Journal of Banking and Finance*, Vol. 21.

Canuto O., Santos P. and Porto P. (2004), "Macroeconomics and Sovereign Risk Ratings", January, *mimeo.*

Dagong International Credit Rating Company (n. d.), "Building a New Sovereign Rating Standard".

Dagong International Credit Rating Company(2010a), "Sovereign Credit Rating Report of 50 Countries in 2010", July.

Dagong International Credit Rating Company (2010b), "Sovereign Rating Methodology", August.

DBRS(2006a), "Methodology-Sovereign Ratings", February.

DBRS(2006b), "DBRS Launches Sovereign Ratings Operations", 22 March.

Duff & Phelps Credit Rating Co. (1999), "Argentine Dollarization Could Begin to Pave Way To Investment Grade Rating", 4 February.

Eaton J. and Gersovitz M(1981), "Debt with Potential Repudiation: Theoretical and Empirical Analysis", *Review of Economic Studies*, Vol. 48(2).

Eliasson A. (2002), "Sovereign Credit Ratings", *Research Notes in Economics & Statistics No. 02-1, Deutsche Bank Research.*

Ernst & Young(2006), *Global Nonperforming Loan Report 2006*, May.

Fitch IBCA(1998), "After Asia: Some Lessons of the Crisis", 13 January.

Fitch Ratings (2001a), "Turkmenistan's Sovereign Ratings Downgraded", 18 May.

Fitch Ratings (2001b), "Fitch Upgrades Hong Kong's Foreign Currency Rating", 25 June.

Fitch Ratings (2002), "Fitch Sovereign Ratings-Rating Methodology".

Fitch Ratings (2004), "A Review of Central American Banking Systems", 29 March.

Fitch Ratings (2005), "Sovereign Data Comparator", December.

Fitch Ratings (2007), "Sovereign Rating Methodology", 12 October.

Fitch Ratings (2009a), "Aruba", 10 August.

Fitch Ratings (2009b), "Argentina: Rapprochement with Creditors and Sovereign Ratings", 19 November.

Fitch Ratings (2010a), "China", 15 January.

Fitch Ratings (2010b), "Fitch Lifts Argentina out of Default to 'B'; Outlook Stable", 12 July.

Fitch Ratings (2010c), "Sovereign Rating Methodology", 16 August.

Fitch Ratings (2010d), "Sovereign Data Comparator", December.

Flood R. and Garber P. (1984), "Collapsing Exchange-Rate Regimes: Some Linear Examples", *Journal of International Economics*, Vol. 17(1-2).

Hu Y.-T., Kiesel R. and Perraudin W. (2002), "The Estimation of Transition Matrices for Sovereign Credit Ratings", *Journal of Banking & Finance*, Vol. 26(7).

International Organization of Securities Commissions (2003), *IOSCO Statement of Principles Regarding the Activities of Credit Rating Agencies*, September.

International Organization of Securities Commissions (2004), *Code of Conduct Fundamentals for Credit Rating Agencies*, December.

Japan Credit Rating Agency (n. d.), "JCRs Sovereign Rating Methodology: Multi-Stage Evaluation System".

Krugman P. (1979), "A Model of Balance of Payments Crises", *Journal of Money, Credit, and Banking*, Vol. 11.

Krugman P. (1988), "Financing vs. Forgiving a Debt Overhang: Some Analytical Notes", *Journal of Development Economics*, Vol. 29.

Livingston M., Naranjo, A. and Zhou, L. (2007), "Asset Opaqueness and Split Bond Ratings", *Financial Management*, Vol. 36(3).

Moody's Investors Service (1990), "Government of Malaysia", *Moody's Bond*

Survey, 26 March.

Moody's Investors Service(1991), "India", *Moody's Bond Survey*, 15 July.

Moody's Investors Service(1994a), "Taiwan", *Moody's Bond Survey*, 11 April.

Moody's Investors Service(1994b), "Republic of South Africa", *Moody's Bond Survey*, 10 October.

Moody's Investors Service (1997), "Offshore Banking Centers and Country Risk", December.

Moody's Investors Service (1998), "Moody's Downgrades Venezuela's Country Ceiling for Foreign Currency Debt to B2; The Country Ceiling for Foreign Currency Deposits to Caal; and the Government of Venezuela's Domestic Currency Debt to Caal", 3 September.

Moody's Investors Service (2001a), "Bank & Sovereign Credit Comments", June.

Moody's Investors Service (2001b), "Turkmenistan: Global Credit Research", August.

Moody's Investors Service(2002a), "Sovereign Rating History", January.

Moody's Investors Service(2002b), "Moody's Upgrades Greece to A1 from A2", 4 November.

Moody's Investors Service (2003a), "Sovereign Rating Methodology: the Implications of Highly Dollarized Banking Systems for Sovereign Credit Risk", March.

Moody's Investors Service (2003b), "Moody's Reports Saudi Arabia's Baa2 Ratings and Stable Outlook Reflect Size of Oil Reserves and Diminished Risk in Wake of Iraq War", 4 August.

Moody's Investors Service (2003c), "A Quantitative Model for Local Currency Government Bond Ratings", September.

Moody's Investors Service (2003d), "Moody's Statistical Handbook – Country

Credit", November.

Moody's Investors Service (2003e), "Moody's Upgrades Bahrain's Ratings to Baa1 as War in Iraq Has Little Impact and Reforms Continus", 11 December.

Moody's Investors Service(2004), "A Quantitative Model for Foreign Currency Government Bond Ratings", February.

Moody's Investors Service(2005), "Credit Opinion: Turkmenistan, Government of", 16 November.

Moody's Investors Service(2006), "Moody's Changes Fiji Government's Outlook to Negative", 6 December.

Moody's Investors Service (2007a), "Moody's Upgrades China's Ratings", 27 July.

Moody's Investors Service (2007b), "Moody's Explains Why Wealthiest Gulf States Are Not Rated Aaa", 7 November.

Moody's Investors Service (2008a), "Moody's Upgrades Russia's Government Ratings to Baa1 with a Positive Outlook", 16 July.

Moody's Investors Service(2008b), "Sovereign Bond Ratings", September.

Moody's Investors Service(2009a), "Moody's Assigns Caa3 Rating to Ecuador's Bonds Post-Default", 24 September.

Moody's Investors Service (2009b), "Moody's Statistical Handbook – Country Credit", November.

Morgan D. P. (2002), "Rating Banks: Risk and Uncertainty in an Opaque Industry", *American Economic Review*, Vol. 92.

Obstfeld M. (1994), "The Logic of Currency Crises", *Cahiers Economiques et Monétaires*, Vol. 43.

Ratha D. (2005), *Leveraging Remittances for International Capital Market Access*, November 18, World Bank, Washington. D. C.

Rating and Investment Information (2009), "R&I's Analytical Approach to Sovereigns", 8 April.

Sachs J. (1989), "The Debt Overhang of Developing Countries", in *Debt, Stabilization and Development: Essays in Memory of Carlos Diaz Alejandro*, ed. By Calvo G. et al., Oxford: Basil Blackwell.

Securities and Exchange Commission (2003), *Report on the Role and Function of Credit Rating Agencies in the Operation of the Securities Markets*, January.

Securities and Exchange Commission (2011), *Annual Report on Nationally Recognized Statistical Rating Organizations*, January.

Shin Y. and Moore W. (2003), "Explaining Credit Rating Differences between Japanese and US Agencies", *Review of Financial Economics*, Issue 12.

Standard & Poor's (1992), "Thailand's Ratings Affirmed, Off Creditwatch", *CreditWeek*, 14 December.

Standard & Poor's (1994a), "Rep. of Korea's Implied Long-Term Rating Affirmed", *CreditWeek*, 3 January.

Standard & Poor's (1994b), "Venezuela's Ratings Cut to 'B+', Neg.; Off Watch", *CreditWeek*, 1 August.

Standard & Poor's (1995), "Republic of Paraguay Assigned Ratings", *CreditWeek*, 30 October.

Standard & Poor's (1997a), "Understanding Sovereign Risk", 1 January.

Standard & Poor's (1997b), "Sovereign Credit Ratings: A Primer", April.

Standard & Poor's (1997c), "Less Credit Risk for Borrowers in 'Dollarized' Economies", 30 April.

Standard & Poor's (1998), "Sovereign Credit Ratings: A Primer", December.

Standard & Poor's (2002), "Sovereign Credit Ratings: A Primer", April.

Standard & Poor's (2003), "Asia-Pacific Banking Outlook 2004".

Standard & Poor's (2006a), "Sovereign Risk Indicators", 25 May.

Standard & Poor's(2006b), "Asia and Latin America: A Tale of Two Emerging Markets", 6 September.

Standard & Poor's(2007), "Asia-Pacific Markets Outlook 2007: Conditions Will Be Favorable, But Some Threats Loom", 3 January.

Standard & Poor's(2008a), "Sovereign Credit Ratings: A Primer", May.

Standard & Poor's(2008b), "Federative Republic of Brazil", 26 August.

Standard & Poor's(2009a), "Aruba", 28 May.

Standard & Poor's(2009b), "Fiji Islands (Republic of)", 16 December.

Standard & Poor's(2009c), "India(Republic of)", 30 December.

Standard & Poor's (2010), "Sovereign Government Rating Methodology and Assumptions", 26 November.

World Bank(2010), *World Bank Analytical Classifications*.

7

两次战争期间国家信用评级的稳定性与准确性

本章通过讨论惠誉、穆迪、普尔和标准统计公司在两次战争期间发布的国家信用评级报告，来评估评级机构预测违约的能力，进而对它们的评级质量作出评价。

7.1 节进行了一个简要的文献回顾。7.2 节通过研究 1 年期的迁移率并对比级别调整的时间和范围来分析 4 家评级机构的评级变动。分析表明 4 家机构都没能预测到 1931 年 1 月爆发的国家债务危机。但是，7.3 节通过累积违约率的计算说明 4 家机构对外国政府债券进行了合理的评级。7.4 节总结了两次战争期间出现的两种不同的评级政策：一种政策在短期内更加灵活和准确；另一种政策更倾向于稳定性，因此其评级结果在中长期更加有效。

7.1 文献回顾

本节对两次战争期间国家债务危机的文献进行了回顾。Winkler（1933）和 Rippy（1950）研究了20世纪20年代对外国政府的过度贷款。Mintz（1951）分析了20世纪后期发行的外国政府债券质量恶化的原因。Eichengreen and Portes（1986）；Eichengreen and Werley（1988）通过研究表明，尽管1931—1934年出现了大规模的国家违约潮，但20世纪20年代发行的外国美元债券却产生了正的收益率。最近，Flandreau *et al.*（2010）调查了两次战争期间国家信用评级的准确性。他们发现，评级机构的预测和那些基于可获得市场价格信息而进行的预测并没有明显的差异。

本章也为两次战争期间信用评级的研究工作提供了一个补充。在第一本研究信用评级机构的书中，Harold（1938）集中探讨了评级机构日益增长的作用，强调通过信用评级可达到监管的目的。尽管 Palyi（1938）承认评级机构整理的数据很重要，但他也强调这些数据缺乏透明度。最后，必须提到 Hickman（1958，1960）具有里程碑意义的研究，他仔细研究了1900—1944年间在纽约证券交易所（NYSE）发行的工业、公用事业和铁路债券，提供了关于这些债券的发行量、违约率、预期收益率、有效的年收益率、到期日、行业以及评级的很多统计数据。为了衡量违约概率，他使用了4家评级机构发布的评级结果：惠誉、穆迪、普尔、标准统计公司。他的主要结论如下：如果将所有发行的债券视为一个单一的投资组合，从发行日持有至到期日（1944年），那么这个组合在当前美元汇率下，价格不会遭受任何损失。

7.2 评级变动分析

本节比较了两次战争期间 4 家评级机构评级变动（升级或降级）的频率和范围，分析了 1 年期的评级迁移率。本节的分析以单一期间的国家债券为研究对象，以便能够对 4 家评级机构进行精确的比较。

本节研究的时间范围从 4 家评级机构都开始发布国家信用评级的 1924 年至 1939 年，该分析样本包括了所有在纽约证券交易所报价的美元和英镑债券，并且该债券在 1924—1939 年间至少连续 2 年被 4 家评级机构评级：共产生了 135 个国家债券（见附录 3）。

本节计算迁移率的方法与第 5 章中比较穆迪（1918—1939 与 1986—2006）评级变动的方法一样。使用的评级结果来源于每个机构每年发布的手册。表 7-1 至表 7-4 列出了这 4 个机构的迁移矩阵。

表 7-1　　**惠誉 1 年期评级平均迁移率（1924—1939）**

	AAA	AA	A	BBB	BB	B	CCC	CC	C	DDD	DD	D
AAA	**79.47**	7.95	11.92	0.66	0.00	0.00	0.00	0.00	0.00	0.00	0.00	0.00
AA	10.39	**72.08**	10.39	7.14	0.00	0.00	0.00	0.00	0.00	0.00	0.00	0.00
A	1.37	8.56	**69.18**	14.38	4.11	0.69	1.71	0.00	0.00	0.00	0.00	0.00
BBB	0.00	0.00	21.36	**52.28**	17.27	1.36	0.91	4.09	2.73	0.00	0.00	0.00
BB	0.00	0.00	0.00	25.36	**56.53**	10.87	3.62	3.62	0.00	0.00	0.00	0.00
B	0.00	0.00	0.00	0.00	33.33	**53.34**	0.00	6.67	4.44	2.22	0.00	0.00
CCC	0.00	0.00	0.00	0.00	0.00	8.06	**75.81**	8.06	3.23	4.84	0.00	0.00
CC	0.00	0.00	0.00	0.00	0.00	0.00	5.56	**80.55**	9.72	4.17	0.00	0.00
C	0.00	0.00	0.00	0.00	0.00	1.16	1.16	1.16	**96.52**	0.00	0.00	0.00
DDD	0.00	0.00	0.00	0.00	0.00	0.00	0.00	0.00	5.17	**94.83**	0.00	0.00
DD	0.00	0.00	0.00	0.00	0.00	0.00	0.00	0.00	0.00	0.00	**100.00**	0.00
D	0.00	0.00	0.00	0.00	0.00	0.00	0.00	0.00	0.00	50.00	0.00	**50.00**

资料来源：作者的计算，基于 *Fitch Bond Books*。

表 7-2　　**穆迪 1 年期评级平均迁移率（1924—1939）**

	Aaa	Aa	A	Baa	Ba	B	Caa	Ca	C
Aaa	**85.71**	13.64	0.65	0.00	0.00	0.00	0.00	0.00	0.00
Aa	0.89	**82.15**	14.73	2.23	0.00	0.00	0.00	0.00	0.00
A	0.00	2.03	**83.16**	13.90	0.68	2.03	0.00	0.00	0.00
Baa	0.00	0.00	5.79	**78.09**	13.64	2.48	0.00	0.00	0.00
Ba	0.00	0.00	0.00	4.97	**80.13**	13.66	1.24	0.00	0.00
B	0.00	0.00	0.00	0.00	1.32	**88.09**	9.93	0.66	0.00
Caa	0.00	0.00	0.00	0.00	0.00	1.27	**97.46**	1.27	0.00
Ca	0.00	0.00	0.00	0.00	0.00	0.00	0.00	**100.00**	0.00
C	0.00	0.00	0.00	0.00	0.00	0.00	0.00	50.00	**50.00**

资料来源：作者的计算，基于 *Moody's Manuals*。

表 7-3　　**普尔 1 年期评级平均迁移率（1924-1939）**

	A****	A***	A**	A*	A	B**	B*	B	C**	C*	C
A****	**90.79**	6.58	2.63	0.00	0.00	0.00	0.00	0.00	0.00	0.00	0.00
A***	0.00	**0.00**	100.00	0.00	0.00	0.00	0.00	0.00	0.00	0.00	0.00
A**	1.87	0.00	**83.18**	14.95	0.00	0.00	0.00	0.00	0.00	0.00	0.00
A*	0.00	0.00	0.75	**84.32**	14.93	0.00	0.00	0.00	0.00	0.00	0.00
A	0.00	0.00	0.00	1.65	**83.13**	11.11	0.82	0.41	2.88	0.00	0.00
B**	0.00	0.00	0.00	0.00	3.56	**76.43**	14.67	3.56	1.78	0.00	0.00
B*	0.00	0.00	0.00	0.00	0.00	13.30	**66.48**	18.09	0.53	1.60	0.00
B	0.00	0.00	0.00	0.00	0.00	0.00	2.07	**84.14**	13.79	0.00	0.00
C**	0.00	0.00	0.00	0.00	0.00	0.00	0.00	0.00	**81.11**	18.89	0.00
C*	0.00	0.00	0.00	0.00	0.00	0.00	0.00	0.00	0.00	**96.52**	3.48
C	0.00	0.00	0.00	0.00	0.00	0.00	0.00	0.00	0.00	0.00	**100.00**

资料来源：作者的计算，基于 *Poors Volumes*。

表 7-4 **标准统计公司 1 年期评级平均迁移率(1924—1939)**

	A1+	A1	A	B1+	B1	B	C1+	C1	C	D1+	D1	D	E
A1+	**92. 18**	0. 00	7. 26	0. 00	0. 56	0. 00	0. 00	0. 00	0. 00	0. 00	0. 00	0. 00	0. 00
A1	0. 59	**85. 21**	8. 88	4. 14	1. 18	0. 00	0. 00	0. 00	0. 00	0. 00	0. 00	0. 00	0. 00
A	0. 38	2. 64	**81. 50**	6. 04	6. 42	0. 38	2. 64	0. 00	0. 00	0. 00	0. 00	0. 00	0. 00
B1+	0. 00	0. 00	11. 25	**71. 25**	8. 12	3. 75	4. 38	1. 25	0. 00	0. 00	0. 00	0. 00	0. 00
B1	0. 00	0. 57	0. 57	12. 00	**70. 92**	6. 86	5. 71	4. 00	0. 00	0. 00	0. 00	0. 00	0. 00
B	0. 00	0. 00	0. 00	2. 56	6. 41	**65. 39**	11. 54	10. 26	2. 56	1. 28	0. 00	0. 00	0. 00
C1+	0. 00	0. 00	0. 00	0. 00	0. 00	7. 55	**75. 39**	3. 77	3. 77	3. 77	7. 55	0. 00	0. 00
C1	0. 00	0. 00	0. 00	0. 00	0. 00	2. 27	15. 91	**72. 23**	2. 27	0. 00	6. 82	0. 00	0. 00
C	0. 00	0. 00	0. 00	0. 00	0. 00	0. 00	3. 45	0. 00	**75. 86**	3. 45	10. 34	6. 90	0. 00
D1+	0. 00	0. 00	0. 00	0. 00	0. 00	25. 00	0. 00	0. 00	0. 00	**75. 00**	0. 00	0. 00	0. 00
D1	0. 00	0. 00	0. 00	0. 00	0. 00	0. 00	0. 00	0. 00	8. 33	0. 00	**91. 67**	0. 00	0. 00
D	0. 00	0. 00	0. 00	0. 00	0. 00	0. 00	0. 00	0. 00	0. 00	0. 00	0. 00	**100. 00**	0. 00
E	0. 00	0. 00	0. 00	0. 00	0. 00	0. 00	0. 00	0. 00	0. 00	0. 00	0. 00	0. 00	**100. 00**

资料来源:作者的计算,基于 *Standard Bond Books*。

比较4个迁移矩阵，可以看出：首先，与穆迪、普尔、标准统计公司的评级结果稳定性相反，惠誉评级结果的移动性较高，特别是BBB-B级。样本期间，穆迪对国家信用的评级从未发生变化的加权平均百分比是83.2%，普尔是81.8%，标准统计公司是79.6%，但惠誉只有69.8%。

其次，降级范围的差异也是非常明显的：穆迪从来没有在1年内降低债券的评级3个级别以上，然而普尔在1年内对7种债券的评级降低了4个级别。最大的降级来自标准统计公司和惠誉：前者将19种债券的评级降低了4个级别，后者将15种债券降低了4个级别、6种债券降低了5个级别。通过进一步的分析表明，智利是降级程度最严重的国家：所有穆迪3个级别的降级，普尔4个级别的降级，惠誉5个级别的降级和几乎3/4的标准统计公司4个级别的降级都是针对智利的。但是对于升级，4家评级机构的结果却十分相似：穆迪从未有过1个级别以上的升级，惠誉、普尔和标准统计公司上升2、3个级别的也很少见。

值得注意的是，这4家评级机构，降级的次数要远远超过升级的次数。但升级—降级的比率差异很大：惠誉的这一比率为0.70，标准统计公司为0.45，普尔为0.22，穆迪只有0.19。这些数据表明，1924—1939年这一时期的特征是国家债券质量显著恶化。①

会得出这种比率是因为存在两种不同的评级政策。穆迪和标普提高级别的次数（分别是35和43次）要比标准统计公司和惠誉（分别是82和159次）少。这解释了标准统计公司和惠誉的评级变动较大的原因，因为4家机构降级的次数差异很小（最少的是标准统计公司181次，最多的是惠誉227次）。

评级变动的另一个重要方面就是评级机构评级的时间。表7-5列出了评级机构的年度相关数据。表7-5描述的数据支持如下6个结论。

---

① 之所以称为恶化，是因为降级的幅度要远远高于升级的幅度（降4、5个级别的情况比较普遍，但只有1次提高了4个级别，3次提高了2个级别）。

表 7-5 **4 家信用评级机构年度评级结果变动比例(1925—1939)**

	惠誉 UP	穆迪 UP	普尔 UP	标准统计公司 UP	惠誉 DN	穆迪 DN	普尔 DN	标准统计公司 DN
1925	20.75	9.80	2.13	9.09	41.51	0.00	4.26	4.55
1926	25.00	9.23	1.47	1.54	1.56	4.62	0.00	1.54
1927	17.91	2.74	2.74	0.00	0.00	1.37	0.00	0.00
1928	4.94	3.80	12.50	2.74	0.00	1.27	0.00	1.37
1929	16.67	4.35	0.00	5.88	4.17	3.26	0.96	1.18
1930	23.76	0.00	0.00	1.89	0.00	3.88	4.85	4.72
1931	0.00	0.99	1.98	3.81	60.00	10.89	32.67	30.48
1932	0.00	0.97	0.95	0.00	93.07	84.47	49.52	50.47
1933	2.88	0.00	0.00	0.00	17.31	38.83	21.15	33.01
1934	18.63	2.94	3.96	20.59	6.86	26.47	23.76	9.80
1935	21.65	8.82	21.05	13.40	2.06	3.92	11.58	10.31
1936	16.48	0.00	0.00	11.46	3.30	0.00	7.53	1.04
1937	15.29	0.00	2.20	0.00	12.94	6.45	6.59	7.53
1938	5.63	1.18	0.00	4.82	7.04	0.00	15.12	6.02
1939	1.52	0.00	0.00	17.44	0.00	2.33	23.26	20.93

注释:UP 提高评级,DN 降低评级。

资料来源:根据 Flandreau et al. (2010)。

第一，1928 到 1930 年间较低的降级次数表明 4 家机构中没有一家预测到了 1931 年发生的国家债券违约事件。第二，在 1925—1930 年间，惠誉比它的 3 个竞争对手降低评级的次数要多，这一时期的显著特征是所发行的国家债券的质量显著恶化（Mintz（1951））。[①] 第三，通过在接下来的几周下调 60% 受影响的债券的评级，惠誉对 1931 年 1 月第一个发生债务违约的国家迅速做出反应。这次下调评级的范围比普尔（33%）、标准统计公司（30.5%）、穆迪（11%）大得多。这些观察结果表明惠誉是两次战争期间最有顺经济周期评级特点的评级机构。第四，1932 年随着国家债务危机的恶化，4 家信用评级机构都将下调评级的范围。其中，惠誉降低评级的速度最快，但穆迪降低评级的比例也高达 84.5%，这或许是对 1931 年评级变动较小的修正。这导致了一种观点，即在危机年间顺经济周期进行评级的方法是灵敏的和毫无疑问的。第五，在 1934 和 1935 年期间主要涉及阿根廷、澳大利亚、芬兰的升级，只有穆迪的评级结果保持不变，其他评级机构都不同程度地提高了这些国家的信用级别。第六，通过研究 1934—1939 年间的评级结果，可以看出对国家信用风险存在两种不同的观点。穆迪和普尔降级的次数是升级的 3 倍，虽然惠誉和标准统计公司升级的次数要频繁于降级（比率分别高达 2.6 和 1.3），但上述比率要明显低于穆迪和普尔。

虽然这些结论支持了以下观点，即在两次战争期间，两种类型的评级政策都是有效的，但是惠誉采用（在较小程度上，标准统计公司也采用）的政策更强调反应度，导致了更强的波动性和顺周期性。穆迪和普尔采用的另一种政策，旨在对整个经济周期进行评估，暗含着更高程度的评级稳定性。评价这两种评级政策对债券评级准确性的影响已迫在眉睫。

---

① 测量使用的是在纽约证券交易所按年发行的外国政府债券违约的百分率。从 1924 年的不到 30% 到 1927 年的 65%，1929 年超过了 85%。

7.3 平均累积违约率的分析

两次战争期间，4 家评级机构发布的评级报告的质量可以通过计算其在不同水平的累积违约率来衡量（见 Moody's 1995）。对于每个评级类别，在 t 年的累积违约率是在 t 年期间或之前的任何一年违约的可能性。最准确的评级是那些违约率最低的评级。

i 类评级的平均累积违约率 $\overline{D_t}$（T）的计算实际是加权平均边际违约率 $\overline{d_i}$（t）的计算。根据参考样本中所有可获得的同组边际违约率，可得：

$$\overline{D_i}(T) = 1 - \prod_{t=1}^{T}[1 - \overline{d_i}(t)]$$

其中：

$$\overline{d_i}(t) = \frac{\sum_{y \in Y} x_i^y(t)}{\sum_{y \in Y} n_i^y(t)}$$

x_i^y（t）表示在 t 期间持有的、在 y 日被评级为 i 类的债券违约的数量；n_i^y（t）表示从 t 期开始到 y 期仍然存续的债券的数量。

参考样本在上一节研究范围的基础上剔除了两个墨西哥债券和两个俄罗斯债券，这些债券在 1924—1939 年间一直处于违约状态。因此样本包括 131 种债券。表 7-6 至表 7-9 分别列出了每一个机构的平均累积违约率。

通过观察可以看出，最低评级的违约率（惠誉 DDD 以下，穆迪 Caa 以下，普尔 C^* 以下，标准统计公司 C 以下）没有计算在内。这是因为这些评级只关注违约债券，正如 4 家机构在它们的评级定义中所声明的（见 3.2 节）。虽然如此，比较 4 家机构发布的评级质量仍然存在两个难题。

第一个难题在于怎样确定一个适合比较 4 家机构违约率的评级框架。最高信用级别的确定不存在争议，每个机构可以给出最高评级（即惠誉 AAA、穆迪 Aaa、普尔 A^{****}、标准统计公司 A1+），但是确定最低评级并

表7-6　　惠誉的平均累积违约率（1924—1939）

%	1年	2年	3年	4年	5年	6年	7年	8年	9年	10年
AAA	0.00	0.00	0.00	0.00	1.04	1.04	1.04	1.04	1.04	1.04
AA	0.00	1.43	3.03	4.83	5.83	5.83	5.83	5.83	5.83	5.83
A	1.41	7.33	13.73	19.90	24.11	27.54	29.46	30.98	31.98	34.54
BBB	5.36	8.67	16.63	23.58	30.36	35.49	44.98	54.15	63.97	66.09
BB	5.88	14.00	20.47	29.07	39.58	46.90	54.49	66.90	71.63	76.36
B	21.21	30.67	34.13	34.13	34.13	47.31	64.87	64.87	64.87	64.87
CCC	61.11	77.78	83.33	88.89	94.44	100.00	100.00	100.00	100.00	100.00
CC	42.68	100.00	100.00	100.00	100.00	100.00	100.00	100.00	100.00	100.00
C	0.00	0.00	0.00	50.00	100.00	100.00	100.00	100.00	100.00	100.00
DDD	N.A.	N.A.	N.A.	N.A.	N.A.	N.A.	N.A.	N.A.	N.A.	N.A.
DD	N.A.	N.A.	N.A.	N.A.	N.A.	N.A.	N.A.	N.A.	N.A.	N.A.
D	N.A.	N.A.	N.A.	N.A.	N.A.	N.A.	N.A.	N.A.	N.A.	N.A.

注释：N.A. 表示不可获得。

资料来源：作者的计算，基于 *Fitch Bond Books*。

表7-7　　穆迪的平均累积违约率（1924—1939）

%	1年	2年	3年	4年	5年	6年	7年	8年	9年	10年
Aaa	0.00	0.00	0.00	0.00	0.00	0.00	0.00	0.00	0.00	0.00
Aa	0.00	0.00	0.00	1.22	1.89	2.61	3.48	4.63	6.19	6.19
A	2.68	6.46	12.89	18.31	22.81	26.17	30.60	33.75	35.62	37.96
Baa	6.84	17.29	27.15	36.82	47.09	56.37	68.64	85.75	88.60	88.60
Ba	20.45	31.64	38.48	44.63	48.20	52.71	57.68	60.33	71.66	77.96
B	10.00	21.25	34.38	50.78	75.39	75.39	75.39	75.39	75.39	75.39
Caa	N.A.	N.A.	N.A.	N.A.	N.A.	N.A.	N.A.	N.A.	N.A.	N.A.
Ca	N.A.	N.A.	N.A.	N.A.	N.A.	N.A.	N.A.	N.A.	N.A.	N.A.
C	N.A.	N.A.	N.A.	N.A.	N.A.	N.A.	N.A.	N.A.	N.A.	N.A.

注释：N.A. 表示不可获得。

资料来源：作者的计算，基于 *Moody's Manuals*。

表 7-8　　　　普尔的平均累积违约率（1924—1939）

%	1年	2年	3年	4年	5年	6年	7年	8年	9年	10年
A****	0.00	0.00	0.00	0.00	0.00	0.00	0.00	0.00	0.00	0.00
A***	0.00	0.00	0.00	0.00	0.00	0.00	0.00	0.00	0.00	0.00
A**	0.00	0.00	0.00	0.00	0.00	0.00	0.00	0.00	0.00	0.00
A*	0.00	0.00	1.02	3.35	4.69	6.31	6.31	6.31	6.31	6.31
A	3.25	7.69	11.62	16.56	19.03	20.99	23.11	25.67	26.83	26.83
B**	5.05	9.96	18.91	22.00	27.15	32.01	36.01	39.38	43.56	46.224
B*	5.33	14.28	22.85	34.25	45.52	56.42	69.03	77.11	82.83	85.95
B	32.08	50.60	61.34	66.17	71.81	75.33	78.86	82.38	85.90	89.43
C**	25.00	100.00	100.00	100.00	100.00	100.00	100.00	100.00	100.00	100.00
C*	N.A.	N.A.	N.A.	N.A.	N.A.	N.A.	N.A.	N.A.	N.A.	N.A.
C	N.A.	N.A.	N.A.	N.A.	N.A.	N.A.	N.A.	N.A.	N.A.	N.A.

注释：N. A. 表示不可获得。

资料来源：作者的计算，基于 *Poors Volumes*。

表 7-9　　　　标准统计公司的平均累积违约率（1924—1939）

%	1年	2年	3年	4年	5年	6年	7年	8年	9年	10年
A1+	0.00	0.00	0.00	0.00	0.00	0.00	0.00	0.00	0.00	0.00
A1	0.00	1.29	2.69	4.29	5.17	5.17	5.17	5.17	5.17	5.17
A	2.62	5.66	11.01	15.93	20.32	23.84	27.35	32.39	36.23	36.23
B1+	3.97	10.88	14.83	20.38	22.37	26.01	30.28	33.95	36.23	36.23
B1	7.74	16.69	25.62	31.34	39.66	50.63	65.26	75.19	83.46	90.07
B	14.29	31.09	51.04	66.71	73.84	77.11	80.38	83.65	86.92	90.19
C1+	66.67	66.67	66.67	83.33	100.00	100.00	100.00	100.00	100.00	100.00
C1	100.00	100.00	100.00	100.00	100.00	100.00	100.00	100.00	100.00	100.00
C	N.A.	N.A.	N.A.	N.A.	N.A.	N.A.	N.A.	N.A.	N.A.	N.A.
D1+	N.A.	N.A.	N.A.	N.A.	N.A.	N.A.	N.A.	N.A.	N.A.	N.A.
D1	N.A.	N.A.	N.A.	N.A.	N.A.	N.A.	N.A.	N.A.	N.A.	N.A.
D	N.A.	N.A.	N.A.	N.A.	N.A.	N.A.	N.A.	N.A.	N.A.	N.A.
E	N.A.	N.A.	N.A.	N.A.	N.A.	N.A.	N.A.	N.A.	N.A.	N.A.

注释：N. A. 表示不可获得。

资料来源：作者的计算，基于 *Standard Bond Books*。

不是这么简单。20 世纪 20 年代不再明确地区分投资和投机级意味着不能简单地评估最低评级（见 Moody's 2004；Flandreau *et al.*，2010）。第 3 章分析表明惠誉 BBB 债券、穆迪 Baa 债券、普尔 B** 债券，标准统计 B1+债券都具有“投机因素”。相比之下，A 级（即高 1 个级别）4 家机构一致认为可靠。因此，有理由认为 A 类是一个令人满意的最低评级。[①]

第二个难题在于不同评级机构定量评级的规范不同。普尔对信用级别高的债券的评级规范要比其竞争对手多（A****、A***、A**、A*）。为了解决这个问题，按照如下方法将普尔的类别转换成与惠誉、穆迪和标准统计公司相一致。将普尔的信用级别 A****、A***、A** 聚合成一个新的混合 A** 评级级别，相应地构成混合的违约率，这样便于与惠誉 AAA、穆迪 Aaa、标准统计 A1+债券违约率进行比较。混合的 A** 评级和违约率与最初 A** 级别和违约率是等价的（原始的为 A****、A***、A** 类的债券在任何期限下的违约率均为零）。因此，在本章的其余部分，A** 相当于普尔最初的 A****～A** 类评级。表 7-10 列出了机构间评级过程的一致性并列举了最高的 3 类评级。

表 7-10　　**4 家信用评级机构的等价评级**

	惠誉	穆迪	普尔	标准统计公司
第一类	AAA	Aaa	综合 A**	A1+
第二类	AA	Aa	A*	A1
第三类	A	A	A	A

资料来源：作者的分类。

给定表 7-10 中总结的等价评级，可以通过检验最高的 3 类评级债券的违约率评估评级的准确性。准确性的第一种测度方法是在给定时间下，评估既定时间内哪一个机构的第一类评级违约率最低；如果相等的话，之

① 给定预期风险水平，BBB/Baa/B**/B1 级债券违约率的任何比较都是不相关的。

后看第二类和第三类的。

1 年期，4 家机构的前两类债券的违约率都是零。然而，A 类债券的违约率仍然存在差异：惠誉的评级最准确，之后是标准统计公司、穆迪和普尔。在这个比较中，惠誉的优势在于较早地降低了在 1931 年 8 月和 1932 年 1 月间对智利债券的评级，其他 3 家则并没有改变它们的评级。

2 年期，穆迪的评级最准确，因为惠誉评级为 AA 的两种债券（两种多米尼加债券）和被标准统计评为 A1 的两种债券（一种多米尼加债券和一种巴拿马债券）违约了。穆迪和普尔评级前两类的债券违约率都为零，但是穆迪评级优于普尔，因为穆迪第三类评级（A）的债券违约率更低。

3 年期，穆迪仍然位居第一。直到 8 年期债券，穆迪仍然位居第一，普尔 A* 级债券（1930 年古巴债券和巴拿马债券）、标准统计公司 A1 级债券（多米尼加和巴拿马的债券）、惠誉 AAA 级债券（1924 年德国债券）均违约。直至 9 年期和 10 年期债券，穆迪的领导地位被标准统计公司取代。测度评级准确性的第二个方法是将特定时期的所有最高评级加总，评估哪家机构前两三类评级的违约率最低。这种计算能够回答以下问题：在 t 年期前两三类债券中违约债券所占的百分比。表 7-11 和表 7-12 列出了新的平均累积违约率（不同时期，黑体字给出了最准确的表现）。

表 7-11　　**前两类评级的平均累积违约率（1～10 年期）**

	考察的评级	1年	2年	3年	4年	5年	6年	7年	8年	9年	10年
惠誉	AAA～AA	**0.00**	0.72	1.53	2.43	3.45	3.45	3.45	3.45	3.45	3.45
穆迪	Aaa～Aa	**0.00**	**0.00**	**0.00**	**0.68**	**1.06**	**1.48**	**1.96**	2.56	3.34	3.34
普尔	A**～A*	**0.00**	**0.00**	0.38	1.24	1.73	2.30	2.30	**2.30**	**2.30**	**2.30**
标准统计	A1+～A1	**0.00**	0.63	1.32	2.09	2.52	2.52	2.52	2.52	2.52	2.52

资料来源：作者的计算。

表 7-12　　**前三类评级的平均累积违约率（1～10 年期）**

	考察的评级	1 年	2 年	3 年	4 年	5 年	6 年	7 年	8 年	9 年	10 年
惠誉	AAA～A	0.68	3.88	7.41	10.88	13.48	15.22	16.20	16.95	17.42	18.69
穆迪	Aaa～A	1.21	2.86	5.58	8.20	10.22	11.74	13.78	15.49	16.79	17.94
普尔	A**～A	1.40	3.32	5.26	7.91	9.27	10.50	11.56	12.82	13.36	13.36
标准统计	A1+～A	1.14	2.78	5.40	7.89	9.93	11.36	12.70	14.71	15.75	16.43

资料来源：作者的计算。

对前两类评级（见表 7-11），4 家信用评级机构的 1 年期违约率都是零。2 年期，穆迪和普尔处于领导地位，然而从 3 年期到 7 年期，穆迪评级最为准确。后来，穆迪让位给普尔。

从违约的角度考虑，对于前三类评级（见表 7-12），惠誉 1 年期的评级表现最好。在中期（2～5 年），标准统计公司和普尔评级的评级最准确。从 5 年期开始，普尔评级最好。值得一提的是，惠誉 AAA～AA 和 AAA～A 级债券 2～10 年期的违约率都很高。

7.4　结　论

从本章可以得出几个结论。

第一，4 家机构都没能预测到 1931 年开始的国家债务危机，在 1931—1933 年又反应过度大规模调低评级。尽管如此，即评级较高的债券违约率低，评级低的债券违约率较高，但惠誉、穆迪、普尔和标准统计公司成功地区分了不同的外国政府债券的信用级别。

第二，评级结果的准确性（累积违约率度量）没有广泛传播。如果只计算风险厌恶程度最高的信用级别（AAA、Aaa、A**、A1+），4 家机构短期和中期的违约率相等，都为零。相比之下，惠誉长期评级稍微有些不准确。对中度风险厌恶水平（即前两类评级）来说，4 家机构短期评级结果一致；然而，穆迪和普尔分别在中期和长期是评级领导者。注意，在长期，普尔和惠誉（它们的违约率最高）之间的违约率差异仅为1.15。当风险厌恶水平较低时，（包括前三类）评级机构的表现差异显著增加：惠誉短期违约率最低，但中长期违约率最高。表7-13通过测度风险厌恶水平和范围总结了评级准确性。这些结果对投资者非常有用，他们可以根据反映了风险厌恶程度和投资范围的评级来选择债券。

表7-13　**信用评级机构最佳准确性——风险厌恶和时间范围**

	短期	中期	长期
最大程度风险厌恶	所有四家机构	所有四家机构	穆迪、普尔、标准统计
中度风险厌恶	所有四家机构	穆迪	普尔
最小程度风险厌恶	惠誉	普尔和标准统计	普尔

资料来源：作者的分类。

第三，这些结果表明惠誉反应最快，短期评级最准确但是不稳定。相比之下，稳定性强的评级机构在中长期最准确（如穆迪和普尔）。标准统计公司采用了一种介于两者之间的评级政策。这一结论与 Flandreau *et al.*（2010）的研究发现一致。他们认为在1920—1930年间存在两种评级政策：一种是普尔和穆迪所使用的，用“贯穿经济周期”的评级体系来分析国家信用风险；另一种是惠誉采用的基于短期分析的评级方法。

参考文献

Eichengreen B. and Portes R. (1986), "Debt and Default in the 1930s", *European Economic Review*, Vol. 30, No. 3.

Eichengreen B. and Werley C. (1988), "How the Bondholders Fared: Realized Rates of Return on Foreign Dollar Bonds Floated in the 1920s", *University of California at Berkeley, Economic Working Paper 8869.*

Fitch (various years), *Fitch Bond Books.*

Flandreau M. ,Gaillard N. and Packer F. (2010), "To Err Is Human: Rating Agencies and the Interwar Foreign Government Debt Crisis", *BIS Working Paper No. 335*, December.

Harold G. (1938), *Bond Ratings as an Investment Guide*, Ronald Press Company, New York.

Hickman W. B. (1958), *Corporate Bond Quality and Investor Experience*, Princeton University Press, Princeton.

Hickman W. B. (1960), *Statistical Measures of Corporate Bond Financing since 1900*, Princeton University Press, Princeton.

Mintz I. (1951), *Deterioration in the Quality of Foreign Bonds Issued in the United States 1920–30*, NBER, Cambridge.

Moody's Investors Service(various years), *Moody's Manuals.*

Moody's Investors Service(1995), "Corporate Bond Defaults and Default Rates 1970–1994", January.

Moody's Investors Service(2004), "Tracing the Origins of Investment Grade", January.

Palyi M. (1938), "Bank Portfolios and the Control of the Capital Market", *Journal of Business of the University of Chicago*, Vol. 11, No. 1.

Poor's(various years), *Poor's Volumes.*

Rippy J. F. (1950), "A Bond-Selling Extravaganza of the 1920's", *Journal of Business of the University of Chicago*, Vol. 23, No. 4.

Standard Statistics (various years), *Standard Bond Books.*

Winkler M. (1933), *Foreign Bonds – An Autopsy*, Roland Swain Company, Philadelphia.

8

20 世纪 80 年代以来国家信用评级的稳定性和准确性

本章比较了自 1987 年 1 月至 2011 年 1 月，由惠誉、穆迪和标普发布的国家信用评级的稳定性和准确性。自 1918 年以来，国家信用评级政策得到了显著的完善，信息的可获取性大大提高，因此本章相较第 7 章更为详尽。在 8.1 节中，我们对相关文献进行了回顾；8.2 节研究了评级观察和展望（两次战争期间评级中止），通过这项研究我们可以看到，相较于以负面的展望或观察调低发行人评级来说，三大评级机构更倾向于以正面的展望或观察调高评级；8.3 节我们以评级的稳定性为焦点，揭示出穆迪的评级变动频率最小，但变动幅度最大；8.4 节则重点比较了惠誉、穆迪和标普国家信用评级的准确性。研究结果显示，从短期来看，标普准确性较高，而穆迪则在中期表现出更高的准确性；8.5 节是本章小结。

8.1 文献回顾

本章回顾了三部分文献。

第一部分文献具体分析评级迁移率。对于公司评级来说，Nickell *et al.*（2000）和穆迪（2003b）重点强调了评级迁移率的稳定性和周期性问题。Hu *et al.*（2002）意识到历史数据的缺失会阻碍信用评级迁移率的计算，并采用了一种有序概率模型来估计这些迁移矩阵。穆迪（2003a）第一次计算了 1985—2002 年间的评级迁移率，得到了国家信用评级相较于公司评级更为稳定的结论，同时，其发现在公司领域中，评级上调和下调 1 个级别以上的情况要更为常见，惠誉和标普的类似研究也得到了相似的结果。更为有趣的是，Altman（2004）和 Rijken（2004）在分析影响信用风险稳定性的主要因素时，发现了评级机构"贯穿经济周期"的评级方法。穆迪（2006）解释说，其现有评级体系体现了评级准确性和稳定性之间的一种权衡，该解释也证实了奥特曼和艾肯的工作。

第二部分文献讨论估计评级准确性的不同方法。穆迪（1995）研究了它在 1970—1994 年间的评级，计算出了其边际和累计违约率。不出所料，该机构证明了其投资级评级的准确性。穆迪（1997）扩大了研究的历史范围，并开始研究 1920—1996 年间的历史状况。自那以后，它每年都会更新评级报告。穆迪的 KMV（1998）反对过度使用违约率来评估评级质量。其认为，在同一个评级分类中的违约率具有很小的同质性，因此，应适当调低会导致平均违约率增高的异常值。穆迪（2000）运用累计精准曲线（CAPs）和准确值（ARs）改进了其公司评级质量的评估方法，CAPs 和 ARs 的设计初衷是为了评估评级机构给予可能违约的发行人低评级和不可能违约的发行人高评级的能力。[①] 这些评估准确度的不同方法，包括2003年穆迪的信用评级方法（Moody's 2003a），已经被标普所采用，但并未被惠誉采用，详见标普（2011）和惠誉（2011）的最新报告。

第三部分研究强调了评级展望和评级观察的重要性。穆迪（2004）记录了1995—2003年基于评级观察名单、评级展望和评级历史的公司评级迁移率。评级观察和评级展望被证明是分析可能的评级方向和未来评级调整时间的强有力指标。惠誉（2005）和标普（2010a）为国家信用评级观察与展望提供了可比研究，并发现它们对其各自的评级变动有很大的影响。

8.2 国家信用评级观察与评级展望

评级观察[②]是对于短期可能的评级方向的研究（参见 Fitch 2009；Moody's 2010b；S&P 2010b），评级展望评估了中、短期的潜在评级方向。标普（2010b）表示，其评级展望一般持续6个月至2年；而对于惠誉来说，其时间跨度一般为1至2年（Fitch 2009）；穆迪则没有那么精确，它的评级展望预计将适用于跨度为“中期”的时间长度（Moody's 2010b）。

评级观察名单和评级展望是用于补充评级、帮助投资者预测发行人信用质量可能变动方向的两类指标。这些指标是相互排斥的，也就是说，一个发行者不能既被评定为展望级别，又同时被置于观察名单上。

8.2.1 和 8.2.2 研究评级观察和评级展望的频率和持续期，评估这些指标最终将导致评级发生上调或下调的可能性；8.2.3 计算了在评级展望与观察名单发布之前发生评级调整的可能性大小。

① 对违约者评级过高属于第一类错误，对非违约者评级过低属于第二类错误。
② 本文中，“信用观察”、“评级观察”和“观察名单”将互换使用。

8.2.1 国家信用评级观察

一个评级可能是上调（正面观察），也可能是下调（负面观察），或是较少见的调整方向。[①] 当评级上调、下调，或是不变时，该评级将会被从观察者名单中移除。

标普、穆迪和惠誉分别在1991年3月7日、1992年5月6日和1995年11月13日将国家信用评级置于观察名单上。此三者各自的研究阶段分别是1991年3月7日至2011年1月1日、1992年5月6日至2011年1月1日，以及2000年5月19日至2011年1月1日。[②] 表8-1至表8-3为惠誉、穆迪和标普的评级观察汇总数据。

表8-1 **惠誉评级观察（2000年5月19日至2011年1月1日）**

评级观察类别	评级调整结果	个数	平均持续期（天）	最小持续期（天）	最大持续期（天）	标准差（天）	占各部分观察百分比（%）	占总评级观察百分比（%）
上调	上调	12	52	13	111	28	100.00	27.91
	下调	0	NA	NA	NA	NA	0.00	0.00
	不变	0	NA	NA	NA	NA	0.00	0.00
可能上调的观察总和		*12*	*52*	*13*	*111*	*28*	*100.00*	*27.91*
下调	上调	1	263	263	263	NA	3.23	2.33
	下调	21	94	2	448	103	67.74	48.84
	不变	9	145	33	442	136	29.03	20.93
可能下调的观察总和		*31*	*114*	*2*	*448*	*116*	*100.00*	*72.09*
发展中	上调	0	NA	NA	NA	NA	NA	0.00
	下调	0	NA	NA	NA	NA	NA	0.00
	不变	0	NA	NA	NA	NA	NA	0.00
发展中评级观察总和		*0*	*NA*	*NA*	*NA*	*NA*	*NA*	*0.00*
总评级观察		**43**	**97**	**2**	**448**	**103**	**100.00**	**100.00**

注释：百分数之和由于四舍五入的原因可能不等于100%，NA表示不可获得。

资料来源：作者的计算，基于http：//www.fitchratings.com。

① 穆迪术语。惠誉和标普分别用“演变”和“发展中”形容此例。
② 惠誉评级观察从2000年5月19日开始，自Duff&Phelps与惠誉IBCA合并之后。

表 8-2　**穆迪评级观察（1992 年 5 月 6 日至 2011 年 1 月 1 日）**

评级观察类别	评级调整结果	个数	平均持续期（天）	最小持续期（天）	最大持续期（天）	标准差（天）	占各部分观察百分比（%）	占总评级观察百分比（%）
上调	上调	97	73	11	221	42	95.10	56.73
	下调	0	NA	NA	NA	NA	0.00	0.00
	不变	5	123	82	150	26	4.90	2.92
可能上调的观察总和		*102*	*76*	*11*	*221*	*43*	*100.00*	*59.65*
下调	上调	0	NA	NA	NA	NA	0.00	0.00
	下调	50	87	8	570	89	72.46	29.24
	不变	19	93	22	160	37	27.54	11.11
可能下调的观察总和		*69*	*88*	*8*	*570*	*78*	*100.00*	*40.35*
发展中	上调	0	NA	NA	NA	NA	NA	0.00
	下调	0	NA	NA	NA	NA	NA	0.00
	不变	0	NA	NA	NA	NA	NA	0.00
发展中评级观察总和		*0*	*NA*	*NA*	*NA*	*NA*	*NA*	*0.00*
总评级观察		***171***	***81***	***8***	***570***	***60***	***100.00***	***100.00***

注释：百分数之和由于四舍五入的原因可能不等于 100%，NA 表示不可获得。

资料来源：作者的计算，基于 http：//www. moodys. com。

表 8-3　**标普评级观察（1991 年 3 月 7 日至 2011 年 1 月 1 日）**

评级观察类别	评级调整结果	个数	平均持续期（天）	最小持续期（天）	最大持续期（天）	标准差（天）	占各部分观察百分比（%）	占总评级观察百分比（%）
上调	上调	1	7	7	7	NA	100.00	1.28
	下调	0	NA	NA	NA	NA	0.00	0.00
	不变	0	NA	NA	NA	NA	0.00	0.00
可能上调的观察总和		*1*	*7*	*7*	*7*	*NA*	*100.00*	*1.28*
下调	上调	0	NA	NA	NA	NA	0.00	0.00
	下调	53	47	2	218	45	67.94	67.95
	不变	23	97	7	345	93	30.26	29.49
可能下调的观察总和		*76*	*62*	*2*	*345*	*67*	*100.00*	*97.44*
发展中	上调	1	33	33	33	NA	100.00	1.28
	下调	0	NA	NA	NA	NA	0.00	0.00
	不变	0	NA	NA	NA	NA	0.00	0.00
发展中评级观察总和		*1*	*33*	*33*	*33*	*NA*	*100.00*	*1.28*
总评级观察		***78***	***61***	***2***	***345***	***66***	***100.00***	***100.00***

注释：百分数之和由于四舍五入的原因可能不等于 100%，NA 表示不可获得。

资料来源：作者的计算，基于 http：//www. standardandpoors. com。

第一，各机构间观察名单上评级对象的数量不同：穆迪有 171 个评级被置于观察名单上，惠誉为 43 个，标普为 78 个。平均来看，穆迪每 9.5 年就有 1 个评级被置于观察名单上，而标普和惠誉的频率则要低很多，分别为 21 年和 22.7 年。①

第二，在样本期内，标普认为只有一种方向不确定的信用观察，其他的评级观察结果或者是正面或者是负面的。在惠誉和标普中，负面观察的数量超过了正面观察的数量。相比之下，穆迪可能上调的评级数量大大超过了其可能下调的评级数量。直至 2010 年 7 月，标普才改变以往的积极态度，而将国家信用评级置于信用观察之列，这也证实了标普认为观察名单可能预示着评级下调的看法。在这个方面，标普的政策与惠誉和穆迪有所不同。

第三，观察显示，大多数处于正面观察的评级最终将被上调：从穆迪占比数量的 95.1% 到惠誉占比数量的 100%。相比之下，处于负面观察而最终评级下调的评级占比要显著地低得多：惠誉、标普和穆迪的比例分别为 67.7%、69.7% 和 72.5%。因此，我们可以得出结论：评级机构更倾向于上调评级而非下调，或者说，处于负面观察下的国家政府会设法使评级分析师对其国家信誉度有信心。

第四，信用观察的存续期显示，相较于可能下调的评级来说，可能上调的评级可在更短的时间内得到确认。此外，相较于那些最终得到确认的评级来说，处于正（负）面观察下，最终导致上调（下调）的评级也会在更短的时间内得出结果。因此，评级观察期越长，评级机构确认评级的可能性越大。

第五，标普的评级观察解决时间（平均 61 天）比穆迪和惠誉（分别为 81 天和 97 天）都要短，这与标普观察名单的持续期一致。但与惠誉和穆迪相比，标普的解决时间从来没有超过 1 年。

---

① 作者的计算。

信用观察为投资者提供了相关的信息内容。大部分被列入可能上调（下调）的国家信用评级平均会在3个月内得到评级调整，这与三大评级机构的评级政策相一致。

8.2.2 国家信用评级展望

评级展望分为4种。“正面展望”表示评级可能上调，“负面展望”表示评级可能下调，“稳定”表示评级可能不变，而“发展中展望”（惠誉称为“演变”）则意味着评级可能会应对某些事件进行上调或下调。

标普、穆迪和惠誉分别在1989年6月26日、1997年3月7日和2000年9月21日开始公布国家信用评级。标普、穆迪和惠誉研究的3个时间段分别是1989年6月26日至2011年1月1日、1997年3月7日至2011年1月1日和2000年9月21日至2011年1月1日。表8-4至表8-6给出了惠誉、穆迪和标普评级展望的汇总数据。

第一，三大评级机构的展望数量不同：标普有874个展望，穆迪有509个展望，而惠誉有439个展望。平均来看，标普每1.8年会发布1个新的评级展望，惠誉和穆迪的频率则要低一些，分别为2.2年和2.75年。①

第二，这些样本只包括4个发展中展望（穆迪和标普各为2个），所有其他的都是正面、稳定或负面的。稳定展望占所有展望的50%，惠誉和穆迪正面展望的数量超过负面展望，而标普负面展望的数量却要比正面展望多。然而，正面和负面展望的数量在每个机构间的分布是较为均衡的，最大的差距在于穆迪，其正面展望数量比负面展望多出约20%。

第三，惠誉和标普有超过70%的正面展望最终导致评级上调，而穆迪 的此项概率却低于35%。有趣的是，当考虑到所有正面行为（即当评

① 作者的计算。

表 8-4　**惠誉评级展望（2000 年 9 月 21 日至 2011 年 1 月 1 日）**

评级展望类别	评级调整结果	个数	平均持续期（天）	最小持续期（天）	最大持续期（天）	标准差（天）	占各部分展望百分比（%）	占总评级展望百分比（%）
正面	上调	73	374	50	1 347	276	71.57	16.63
	下调	1	509	509	509	NA	0.98	0.23
	正面观察	2	246	203	289	61	1.96	0.46
	负面观察	0	NA	NA	NA	NA	0.00	0.00
	正面展望	NA	NA	NA	NA	NA	NA	NA
	负面展望	0	NA	NA	NA	NA	0.00	0.00
	稳定展望	26	413	8	785	206	25.49	5.92
	发展中展望	0	NA	NA	NA	NA	0.00	0.00
	评级撤回	0	NA	NA	NA	NA	0.00	0.00
所有正面展望		*102*	*383*	*8*	*1 347*	*256*	*100.00*	*23.23*
负面	上调	1	164	164	164	NA	1.01	0.23
	下调	58	203	13	875	167	58.59	13.21
	正面观察	0	NA	NA	NA	NA	0.00	0.00
	负面观察	5	194	42	330	119	5.05	1.14
	正面展望	1	134	134	134	NA	1.01	0.23
	负面展望	NA	NA	NA	NA	NA	NA	NA
	稳定展望	34	482	125	1 260	297	34.34	7.74
	发展中展望	0	NA	NA	NA	NA	0.00	0.00
	评级撤回	0	NA	NA	NA	NA	0.00	0.00
所有负面展望		*99*	*297*	*13*	*1 260*	*254*	*100.00*	*22.55*
稳定	上调	58	653	56	2 278	460	34.37	13.21
	下调	13	819	231	3 045	883	5.46	2.96
	正面观察	8	487	53	1 180	386	3.36	1.82
	负面观察	12	517	48	3 088	832	5.04	2.73
	正面展望	84	624	33	1 950	464	35.29	19.13
	负面展望	58	568	33	2 158	466	24.37	13.21
	稳定展望	NA	NA	NA	NA	NA	NA	NA
	发展中展望	0	NA	NA	NA	NA	0.00	0.00
	评级撤回	5	940	458	2 045	641	2.10	1.14
所有稳定展望		*238*	*625*	*33*	*3 088*	*517*	*100.00*	*54.21*
发展中	上调	0	NA	NA	NA	NA	0.00	0.00
	下调	0	NA	NA	NA	NA	0.00	0.00
	正面观察	0	NA	NA	NA	NA	0.00	0.00
	负面观察	0	NA	NA	NA	NA	0.00	0.00
	正面展望	0	NA	NA	NA	NA	0.00	0.00
	负面展望	0	NA	NA	NA	NA	0.00	0.00
	稳定展望	0	NA	NA	NA	NA	0.00	0.00
	发展中展望	NA	NA	NA	NA	NA	NA	NA
	评级撤回	0	NA	NA	NA	NA	0.00	0.00
所有发展中展望		*0*	*NA*	*NA*	*NA*	*NA*	*NA*	*0.00*
所有展望		***439***	***495***	***8***	***3 088***	***442***	***100.00***	***100.00***

注释：百分数之和由于四舍五入的原因可能不等于 100%，NA 表示不可获得。

资料来源：作者的计算，基于 http：//www.fitchratings.com。

表 8-5　**穆迪评级展望（1997 年 3 月 7 日至 2011 年 1 月 1 日）**

评级展望类别	评级调整结果	个数	平均持续期（天）	最小持续期（天）	最大持续期（天）	标准差（天）	占各部分展望百分比（%）	占总评级展望百分比（%）
正面	上调	42	349	29	1 471	324	34.71	8.25
	下调	0	NA	NA	NA	NA	0.00	0.00
	正面观察	50	339	69	928	202	41.32	9.82
	负面观察	0	NA	NA	NA	NA	0.00	0.00
	正面展望	NA	NA	NA	NA	NA	NA	NA
	负面展望	3	562	117	1 120	511	2.48	0.59
	稳定展望	25	530	62	1 068	323	20.66	4.91
	发展中展望	1	84	84	84	NA	0.83	0.20
	评级撤回	0	NA	NA	NA	NA	0.00	0.00
所有正面展望		*121*	*385*	*29*	*1 471*	*292*	*100.00*	*23.77*
负面	上调	1	415	415	415	NA	0.98	0.20
	下调	35	181	8	1 333	246	34.31	6.88
	正面观察	0	NA	NA	NA	NA	0.00	0.00
	负面观察	27	182	15	805	182	26.47	5.30
	正面展望	1	580	580	580	NA	0.98	0.20
	负面展望	NA	NA	NA	NA	NA	NA	NA
	稳定展望	38	486	17	1 609	340	37.25	7.47
	发展中展望	0	NA	NA	NA	NA	0.00	0.00
	评级撤回	0	NA	NA	NA	NA	0.00	0.00
所有负面展望		*102*	*301*	*8*	*1 609*	*306*	*100.00*	*20.04*
稳定	上调	52	1 002	16	3 031	739	18.31	10.22
	下调	25	647	18	3 213	807	8.80	4.91
	正面观察	37	783	127	4 769	808	13.03	7.27
	负面观察	22	872	76	4 396	1 133	7.75	4.32
	正面展望	94	746	66	3 308	638	33.10	18.47
	负面展望	53	781	16	4 196	892	18.66	10.41
	稳定展望	NA	NA	NA	NA	NA	NA	NA
	发展中展望	0	NA	NA	NA	NA	0.00	0.00
	评级撤回	1	2 340	2 340	2 340	NA	0.35	0.20
所有稳定展望		*284*	*811*	*16*	*4 769*	*795*	*100.00*	*55.80*
发展中	上调	1	282	282	282	NA	50.00	0.20
	下调	0	NA	NA	NA	NA	0.00	0.00
	正面观察	0	NA	NA	NA	NA	0.00	0.00
	负面观察	0	NA	NA	NA	NA	0.00	0.00
	正面展望	0	NA	NA	NA	NA	0.00	0.00
	负面展望	0	NA	NA	NA	NA	0.00	0.00
	稳定展望	1	78	78	78	NA	50.00	0.20
	发展中展望	NA	NA	NA	NA	NA	NA	NA
	评级撤回	0	NA	NA	NA	NA	0.00	0.00
所有发展中展望		*2*	*180*	*78*	*282*	*144*	*100.00*	*0.39*
所有展望		*509*	*605*	*8*	*4 769*	*667*	*100.00*	*100.00*

注释：百分数之和由于四舍五入的原因可能不等于 100%，NA 表示不可获得。

资料来源：作者的计算，基于 http：//www. moodys. com。

表 8-6　**标普评级展望（1989 年 6 月 26 日至 2011 年 1 月 1 日）**

评级展望类别	评级调整结果	个数	平均持续期（天）	最小持续期（天）	最大持续期（天）	标准差（天）	占各部分展望百分比（%）	占总评级展望百分（%）
正面	上调	146	406	21	1 395	258	70.53	16.70
	下调	0	NA	NA	NA	NA	0.00	0.00
	正面观察	0	NA	NA	NA	NA	0.00	0.00
	负面观察	1	400	400	400	NA	0.48	0.11
	正面展望	NA	NA	NA	NA	NA	NA	NA
	负面展望	1	1 809	1 809	1 809	NA	0.48	0.11
	稳定展望	59	425	86	2 416	367	28.50	6.75
	发展中展望	0	NA	NA	NA	NA	0.00	0.00
	评级撤回	0	NA	NA	NA	NA	0.00	0.00
所有正面展望		*207*	*418*	*21*	*2 416*	*307*	*100.00*	*23.68*
负面	上调	1	305	305	305	NA	0.43	0.11
	下调	125	166	4	1 251	209	53.65	14.30
	正面观察	0	NA	NA	NA	NA	0.00	0.00
	负面观察	19	248	32	853	208	8.15	2.17
	正面展望	5	432	153	836	287	2.15	0.57
	负面展望	NA	NA	NA	NA	NA	NA	NA
	稳定展望	82	426	22	1 410	294	35.19	9.38
	发展中展望	0	NA	NA	NA	NA	0.00	0.00
	评级撤回	1	54	54	54	NA	0.43	0.11
所有负面展望		*233*	*292*	*4*	*1 410*	*264*	*100.00*	*26.66*
稳定	上调	93	628	80	2 454	486	21.53	10.64
	下调	26	659	61	4 259	846	6.02	2.97
	正面观察	1	66	66	66	NA	0.23	0.11
	负面观察	38	480	64	1 514	410	8.80	4.35
	正面展望	143	709	51	4 207	616	33.10	16.36
	负面展望	130	798	13	7 269	1 022	30.09	14.87
	稳定展望	NA	NA	NA	NA	NA	NA	NA
	发展中展望	0	NA	NA	NA	NA	0.00	0.00
	评级撤回	1	1 520	1 520	1 520	NA	0.23	0.11
所有稳定展望		*432*	*696*	*13*	*7 269*	*745*	*100.00*	*49.43*
发展中	上调	2	142	35	248	NA	100.00	0.23
	下调	0	NA	NA	NA	NA	0.00	0.00
	正面观察	0	NA	NA	NA	NA	0.00	0.00
	负面观察	0	NA	NA	NA	NA	0.00	0.00
	正面展望	0	NA	NA	NA	NA	0.00	0.00
	负面展望	0	NA	NA	NA	NA	0.00	0.00
	稳定展望	0	NA	NA	NA	NA	0.00	0.00
	发展中展望	NA	NA	NA	NA	NA	NA	NA
	评级撤回	0	NA	NA	NA	NA	0.00	0.00
所有发展中展望		*2*	*142*	*35*	*248*	*NA*	*100.00*	*0.23*
所有展望		*874*	*521*	*4*	*7 269*	*589*	*100.00*	*100.00*

注释：百分数之和由于四舍五入的原因可能不等于 100%，NA 表示不可获得。

资料来源：作者的计算，基于 http：//www. standardandpoors. com。

级上调和正面观察相结合）时，穆迪的此项百分比激增到76%——略超过惠誉和标普的比例；而其他正面展望通常转变为稳定；低于0.5%的正面展望会导致负面行为（即评级下调、负面观察或负面展望）。

第四，最终评级下调（或导致负面行为）的负面展望百分比显著较低：分别为穆迪34.3%（60.8%）、标普53.6%（61.8%）和惠誉58.6%（63.6%）；其他负面展望通常转变为稳定。最终导致正面行为的负面展望比例要略高于2%。正如之前所述，我们可以推测，相较于下调评级来说，评级机构更愿意上调评级。

第五，最终导致正面行为的稳定展望数量要超过那些最终导致负面行为的稳定展望数量：对于两者的比率，惠誉为63%/34.9%、穆迪为64.4%/35.2%，标普为54.9%/44.9%。这些发现可能意味着，在惠誉、穆迪和标普的评级政策中，存在一个向上的偏误，而标普的偏误相对较小。

第六，我们通过研究展望的持续期发现，负面展望相较于正面展望的解决期更短：惠誉为297天/383天、穆迪为301天/385天、标普为292天/418天。可见，向预期方向变动展望（即正面展望导致正面行为，负面展望导致负面行为）的解决期，比向非预期方向更快。这些差距在三大评级机构的负面展望和穆迪所有的展望中要表现得更明显。

第七，解决稳定展望比解决正面和负面展望需要的时间更长，惠誉、标普和穆迪所花费的时间分别为625天、696天和811天。由于负面和正面展望都被看做临时信号，因此这些较长的期限也就不令人感到意外了。

与评级机构的评级政策相一致，正面和负面展望的平均解决期为10~14个月。在惠誉和标普中，最终评级上调（下调）的正面（负面）展望的比例要高于穆迪，这使得正面（负面）展望更易于被列入可能的评级上调（下调）者之列。这些发现凸显了穆迪评级政策中观察名单信号的重要性。

8.2.3 展望/观察清单效率优于评级变动公告

本节回答了以下问题：国家信用评级被上调或下调后，其现状如何？

我们分别研究了标普（1991 年 3 月 7 日至 2011 年 1 月 1 日）、穆迪（1997 年 3 月 7 日至 2011 年 1 月 1 日），以及惠誉（2000 年 9 月 21 日至 2011 年 1 月 1 日）的不同情况。[①] 表 8-7 至表 8-9 提供了惠誉、穆迪和标普在上调或下调评级时，各自的当前评级状况。

表 8-7 **惠誉评级变动时的评级现状**

（2000 年 9 月 21 日至 2011 年 1 月 1 日） 单位：%

评级变动	变动时点的评级现状	投资级别评级	投机级别评级	所有评级
下调	正面观察	0.00	0.00	0.00
	负面观察	13.16	29.09	22.58
	发展中观察	0.00	0.00	0.00
	正面展望	0.00	1.82	1.08
	负面展望	78.95	50.91	62.37
	稳定展望	7.89	18.18	13.98
	发展中展望	0.00	0.00	0.00
	总和	*100.00*	*100.00*	*100.00*
上调	正面观察	10.00	5.41	7.64
	负面观察	0.00	1.35	0.69
	发展中观察	0.00	0.00	0.00
	正面展望	50.00	51.35	50.69
	负面展望	0.00	1.35	0.69
	稳定展望	40.00	40.54	40.28
	发展中展望	0.00	0.00	0.00
	总和	*100.00*	*100.00*	*100.00*

注释：百分数之和由于四舍五入可能不等于 100%。

资料来源：作者的计算，基于 http：//www.fitchratings.com。

① 各阶段起始日与各机构为主权信用发布者评定评级观察和评级展望的起始日期相一致。

表 8-8　**穆迪评级变动时的评级现状**

（1997 年 3 月 7 日至 2011 年 1 月 1 日）　单位：%

评级变动	变动时点的评级现状	投资级别评级	投机级别评级	所有评级
下调	正面观察	0. 00	0. 00	0. 00
	负面观察	51. 43	29. 51	37. 50
	不确定观察	0. 00	0. 00	0. 00
	正面展望	0. 00	0. 00	0. 00
	负面展望	34. 29	37. 70	36. 46
	稳定展望	14. 29	32. 79	26. 04
	发展中展望	0. 00	0. 00	0. 00
	总和	*100. 00*	*100. 00*	*100. 00*
上调	正面观察	49. 47	38. 46	44. 51
	负面观察	0. 00	0. 00	0. 00
	不确定观察	0. 00	0. 00	0. 00
	正面展望	23. 16	25. 64	24. 28
	负面展望	0. 00	1. 28	0. 58
	稳定展望	27. 37	33. 33	30. 06
	发展中展望	0. 00	1. 28	0. 58
	总和	*100. 00*	*100. 00*	*100. 00*

注释：百分数之和由于四舍五入可能不等于 100%。

资料来源：作者的计算，基于 http：//www. moodys. com。

表8-9　　**标普评级变动时的评级现状**

（1991年3月7日至2011年1月1日）　　单位：%

评级变动	变动时点的评级现状	投资级别评级	投机级别评级	所有评级
下调	正面观察	0.00	0.00	0.00
	负面观察	24.05	28.10	26.50
	发展中观察	0.00	0.00	0.00
	正面展望	0.00	0.00	0.00
	负面展望	64.56	57.85	60.50
	稳定展望	11.39	14.05	13.00
	发展中展望	0.00	0.00	0.00
	总和	*100.00*	*100.00*	*100.00*
上调	正面观察	0.00	0.83	0.41
	负面观察	0.00	0.00	0.00
	发展中观察	0.00	0.83	0.41
	正面展望	64.75	54.55	59.67
	负面展望	0.00	0.83	0.41
	稳定展望	35.25	41.32	38.27
	发展中展望	0.00	1.65	0.82
	总和	*100.00*	*100.00*	*100.00*

注释：百分数之和由于四舍五入可能不等于100%。

资料来源：作者的计算，基于http：//www.standardandpoors.com。

首先，在下调的信用评级中，现状为负面观察或负面展望的信用评级的占比，要超过在上调的评级中现状为正面观察或正面展望的信用评级占比：惠誉为84.9%和58.3%，穆迪为74%和68.8%，以及标普为87%和60.1%。这个差距解释了在上调的信用评级中，稳定展望的占比更高的原因。这些发现表明，相对于下调评级来说，评级机构更倾向于对信用评定为稳定展望的国家上调评级。

其次，我们发现当投机级评级被考虑在内时，这些结果将更为显著：穆迪、惠誉和标普中，分别有33.3%、40.5%和41.3%现状为稳定展望的投机级评级进行了评级上调。这些百分比也支持了投机级评级展望比投资级评级展望传递的相关信息更少的观点。在那些会导致非预期评级变动（也就是说，正面观察和正面展望会导致评级下调，负面观察和负面展望会导致评级上调）的评级观察和评级展望中，投机级评级的排他性证实了这个假设。

再次，穆迪评级上调（下调）时最常见的评级状态是存在于正面（负面）观察清单上，而惠誉和标普在评级上调（下调）时最常见的评级状态则是正面（负面）展望。因此，与惠誉和标普相比，穆迪评级展望提供的与评级变动相关的信息更少。

综上，观察清单信号是考察信用评级变动最可靠的指标，惠誉和标普发布的正面和负面展望对可能的信用评级变动方向也具有预测能力。同时，3个评级机构的相关信用评级政策都存在一定的上调偏误，正面展望和正面观察导致评级上调的可能性比负面展望和负面观察导致评级下调的可能性要大的事实也表明了这一点。最后，提高评级变动行为的稳定性也是有意义的：所有的评级上调（下调）可由正面（负面）展望或正面（负面）观察引导。① 这个过程可将一个稳定展望发生评级上调或下调的可能性降至0，进而提高评级展望和观察清单信号的预测能力。

8.3 国家信用评级稳定性

评级变动是反映国家信用发布者金融地位强化或是恶化的决定性行为。本部分主要研究由三大评级机构发布的国家信用评级的稳定性。8.3.1讨论评级变动的频率和重要性；8.3.2对评级迁移率进行了详细分

---

① 显然，这并不表示所有的正面（负面）展望和观察都会自发导致评级上调（下调）。

析；8.3.3 对惠誉、穆迪和标普的评级迁移进行初始的比较。

8.3.1 评级变动频率和变化量

表 8-10 列出了惠誉、穆迪和标普上调和下调信用评级的分布。

表 8-10 **惠誉、穆迪和标普评级变动分布**

（1987 年 1 月 1 日至 2011 年 1 月 1 日）

	惠誉升级	穆迪升级	标普升级	惠誉降级	穆迪降级	标普降级	惠誉升级—降级率	穆迪升级—降级率	标普升级—降级率
1987	NA	0	0	NA	4	0	NA	0.00	NA
1988	NA	0	0	NA	0	0	NA	NA	NA
1989	NA	0	1	NA	5	2	NA	0.00	0.50
1990	NA	3	0	NA	3	2	NA	1.00	0.00
1991	NA	1	6	NA	4	3	NA	0.25	2.00
1992	NA	1	0	NA	2	2	NA	0.50	0.00
1993	NA	2	4	NA	2	3	NA	1.00	1.33
1994	NA	6	4	NA	6	4	NA	1.00	1.00
1995	NA	6	11	NA	3	1	NA	2.00	11.00
1996	NA	9	8	NA	1	2	NA	9.00	4.00
1997	NA	13	7	NA	10	9	NA	1.30	0.78
1998	NA	6	5	NA	23	24	NA	0.26	0.21
1999	NA	8	12	NA	4	11	NA	2.00	1.09
2000	NA	11	13	NA	4	6	NA	2.75	2.17
2001	12	9	17	17	7	18	0.71	1.29	0.94
2002	16	27	16	10	6	14	1.60	4.50	1.14
2003	23	19	21	9	8	12	2.56	2.38	1.75
2004	24	7	29	2	3	10	12.00	2.33	2.90
2005	19	12	24	8	4	7	2.38	3.00	3.43
2006	13	20	21	2	1	7	6.50	20.00	3.00
2007	12	17	25	3	1	5	4.00	17.00	5.00
2008	10	8	11	17	9	29	0.59	0.89	0.38
2009	3	11	3	18	17	25	0.17	0.65	0.12
2010	15	15	22	9	9	15	1.67	1.67	1.47

注释："升级"和"降级"分别表示"评级上调"和"评级下调"。NA 表示不可获得。惠誉评级变动的计算期开始于 2001 年 1 月 1 日，即惠誉 IBCA 与 Duff&Phelps 合并后的第 1 个公历年。

资料来源：作者的计算。

标普的评级变动数量超过了惠誉和穆迪，分别为471、242和347个。平均来看，标普每3.7年会进行评级修正，惠誉和穆迪则分别为3.8年和5.2年。[①] 信用评级上调公告的数量远远超过了信用评级下调公告：惠誉为147个上调，95个下调；穆迪为211个上调，136个下调；标普为260个上调，211个下调。这个发现与8.1中正面展望和观察的数量超过负面展望和观察数量的结论相一致。

穆迪最大的评级上调浪潮发生在2002年，这项与评级机构修订国家上限政策（详见第3章）相关的记录，为惠誉和标普2003—2004年的一系列评级上调铺平了道路。评级下调的数量在2008年达到巅峰，当时标普的负面评级变动极大地超过了竞争对手。

不难发现，评级上调—下调的比率是与商业周期相联系的。在国家债务危机、货币危机或经济萧条时期（如1992年、1997—1998年、2001年、2008—2009年），这些比率要低于正常时期的评级上调—下调率，而在大繁荣时期这些比率会迅速上升（如1995—1996年、2004—2007年）。这些发现支持了国家信用评级具有顺周期性的观点，参见Ferri（1999）；Reisen and von Maltzan *et al.*（1999）。

任何一种对评级变动率的观测都必须通过观察评级变化量来完成。也就是说，应考虑用“评级上调”和“评级下调”来代替评级变动事件。表8-11揭示了超过1个级别的评级上调和评级下调是存在的，这在评级变动中占据了一小部分比例。

表8-12总结了评级变动的数量变化。1个级别的评级变化占据总评级变动的较大部分，标普、惠誉和穆迪的比例分别为85.4%、83.1%和72.6%。2个级别的评级变动比率除了穆迪以外非常低，分别为标普7.9%、惠誉9.5%，而穆迪却为21.6%。3个级别的评级变动占所有变动的百分比分别为：标普2.3%、惠誉3.7%和穆迪4.9%。超过3个级别

① 作者的计算。

表 8-11　　惠誉、穆迪和标普多级别评级变动的分布

（1987 年 1 月 1 日至 2011 年 1 月 1 日）

	惠誉升级	穆迪升级	标普升级	惠誉降级	穆迪降级	标普降级	惠誉升级一降级率	穆迪升级一降级率	标普升级一降级率
1987	NA	0	0	NA	7	0	NA	0.00	NA
1988	NA	0	0	NA	0	0	NA	NA	NA
1989	NA	0	1	NA	5	3	NA	0.00	0.33
1990	NA	3	0	NA	5	2	NA	0.60	0.00
1991	NA	2	7	NA	6	3	NA	0.33	2.33
1992	NA	2	0	NA	3	2	NA	0.67	0.00
1993	NA	2	4	NA	2	4	NA	1.00	1.00
1994	NA	7	4	NA	8	6	NA	0.88	0.67
1995	NA	6	13	NA	3	1	NA	2.00	13.00
1996	NA	11	9	NA	1	2	NA	11.00	4.50
1997	NA	14	7	NA	14	16	NA	1.00	0.44
1998	NA	7	7	NA	34	32	NA	0.21	0.22
1999	NA	10	20	NA	6	15	NA	1.67	1.33
2000	NA	12	25	NA	4	9	NA	3.00	2.78
2001	12	13	17	25	8	20	0.48	1.63	0.85
2002	17	49	19	14	11	18	1.21	4.45	1.06
2003	36	30	26	13	12	20	2.77	2.50	1.30
2004	26	8	33	3	4	18	8.67	2.00	1.83
2005	25	15	42	12	7	13	2.08	2.14	3.23
2006	13	23	22	2	1	7	6.50	23.00	3.14
2007	13	18	31	4	1	5	3.25	18.00	6.20
2008	10	9	11	24	15	38	0.42	0.60	0.29
2009	7	11	6	22	22	26	0.32	0.50	0.23
2010	27	17	26	15	18	21	1.80	0.94	1.24

注释："升级"和"降级"分别表示"评级上调"和"评级下调"。NA 表示不可获得。惠誉评级变动的计算期开始于 2001 年 1 月 1 日，即惠誉 IBCA 与 Duff&Phelps 合并后的第 1 个公历年。

资料来源：作者的计算。

的评级变动比率相当低，分别为穆迪0.9%、惠誉3.7%和标普4.5%。总体来说，三大评级机构平均上调和下调的评级个数是较相似的（见表8-12最后两行），穆迪评级中大量2个级别的评级变动是与惠誉和标普中超过3个级别的评级变动相平衡的。

表8-12 **惠誉、穆迪和标普的评级变化量**

（1987年1月1日至2011年1月1日） 单位：%

	所有评级			无违约评级		
	惠誉	穆迪	标普	惠誉	穆迪	标普
上调超过3个级别	2.48	0.00	3.18	0.00	0.00	0.00
上调3个级别	0.00	2.31	0.21	0.00	2.35	0.31
上调2个级别	4.55	12.10	1.91	3.45	11.76	1.86
上调1个级别	53.72	46.40	49.89	62.07	53.73	59.13
下调超过3个级别	1.24	0.86	1.27	0.00	0.78	0.31
下调3个级别	3.72	2.59	2.12	1.72	1.96	0.93
下调2个级别	4.96	9.51	5.94	3.45	8.24	3.10
下调1个级别	29.34	26.22	35.46	29.31	21.18	34.37
所有评级变动	*100.00*	*100.00*	*100.00*	*100.00*	*100.00*	*100.00*
平均上调（所有级别）	1.27	1.27	1.27	1.05	1.24	1.04
平均下调（所有级别）	1.41	1.45	1.33	1.20	1.46	1.15

注释：上调和下调分别表示上调信用评级和下调信用评级。惠誉评级变动的观测期为2001年1月1日至2011年1月1日。

资料来源：作者的计算。

评级下调至（和移除出）违约类会导致多级评级调整的发生，对上一段中结果的解释必须以此为依据。当违约的国家信用从3种样本①中除去时，惠誉和标普超过2个级别的评级变动占比将显著下降。1个级别评级变动的占比将分别达到：惠誉91.4%、标普93.5%和穆迪74.9%。该结果表明，与惠誉和标普相比，穆迪的多级评级上调和下调更为普遍。当

① 三大评级机构评定的违约国有阿根廷、多米尼加共和国、厄瓜多尔、印度尼西亚、牙买加、俄罗斯、乌克兰、乌拉圭和委内瑞拉，以及惠誉评定的摩尔多瓦和塞舌尔，穆迪评定的伯利兹、摩尔多瓦、巴基斯坦和巴拉圭，标普评定的伯利兹、格林纳达、巴基斯坦、巴拉圭和塞舌尔。

同时考察评级迁移率时，在评级实践中的这种不一致表现得更为显著。

8.3.2 评级迁移矩阵

表8-13列示出了年度评级变动率，该表显示出穆迪所评定的信用评级比惠誉和标普的更稳定。1个级别评级变动的百分比分别为：标普17.9%、惠誉17.8%、穆迪12.8%。这两个发现证实了穆迪的信用评级更为稳定，但变化量也更大。这种特殊的评级政策可通过对评级迁移矩阵的分析来检验。

表8-13 **惠誉、穆迪和标普年均评级变动率**

（1987年1月1日至2011年1月1日） 单位：%

	惠誉	穆迪	标普
无评级变动	77.58	82.34	77.69
上调超过3个级别	0.33	0.00	0.48
上调3个级别	0.00	0.58	0.12
上调2个级别	1.55	2.25	1.19
上调1个级别	13.54	9.06	12.55
下调超过3个级别	0.67	0.69	0.83
下调3个级别	0.55	0.52	0.48
下调2个级别	1.55	1.38	1.31
下调1个级别	4.22	3.17	5.35
总计	*100.00*	*100.00*	*100.00*

注释：上调和下调分别表示上调信用评级和下调信用评级。惠誉评级变动的观测期为2001年1月1日至2011年1月1日。

资料来源：作者的计算。

评级迁移矩阵为不同评级类别的信用质量变化提供了一段时期内的图形描述。表8-14至表8-16分别展现了惠誉、穆迪和标普的年均评级迁移率。

表 8-14　　　　　　**惠誉平均 1 年期评级迁移率**

（2001 年 1 月 1 日至 2011 年 1 月 1 日）

	AAA	AA+	AA	AA-	A+	A	A-	BBB+	BBB	BBB-	BB+	BB	BB-	B+	B	B-	CCC+	CCC	CCC-	CC	C	D	WR
AAA	**98.6**	0.7	0.0	0.7	0.0	0.0	0.0	0.0	0.0	0.0	0.0	0.0	0.0	0.0	0.0	0.0	0.0	0.0	0.0	0.0	0.0	0.0	0.0
AA+	13.5	**83.8**	2.7	0.0	0.0	0.0	0.0	0.0	0.0	0.0	0.0	0.0	0.0	0.0	0.0	0.0	0.0	0.0	0.0	0.0	0.0	0.0	0.0
AA	0.0	11.7	**83.3**	1.7	1.7	1.7	0.0	0.0	0.0	0.0	0.0	0.0	0.0	0.0	0.0	0.0	0.0	0.0	0.0	0.0	0.0	0.0	0.0
AA-	0.0	0.0	14.3	**80.0**	2.9	0.0	0.0	2.9	0.0	0.0	0.0	0.0	0.0	0.0	0.0	0.0	0.0	0.0	0.0	0.0	0.0	0.0	0.0
A+	0.0	0.0	0.0	13.9	**80.6**	2.8	0.0	0.0	0.0	2.8	0.0	0.0	0.0	0.0	0.0	0.0	0.0	0.0	0.0	0.0	0.0	0.0	0.0
A	0.0	0.0	0.0	0.0	18.0	**76.0**	2.0	4.0	0.0	0.0	0.0	0.0	0.0	0.0	0.0	0.0	0.0	0.0	0.0	0.0	0.0	0.0	0.0
A-	0.0	0.0	0.0	0.0	0.0	18.4	**75.5**	6.1	0.0	0.0	0.0	0.0	0.0	0.0	0.0	0.0	0.0	0.0	0.0	0.0	0.0	0.0	0.0
BBB+	0.0	0.0	0.0	0.0	0.0	5.3	13.2	**63.2**	13.2	5.3	0.0	0.0	0.0	0.0	0.0	0.0	0.0	0.0	0.0	0.0	0.0	0.0	0.0
BBB	0.0	0.0	0.0	0.0	0.0	0.0	6.3	12.5	**75.0**	4.2	2.1	0.0	0.0	0.0	0.0	0.0	0.0	0.0	0.0	0.0	0.0	0.0	0.0
BBB-	0.0	0.0	0.0	0.0	0.0	0.0	0.0	0.0	20.4	**72.2**	5.6	0.0	0.0	0.0	1.9	0.0	0.0	0.0	0.0	0.0	0.0	0.0	0.0
BB+	0.0	0.0	0.0	0.0	0.0	0.0	0.0	0.0	0.0	18.2	**75.8**	6.1	0.0	0.0	0.0	0.0	0.0	0.0	0.0	0.0	0.0	0.0	0.0
BB	0.0	0.0	0.0	0.0	0.0	0.0	0.0	0.0	0.0	2.4	22.0	**68.3**	4.9	0.0	0.0	0.0	0.0	0.0	0.0	0.0	0.0	2.4	0.0
BB-	0.0	0.0	0.0	0.0	0.0	0.0	0.0	0.0	0.0	0.0	2.9	11.8	**70.6**	8.8	4.4	1.5	0.0	0.0	0.0	0.0	0.0	0.0	0.0
B+	0.0	0.0	0.0	0.0	0.0	0.0	0.0	0.0	0.0	0.0	0.0	1.9	19.2	**67.3**	5.8	1.9	0.0	0.0	0.0	0.0	0.0	0.0	3.8
B	0.0	0.0	0.0	0.0	0.0	0.0	0.0	0.0	0.0	0.0	0.0	0.0	1.8	17.5	**71.9**	5.3	1.8	1.8	0.0	0.0	0.0	0.0	0.0
B-	0.0	0.0	0.0	0.0	0.0	0.0	0.0	0.0	0.0	0.0	0.0	0.0	0.0	2.1	19.1	**63.8**	0.0	4.3	2.1	2.1	0.0	0.0	6.4
CCC+	0.0	0.0	0.0	0.0	0.0	0.0	0.0	0.0	0.0	0.0	0.0	0.0	0.0	0.0	0.0	40.0	**40.0**	20.0	0.0	0.0	0.0	0.0	0.0
CCC	0.0	0.0	0.0	0.0	0.0	0.0	0.0	0.0	0.0	0.0	0.0	0.0	0.0	0.0	0.0	42.9	0.0	**28.6**	0.0	0.0	0.0	14.3	14.3
CCC-	0.0	0.0	0.0	0.0	0.0	0.0	0.0	0.0	0.0	0.0	0.0	0.0	0.0	0.0	0.0	0.0	0.0	0.0	**75.0**	0.0	0.0	0.0	25.0
CC	0.0	0.0	0.0	0.0	0.0	0.0	0.0	0.0	0.0	0.0	0.0	0.0	0.0	0.0	0.0	0.0	0.0	0.0	0.0	**0.0**	0.0	100.0	0.0
C	0.0	0.0	0.0	0.0	0.0	0.0	0.0	0.0	0.0	0.0	0.0	0.0	0.0	0.0	0.0	0.0	0.0	0.0	0.0	0.0	**0.0**	0.0	0.0
D	0.0	0.0	0.0	0.0	0.0	0.0	0.0	0.0	0.0	0.0	0.0	0.0	0.0	0.0	9.1	9.1	0.0	9.1	0.0	0.0	0.0	**72.7**	0.0

注释：WR 表示评级撤销。

资料来源：作者的计算，基于 http：//www. fitchrating. com。

表 8-15　　　　**穆迪平均 1 年期评级迁移率**

(1987 年 1 月 1 日至 2011 年 1 月 1 日)

	Aaa	Aa1	Aa2	Aa3	A1	A2	A3	Baa1	Baa2	Baa3	Ba1	Ba2	Ba3	B1	B2	B3	Caa1	Caa2	Caa3	Ca	C	WR
Aaa	**97.1**	2.3	0.3	0.0	0.0	0.0	0.0	0.3	0.0	0.0	0.0	0.0	0.0	0.0	0.0	0.0	0.0	0.0	0.0	0.0	0.0	0.0
Aa1	7.8	**83.3**	5.9	1.0	0.0	0.0	0.0	1.0	0.0	0.0	0.0	0.0	0.0	0.0	0.0	0.0	0.0	0.0	0.0	0.0	0.0	1.0
Aa2	3.4	8.0	**86.4**	1.1	1.1	0.0	0.0	0.0	0.0	0.0	0.0	0.0	0.0	0.0	0.0	0.0	0.0	0.0	0.0	0.0	0.0	0.0
Aa3	1.3	0.0	14.1	**83.3**	1.3	0.0	0.0	0.0	0.0	0.0	0.0	0.0	0.0	0.0	0.0	0.0	0.0	0.0	0.0	0.0	0.0	0.0
A1	0.0	0.0	0.0	14.3	**80.5**	3.9	0.0	0.0	0.0	0.0	1.3	0.0	0.0	0.0	0.0	0.0	0.0	0.0	0.0	0.0	0.0	0.0
A2	0.0	0.0	0.0	1.8	12.5	**76.8**	4.5	1.8	0.0	0.9	1.8	0.0	0.0	0.0	0.0	0.0	0.0	0.0	0.0	0.0	0.0	0.0
A3	0.0	0.0	0.0	0.0	3.4	12.6	**80.5**	2.3	0.0	1.1	0.0	0.0	0.0	0.0	0.0	0.0	0.0	0.0	0.0	0.0	0.0	0.0
Baa1	0.0	0.0	0.0	0.0	3.4	5.7	9.1	**77.3**	0.0	3.4	0.0	1.1	0.0	0.0	0.0	0.0	0.0	0.0	0.0	0.0	0.0	0.0
Baa2	0.0	0.0	0.0	0.0	0.0	1.3	3.9	11.8	**80.3**	1.3	1.3	0.0	0.0	0.0	0.0	0.0	0.0	0.0	0.0	0.0	0.0	0.0
Baa3-	0.0	0.0	0.0	0.0	0.0	0.0	0.9	3.4	8.6	**81.0**	1.7	1.7	0.9	0.0	0.9	0.9	0.0	0.0	0.0	0.0	0.0	0.0
Ba1	0.0	0.0	0.0	0.0	0.0	0.0	0.0	0.9	1.7	12.8	**81.2**	1.7	0.9	0.9	0.0	0.0	0.0	0.0	0.0	0.0	0.0	0.0
Ba2	0.0	0.0	0.0	0.0	0.0	0.0	0.0	0.0	0.0	3.7	14.8	**71.6**	2.5	2.5	3.7	1.2	0.0	0.0	0.0	0.0	0.0	0.0
Ba3	0.0	0.0	0.0	0.0	0.0	0.0	0.0	0.0	0.0	0.0	4.4	13.2	**69.1**	8.8	2.9	1.5	0.0	0.0	0.0	0.0	0.0	0.0
B1	0.0	0.0	0.0	0.0	0.0	0.0	0.0	0.0	0.0	0.0	0.0	3.1	6.1	**79.6**	6.1	3.1	1.0	0.0	0.0	1.0	0.0	0.0
B2	0.0	0.0	0.0	0.0	0.0	0.0	0.0	0.0	0.0	0.0	0.0	0.0	2.0	10.2	**75.5**	6.1	3.1	0.0	1.0	0.0	0.0	2.0
B3	0.0	0.0	0.0	0.0	0.0	0.0	0.0	0.0	0.0	0.0	0.0	0.0	2.0	6.0	16.0	**68.0**	6.0	2.0	0.0	0.0	0.0	0.0
Caa1	0.0	0.0	0.0	0.0	0.0	0.0	0.0	0.0	0.0	0.0	0.0	0.0	0.0	0.0	4.4	13.3	**75.6**	2.2	0.0	2.2	0.0	2.2
Caa2	0.0	0.0	0.0	0.0	0.0	0.0	0.0	0.0	0.0	0.0	0.0	0.0	0.0	0.0	0.0	0.0	16.7	**66.7**	0.0	16.7	0.0	0.0
Caa3	0.0	0.0	0.0	0.0	0.0	0.0	0.0	0.0	0.0	0.0	0.0	0.0	0.0	0.0	0.0	0.0	33.3	0.0	**66.7**	0.0	0.0	0.0
Ca	0.0	0.0	0.0	0.0	0.0	0.0	0.0	0.0	0.0	0.0	0.0	0.0	0.0	0.0	0.0	0.0	50.0	0.0	25.0	**25.0**	0.0	0.0
C	0.0	0.0	0.0	0.0	0.0	0.0	0.0	0.0	0.0	0.0	0.0	0.0	0.0	0.0	0.0	0.0	0.0	0.0	0.0	0.0	**0.0**	0.0

资料来源：作者的计算，基于 http：//www. moodys. com。

注释：WR 表示评级撤销。

表 8-16　　　　　　**标普平均 1 年期评级迁移率**

（1987 年 1 月 1 日至 2011 年 1 月 1 日）

	AAA	AA+	AA	AA-	A+	A	A-	BBB+	BBB	BBB-	BB+	BB	BB-	B+	B	B-	CCC+	CCC	CCC-	CC	D	WR
AAA	**98.5**	1.2	0.3	0.0	0.0	0.0	0.0	0.0	0.0	0.0	0.0	0.0	0.0	0.0	0.0	0.0	0.0	0.0	0.0	0.0	0.0	0.0
AA+	8.3	**87.0**	3.7	0.9	0.0	0.0	0.0	0.0	0.0	0.0	0.0	0.0	0.0	0.0	0.0	0.0	0.0	0.0	0.0	0.0	0.0	0.0
AA	0.0	9.5	**83.2**	6.3	0.0	1.1	0.0	0.0	0.0	0.0	0.0	0.0	0.0	0.0	0.0	0.0	0.0	0.0	0.0	0.0	0.0	0.0
AA-	0.0	0.0	15.8	**73.7**	8.8	0.0	0.0	0.0	0.0	0.0	0.0	0.0	0.0	1.8	0.0	0.0	0.0	0.0	0.0	0.0	0.0	0.0
A+	0.0	0.0	0.0	16.1	**67.7**	12.9	1.6	0.0	0.0	1.6	0.0	0.0	0.0	0.0	0.0	0.0	0.0	0.0	0.0	0.0	0.0	0.0
A	0.0	0.0	0.0	0.8	11.7	**82.5**	1.7	1.7	0.8	0.8	0.0	0.0	0.0	0.0	0.0	0.0	0.0	0.0	0.0	0.0	0.0	0.0
A-	0.0	0.0	0.0	0.0	1.1	16.3	**78.3**	4.3	0.0	0.0	0.0	0.0	0.0	0.0	0.0	0.0	0.0	0.0	0.0	0.0	0.0	0.0
BBB+	0.0	0.0	0.0	0.0	0.0	1.8	21.4	**60.7**	12.5	1.8	1.8	0.0	0.0	0.0	0.0	0.0	0.0	0.0	0.0	0.0	0.0	0.0
BBB	0.0	0.0	0.0	0.0	0.0	0.0	3.8	21.8	**62.8**	7.7	2.6	0.0	0.0	1.3	0.0	0.0	0.0	0.0	0.0	0.0	0.0	0.0
BBB-	0.0	0.0	0.0	0.0	0.0	0.0	0.0	1.0	16.7	**76.5**	3.9	1.0	0.0	0.0	1.9	1.0	0.0	0.0	0.0	0.0	0.0	0.0
BB+	0.0	0.0	0.0	0.0	0.0	0.0	0.0	0.0	2.2	16.5	**71.4**	8.8	0.0	0.0	0.0	0.0	1.1	0.0	0.0	0.0	0.0	0.0
BB	0.0	0.0	0.0	0.0	0.0	0.0	0.0	0.0	0.0	1.0	16.2	**74.3**	6.7	1.9	0.0	0.0	0.0	0.0	0.0	0.0	0.0	0.0
BB-	0.0	0.0	0.0	0.0	0.0	0.0	0.0	0.0	0.0	0.0	1.1	14.9	**69.1**	7.4	2.1	1.1	0.0	1.1	1.1	0.0	2.1	0.0
B+	0.0	0.0	0.0	0.0	0.0	0.0	0.0	0.0	0.0	0.0	0.9	2.8	13.8	**65.1**	12.8	2.8	0.9	0.0	0.0	0.9	0.0	0.0
B	0.0	0.0	0.0	0.0	0.0	0.0	0.0	0.0	0.0	0.0	0.0	0.0	0.0	21.2	**68.7**	3.0	2.0	2.0	0.0	0.0	1.0	2.0
B-	0.0	0.0	0.0	0.0	0.0	0.0	0.0	0.0	0.0	0.0	0.0	0.0	0.0	5.6	20.4	**64.8**	1.9	1.9	1.9	0.0	3.7	0.0
CCC+	0.0	0.0	0.0	0.0	0.0	0.0	0.0	0.0	0.0	0.0	0.0	0.0	0.0	7.7	7.7	38.5	**46.2**	0.0	0.0	0.0	0.0	0.0
CCC	0.0	0.0	0.0	0.0	0.0	0.0	0.0	0.0	0.0	0.0	0.0	0.0	0.0	0.0	0.0	40.0	20.0	**20.0**	0.0	20.0	0.0	0.0
CCC-	0.0	0.0	0.0	0.0	0.0	0.0	0.0	0.0	0.0	0.0	0.0	0.0	0.0	0.0	0.0	0.0	0.0	0.0	**0.0**	0.0	100.0	0.0
CC	0.0	0.0	0.0	0.0	0.0	0.0	0.0	0.0	0.0	0.0	0.0	0.0	0.0	0.0	50.0	50.0	0.0	0.0	0.0	**0.0**	0.0	0.0
SD	0.0	0.0	0.0	0.0	0.0	0.0	0.0	0.0	0.0	0.0	0.0	0.0	0.0	0.0	10.0	40.0	10.0	0.0	0.0	0.0	**30.0**	10.0

注释：WR 表示评级撤销。

资料来源：作者的计算，基于 http：//www. standardandpoors. com。

不难发现，三大评级机构中，所有 AAA 和 AA 级别的信用评级比低于其级别的评级稳定性高，AAA 级国家信用的稳定性尤其高，冰岛是唯一一个在 1 年内被大幅度下调评级的 AAA 级国家（穆迪在 2008 年对其进行了 1 次 1 个级别下调和 2 次 3 个级别下调）。在样本期内，冰岛从未被惠誉和标普评定过如此高的级别，它先前曾被三大评级机构下调过评级。很少的AA级国家会经历超过3个级别的信用评级恶化：只有韩国在1998年（S&P）和冰岛在2010年（Fitch和Moody's）经历过。其他投资级信用评级则比较不稳定，部分是因为其收集了关于国家信用发布者的各种经济信息。东欧新兴国家、亚洲和中东都在2000年经历了从BBB-A至A-AA级别的评级上调，而东亚国家在1997—1998年，以及周边欧洲国家（如波罗的海国家、希腊、冰岛、爱尔兰和葡萄牙）在2007—2010年则经历了反向调整过程。

在投机级国家中，评级变动的比例则更大，这反映出由于其评级低于投资级国家，它们对于商业周期具有更高的敏感性。这也与8.1相一致，稳定展望的投机级发布者比稳定展望的投资级发布者更易于发生评级上调或下调。

值得关注的是，所有违约发行者在违约年的1月1日都被评定为投机类，这解释了表8-14至表8-16底部较高比例的多级评级变动的成因。多级评级下调同时打击了接下来发生违约的国家，然而多级评级上调则帮助主权发布者从违约中恢复。

超过1年的评级迁移率通常是由评级机构发布的，这些数据可能存在一定的误差，因为一些评级机构可能在2~3年内先上调评级，然后再下调评级（或者反之），因此导致评级变动的百分比存在向下偏差。事实上，随着时间的推移，评级迁移率的引入强调了通过评级撤销来衡量评级准确性和稳定性之间的关系。

8.3.3 评级撤销

评级撤销被定义为信用评级机构在12个月内同时发布评级上调和评级下调的情况。表8-17至表8-19分别列示了惠誉、穆迪和标普的评级撤销名单。

各信用评级机构间的评级撤销数量不同：穆迪5个、惠誉9个、标普24个。这表明，评级撤销的频率与评级变动的频率正相关。同时，穆迪的信用评级更为稳定，其被撤销的可能性比惠誉和标普更小。

表 8-17 **惠誉评级转换（2001 年 1 月 1 日至 2011 年 1 月 1 日）**

国家	日期	评级行为
阿根廷	2005 年 1 月 14 日	下调（DDD 至 D）
	2005 年 6 月 3 日	上调（D 至 DDD）
多米尼加共和国	2005 年 5 月 5 日	下调（C 至 DDD）
	2005 年 7 月 19 日	上调（DDD 至 B-）
厄瓜多尔	2008 年 12 月 15 日	下调（CCC 至 RD）
	2009 年 9 月 4 日	上调（RD 至 CCC）
牙买加	2010 年 2 月 3 日	下调（CCC 至 RD）
	2010 年 2 月 3 日	上调（RD 至 CCC）
摩尔多瓦	2002 年 6 月 28 日	下调（CC 至 DD）
	2003 年 2 月 4 日	上调（DD 至 B-）
土耳其	2003 年 3 月 25 日	下调（B 至 B-）
	2003 年 9 月 25 日	上调（B-至 B）
乌克兰	2009 年 11 月 12 日	下调（B 至 B-）
	2010 年 7 月 6 日	上调（B-至 B）
乌拉圭	2003 年 5 月 16 日	下调（C 至 DDD）
	2003 年 6 月 17 日	上调（DDD 至 B-）
委内瑞拉	2003 年 1 月 10 日	下调（B 至 CCC+）
	2003 年 6 月 23 日	上调（CCC+至 B-）

资料来源：作者的分类整理，基于 http：//www. fitchratings. com。

表 8-18 **穆迪评级转换（1987 年 1 月 1 日至 2011 年 1 月 1 日）**

国家	日期	评级行为
厄瓜多尔	2008 年 3 月 20 日	上调（Caa2 至 B3）
	2008 年 11 月 14 日	下调（B3 至 Caa1）
厄瓜多尔	2008 年 12 月 16 日	下调（Caa1 至 Ca）
	2009 年 9 月 24 日	上调（Ca 至 Caa3）
牙买加	2009 年 11 月 18 日	下调（B2 至 Caa1）
	2010 年 3 月 2 日	上调（Caa1 至 B3）
摩尔多瓦	2002 年 7 月 11 日	下调（Caa1 至 Ca）
	2003 年 5 月 6 日	上调（Ca 至 Caa1）
秘鲁	2000 年 9 月 19 日	下调（Ba3 至 B1）
	2000 年 10 月 5 日	上调（B1 至 Ba3）

资料来源：作者的分类整理，基于 http：//www. moodys. com。

表 8-19　**标普评级转换（1987 年 1 月 1 日至 2011 年 1 月 1 日）**

国家	日期	评级行为
伯利兹	2006 年 12 月 7 日	下调（CC 至 SD）
	2007 年 2 月 20 日	上调（SD 至 B）
多米尼加共和国	2005 年 2 月 1 日	下调（CC 至 SD）
	2005 年 6 月 29 日	上调（SD 至 B）
厄瓜多尔	2000 年 8 月 28 日	上调（SD 至 B-）
	2001 年 4 月 2 日	下调（B-至 CCC+）
厄瓜多尔	2005 年 1 月 24 日	上调（CCC+至 B-）
	2005 年 6 月 20 日	下调（B-至 CCC+）
厄瓜多尔	2007 年 1 月 19 日	下调（CCC+至 CCC）
	2007 年 11 月 20 日	上调（CCC 至 B-）
厄瓜多尔	2007 年 11 月 20 日	上调（CCC 至 B-）
	2008 年 11 月 14 日	下调（B-至 CCC-）
厄瓜多尔	2008 年 12 月 15 日	下调（CCC-至 SD）
	2009 年 6 月 15 日	上调（SD 至 CCC+）
爱沙尼亚	2009 年 8 月 10 日	下调（A 至 A-）
	2010 年 6 月 10 日	上调（A-至 A）
格林纳达	2004 年 12 月 30 日	下调（B-至 SD）
	2005 年 12 月 18 日	上调（SD 至 B-）
格林纳达	2007 年 4 月 2 日	下调（B-至 CCC+）
	2007 年 8 月 1 日	上调（CCC+至 B-）
印度尼西亚	1999 年 3 月 30 日	下调（CCC+至 SD）
	1999 年 3 月 31 日	上调（SD 至 CCC+）
印度尼西亚	2000 年 4 月 17 日	下调（CCC+至 SD）
	2000 年 10 月 2 日	上调（SD 至 B-）
印度尼西亚	2002 年 4 月 23 日	下调（CCC 至 SD）
	2002 年 9 月 5 日	上调（SD 至 CCC+）
牙买加	2010 年 1 月 14 日	下调（CCC 至 SD）
	2010 年 2 月 24 日	上调（SD 至 B-）

续表

国家	日期	评级行为
哈萨克斯坦	2006 年 11 月 2 日	上调（BBB-至 BBB）
	2007 年 10 月 8 日	下调（BBB 至 BBB-）
黎巴嫩	2008 年 1 月 31 日	下调（B-至 CCC+）
	2008 年 8 月 5 日	上调（CCC+至 B-）
巴基斯坦	*1999 年 1 月 29 日*	*下调（CC 至 SD）*
	1999 年 12 月 21 日	*上调（SD 至 B-）*
巴基斯坦	2008 年 11 月 14 日	下调（CCC+至 CCC）
	2008 年 12 月 19 日	上调（CCC 至 CCC+）
韩国	1997 年 12 月 22 日	下调（BBB-至 B+）
	1998 年 2 月 18 日	上调（B+至 BB+）
土耳其	2000 年 4 月 25 日	上调（B 至 B+）
	2001 年 2 月 23 日	下调（B+至 B）
乌拉圭	*2003 年 5 月 16 日*	*下调（CC 至 SD）*
	2003 年 6 月 2 日	*上调（SD 至 B-）*
委内瑞拉	2002 年 12 月 13 日	下调（B-至 CCC+）
	2003 年 7 月 30 日	上调（CCC+至 B-）
委内瑞拉	2004 年 8 月 25 日	上调（B-至 B）
	2005 年 1 月 18 日	下调（B 至 SD）
委内瑞拉	*2005 年 1 月 18 日*	*下调（B 至 SD）*
	2005 年 3 月 3 日	*上调（SD 至 B）*

资料来源：作者的分类整理，基于 http：//www. standardandpoors. com。

38 个撤销的评级中，有 20 个被评级下调至（和移除出）违约类别，这些撤销在 3 个表中用斜体标出。如果这些具体的评级撤销都被舍弃，那么所有剩下的观察对象（除哈萨克斯坦和爱沙尼亚）都关注投机级发行者。这与先前的结果相一致，投机级评级比投资级评级更不稳定。更具相关性的是，撤销评级的发布者往往是那些在撤销发生之前（后）不久就发生违约的国家。如果评级机构对连续违约者进行更保守和稳定的评级，评级撤销的频率则会更低。例如，在2000年（厄瓜多尔从1999年的违约中复苏）和2008年（随后开始发生违约）间，标普应更为谨慎地将厄瓜多尔保持在CCC级，而不是对其进行8次评级调整。

本节已经确定，大约有80%的国家信用评级在1年期内保持不变，投资级发布者的稳定性更高。同样，穆迪的信用评级要比惠誉和标普的稳定性更好，但其评级变动量更大。这个事实由穆迪高比例的2个级别评级上调和下调所证实。超过3个级别的评级变动公告，包括那些将要违约或已经从违约中恢复的国家，其对信用评级的稳定性提出了质疑。首先，这类公告反映出信用评级机构未能预见货币危机和债务危机（从1997—1998年的亚洲金融危机到2010年的希腊债务危机），这会导致多级降级；其次，它们揭示了投机类中排位靠后的评定量表的不足。惠誉、标普使用的CCC+、CCC、CCC-、CC和C级确实是相关联的吗？[①]它们为违约发行者人为地夸大了评级变动量。从这个角度来看，由穆迪实施的评定量表会导致其信用评级更具稳定性。

8.4 国家信用评级准确性

虽然一致性和稳定性是衡量评级表现极具价值的方式，但它们必须通过对评级准确性的评估来完成。这个目标可通过3个方式来达成：观察优于违约级别的信用评级（见8.4.1）；计算累计违约率（见8.4.2）；计算准确值（见8.4.3）。

正如第7章所述，这些衡量方式旨在对由不同信用评级者所发布的评级准确值进行比较。因此，本部分研究了自2001年1月1日至2011年1

① C级别评级分类不被标普所使用。

月1日，同时由惠誉、穆迪和标普为84个国家信用发布者发布的747个年度信用评级所组成的特殊的样本。由于评级机构不能完全对在该期间内违约的国家达成一致观点，研究出现了预期之外的困难。例如，标普认为委内瑞拉在2005年出现了违约，而惠誉和穆迪并不这么认为。这个问题通过选取由三大评级机构发布的（Fitch 2011；Moody's 2010a；S&P 2011）国家信用转换和违约研究报告中的所有违约事件而得到了解决。这导致了自2001年1月1日至2011年1月1日年间7个国家发生信用违约：阿根廷（2001）、印度尼西亚（2002）、乌拉圭（2003）、多米尼加共和国（2005）、委内瑞拉（2005）、厄瓜多尔（2008）和牙买加（2012）。①

8.4.1 优于违约级别的评级

表8-20列示了由惠誉、穆迪和标普对这7个国家所发布的先于其违约日的评级。②

表8-20 惠誉、穆迪和标普在各不同时期的评级（优先于评级违约）

违约日		惠誉				穆迪				标普			
		M	M-3	M-6	M-12	M	M-3	M-6	M-12	M	M-3	M-6	M-12
ARG	2001年11月	CCC-	B-	B+	BB	Caa3	Caa1	B2	B1	CC	B-	B+	BB
IDN	2002年4月	B-	B-	B-	B-	B3	B3	B3	B3	CCC	CCC	CCC+	B-
URY	2003年5月	C	B-	B	BB+	B3	B3	B3	Baa3	CC	B-	B	BB+
VEN	2005年1月	B+	B+	B-	B-	B2	B2	Caa1	Caa1	B	B	CCC+	CCC+
DOM	2005年4月	CCC+	CCC+	CCC+	CCC+	B3	B3	B3	B3	SD	CC	CC	CC
ECU	2008年12月	CCC	CCC	CCC	CCC	Caa1	B3	B3	Caa2	CCC-	B-	B-	B-
JAM	2010年1月	CCC	B	B	B	Caa1	B2	B2	B1	CCC	CCC+	B-	B

注释：M、M-3、M-6和M-12分别表示评级时点在违约月份开始、先于违约3个月、6个月和12个月。标普早于2005年2月便将多米尼加共和国下调至SD级别。ARD、IDN、URY、VEN、DOM、ECU和JAM分别代表阿根廷、印度尼西亚、乌拉圭、委内瑞拉、多米尼加共和国、厄瓜多尔和牙买加。

资料来源：http://www.fitchratings.com，http://www.moodys.com and http://www.standardandpoors.com.

① 其他5个在该时期内违约的国家并未包含在样本内，因为它们没有被三大评级机构列为一个评级，这5个国家是：摩尔多瓦（2002）、巴拉圭（2003）、格林纳达（2004）、伯利兹（2006）和塞舌尔（2008）。

② 评级违约的时间不可统一，因为各机构界定的违约日不同。

系统来看，在违约月份的开始时期（M），标普的评级是最低的，这证实了其信用评级在发生违约事件时调整更加剧烈的观点。而在其他时期（M-3、M-6 和 M-12），对默认情况下的违约分析则是必要的。标普分别在印度尼西亚、牙买加和多米尼加共和国违约的前 12 个月内，对它们发布了最低级别的评级，而惠誉对厄瓜多尔则采用了最保守的方法。尽管委内瑞拉的例子比较特殊，因为惠誉和穆迪都没有将其视为违约国，但三大评级机构在违约事件发生前便上调了国家评级的行为也是毫无意义的。这表明对于投机级分类中排位最靠后的国家来说，正面的评级行为是不合时宜的。穆迪对阿根廷的评级最为精准，在 1999 年 10 月 6 日将其由 Ba3 下调至 B1 级，远远早于其他评级机构。标普和惠誉直到 2000 年 11 月 14 日和 2001 年 3 月 20 日才分别下调阿根廷的信用评级。甚至在下调之后，标普和惠誉对阿根廷的评级（均为 BB-）仍然高于穆迪（B1）。乌拉圭的情况则完全相反，穆迪是最晚下调其国家信用评级至投机级的，穆迪、标普和惠誉的调整时间分别为 2002 年 5 月 3 日、2002 年 2 月 14 日和 2002 年 3 月 13 日。穆迪对乌拉圭的评级表现不佳，是因为它对阿根廷在经济衰退时的经济复苏能力的预测过分乐观（Moody's 2001）。

如果考虑所有的违约国家和违约时间，那么标普的信用评级更为准确。虽然这么说，但这个结果可能会出现偏离，因为惠誉、穆迪和标普的信用评定量表是大致相当的。此外，穆迪的信用评级反映了违约概率和对违约事件的恢复预期，这有助于提高某些国家的评级（例如，多米尼加共和国、印度尼西亚和乌拉圭），从而降低穆迪的评级准确性。因此，评估评级准确性的其他手段是必要的，包括平均累计违约率和平均值。

8.4.2 平均累计违约率

表 8-21 至表 8-23 列出了自 2001 年 1 月 1 日至 2011 年 1 月 1 日每年初，由惠誉、穆迪和标普评定的各国平均累计违约率。由表格所列示的 1 年至 5 年期的平均累计违约率可得出许多相关结论。

表 8-21 **惠誉平均累计违约率（2001 年 1 月 1 日至 2011 年 1 月 1 日）** 单位:%

	1 年	2 年	3 年	4 年	5 年
AAA	0.00	0.00	0.00	0.00	0.00
AA+	0.00	0.00	0.00	0.00	0.00
AA	0.00	0.00	0.00	0.00	0.00
AA-	0.00	0.00	0.00	0.00	0.00
A+	0.00	0.00	0.00	0.00	0.00
A-	0.00	0.00	0.00	0.00	0.00
BBB+	0.00	0.00	0.00	0.00	0.00
BBB	0.00	0.00	0.00	0.00	0.00
BBB-	0.00	2.50	5.65	5.65	5.65
BB+	0.00	0.00	0.00	0.00	0.00
BB	2.78	2.78	2.78	2.78	2.78
BB-	0.00	0.00	0.00	4.17	9.21
B+	4.00	4.00	8.80	13.87	13.87
B	3.23	10.39	14.29	14.29	14.29
B-	4.17	17.23	21.37	25.74	25.74
CCC+	33.33	33.33	33.33	33.33	55.56
CCC	66.67	66.67	66.67	66.67	66.67
CCC-	NR	NR	NR	NR	NR
CC	NR	NR	NR	NR	NR
C	NR	NR	NR	NR	NR

注释：NR 表示在年初时，无发行者被评为相对应的信用等级。

资料来源：作者的计算，基于 http://www.fitchratings.com。

第一，在观察的样本中，自 2001 年 1 月 1 日至 2011 年 1 月 1 日，由惠誉、穆迪和标普评定的 BBB/Baa2 或以上级别的国家信用评级均没有发生违约。三大评级机构对发生违约的主权国家（即乌拉圭）所评定的最高级别是相同的，即 BBB-/Baa3，该违约会影响 2 年期及以上的评级违约率。标普拥有最高的违约率，是因为其评 BBB-级的国家的数量最少。

出于相反的原因，穆迪的违约率最低。

表8-22　**穆迪平均累计违约率（2001年1月1日至2011年1月1日）**　单位:%

	1年	2年	3年	4年	5年
Aaa	0.00	0.00	0.00	0.00	0.00
Aa1	0.00	0.00	0.00	0.00	0.00
Aa2	0.00	0.00	0.00	0.00	0.00
Aa3-	0.00	0.00	0.00	0.00	0.00
A1	0.00	0.00	0.00	0.00	0.00
A2	0.00	0.00	0.00	0.00	0.00
B3	0.00	0.00	0.00	0.00	0.00
Baa1	0.00	0.00	0.00	0.00	0.00
Baa2	0.00	0.00	0.00	0.00	0.00
Baa3	0.00	2.08	4.36	4.36	4.36
Ba1	0.00	0.00	0.00	0.00	0.00
Ba2	0.00	0.00	0.00	0.00	0.00
Ba3	0.00	0.00	0.00	0.00	0.00
B1	2.00	4.08	6.48	6.48	9.32
B2	3.57	7.76	7.76	7.76	17.47
B3	11.11	14.53	18.25	18.25	18.25
Caa1	12.50	37.50	46.43	46.43	54.08
Caa2	33.33	33.33	33.33	33.33	66.67
Caa3	0.00	0.00	0.00	0.00	0.00

注释：NR表示在年初时，无发行者被评为相对应的信用等级。

资料来源：作者的计算，基于http：//www.moodys.com。

表 8-23　**惠誉平均累计违约率（2001 年 1 月 1 日至 2011 年 1 月 1 日）**　单位:%

	1 年	2 年	3 年	4 年	5 年
AAA	0.00	0.00	0.00	0.00	0.00
AA+	0.00	0.00	0.00	0.00	0.00
AA	0.00	0.00	0.00	0.00	0.00
AA-	0.00	0.00	0.00	0.00	0.00
A+	0.00	0.00	0.00	0.00	0.00
A-	0.00	0.00	0.00	0.00	0.00
BBB+	0.00	0.00	0.00	0.00	0.00
BBB	0.00	0.00	0.00	0.00	0.00
BBB-	0.00	2.94	6.41	6.41	6.41
BB+	0.00	0.00	0.00	0.00	0.00
BB	0.00	0.00	0.00	0.00	0.00
BB-	2.63	2.63	2.63	2.63	2.63
B+	0.00	0.00	0.00	0.00	0.00
B	3.57	7.28	11.31	19.76	24.48
B-	7.41	14.81	14.81	14.81	14.81
CCC+	0.00	14.29	38.78	47.52	56.27
CCC	66.67	83.33	83.33	83.33	83.33
CCC-	NR	NR	NR	NR	NR
CC	100.00	100.00	100.00	100.00	100.00

注释：NR 表示在年初时，无发行者被评为相对应的信用等级。

资料来源：作者的计算，基于 http：//www. standardandpoors. com。

第二，在所有穆迪 Ba 类评级分类中，无违约发生。惠誉和标普则达不到这一点，它们分别在 BB 和 BB-类中发现有些国家发生了违约事件。因此，穆迪在投机级排位靠前的评级中，其表现比竞争对手更好。

第三，各评级机构间 B+/B1 类别的违约率是不同质的：标普在 1 至 5

年期内的违约率均为0%，而惠誉在4和5年期的违约率为13.87%。标普的B+级别信用评级的违约率的情况更为复杂一些，它们应高于其BB-级的违约率。事实上，对B-B-/B2-B3类信用评级的观察揭示出，当信用质量下降时，惠誉和穆迪的评级违约率会上升。但是，标普的该研究范围仅为1年期、2年期和3年期内。

第四，所有的CCC/Caa类评级（及其以下）具有最高的违约率，但其中一些不包含发行者（例如，标普CCC-和惠誉CCC-、CC和C类别），或更为尴尬的是只包含1个发行者的评级分类并不发生违约（例如，穆迪Caa3类）。这些结果强调了在降低投机级分类中低级别评级数量方面，三大评级机构存在的必要性。

对平均累计违约率的分析反映出惠誉、穆迪和标普的评级表现十分相似，因为它们的投机级分类是安全的（除了BBB-/Baa3）。然而，穆迪整个Ba分类中无违约事件发生使得其评级准确性最高。

8.4.3　累计精准曲线和准确值

对评级准确性的最后一种衡量方法为观察累计精准曲线（CAP）和计算准确值（AR）。累计精准曲线（CAP）和准确值（AR）都是用于确立三大评级机构是否能够对违约发行者给予较低评级、对非违约发行者给予较高评级的指标。

累计精准曲线是用于帮助视觉化和定性评估评级表现的。它的构建需要将主权发布者按最低评级和最高评级进行排列，然后标绘出具有相同或更低的主权评级的违约率占比，以及所有具有相同或更低的主权评级的占比。累计精准曲线越趋近于图形的左上角，最低级别评级分类中所有违约所占的比重越大（详见Moody's 2000）。

图8-1至图8-3描绘了自2001年1月1日至2011年1月1日，同时由惠誉、穆迪和标普评定的所有国家1年、3年和5年期的累计精准曲线。在这3个时间段内，对累计精准曲线的研究并不能揭示出哪个评级机构对违

约的预测能力最强，因为图形中的曲线彼此交叉。出于这个原因，为了比较惠誉、穆迪和标普的评级能力，引入对准确值的计算就显得十分必要。

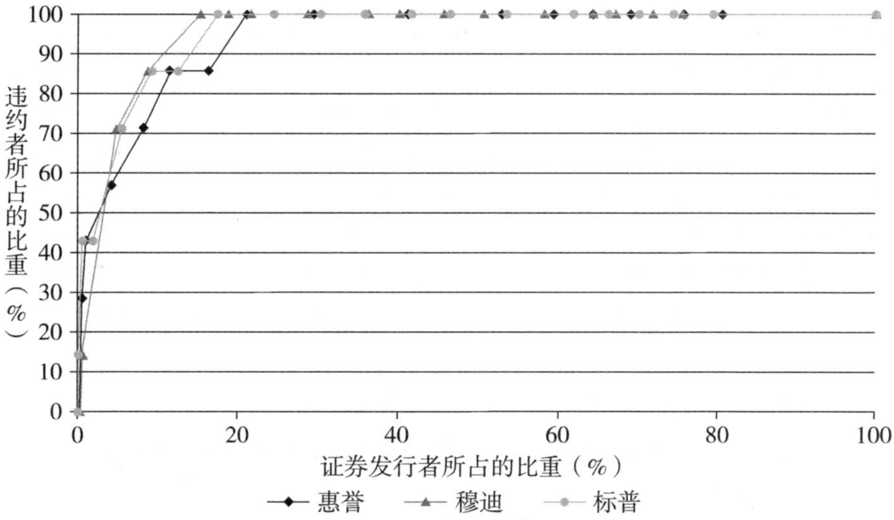

图 8-1　1 年期累计精准曲线（2001 年 1 月 1 日至 2011 年 1 月 1 日）

资料来源：作者的计算。

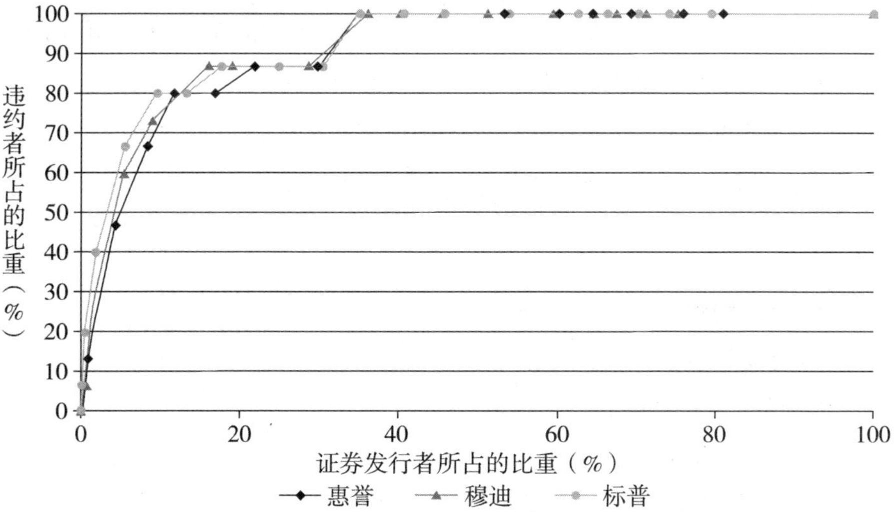

图 8-2　3 年期累计精准曲线（2001 年 1 月 1 日至 2011 年 1 月 1 日）

资料来源：作者的计算。

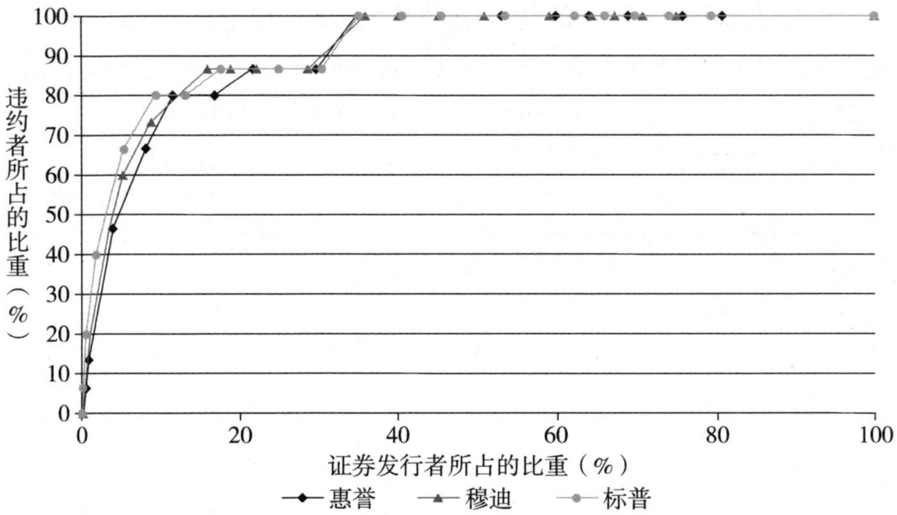

图 8-3　5 年期累计精准曲线（2001 年 1 月 1 日至 2011 年 1 月 1 日）

资料来源：作者的计算。

准确值包括了累计精准曲线中所描绘的信息，并将其转化为一个单独的综合性数据：它是累计精准曲线和 45°线之间的面积，与 45°线以上部分的面积的比率。准确值范围在 1 到-1 之间，1 代表最高准确值（即所有的违约都被赋予最低评级），-1 代表最低准确值，即评级表现最差（即所有违约都被赋予最高评级）。准确值计算公式如下：

$$AR = 2\left[\left[\sum_{R_i = R_1, \ldots, R_{max}} \frac{(DR_i + DR_{i-1})(NR_i - NR_{i-1})}{2DN}\right] - 0.5\right]$$

其中：

D = 总违约数；

N = 总发行者数；

R_i = 给定机构评级；

D_{Ri} = 被评为 R_i 及以下级别的违约数；

N_{Ri} = 被评为 R_i 及以下级别的发行者数；

$D_0 = 0$；

$N_0 = 0$。

表8-24列出了三大评级机构1年、3年和5年期的准确值数值。研究期内的准确值要远远高于两次战争期间所测算的准确值大小，详见Flandreau *et al.*（2010）。这个差距不仅是由现代信用评级的高效率所导致的，更有可能是由20世纪30年代，大量前所未有的主权债务违约浪潮导致的。

表8-24　**准确值（2001年1月1日至2011年1月1日）**

	1年期准确值	3年期准确值	5年期准确值
惠誉	0.890	0.819	0.817
穆迪	0.915	0.835	0.852
标普	0.914	0.847	0.852

资料来源：作者的计算。

3年期的准确值比1年期的低，令人惊讶的是，它也比5年期的准确值低。这些意外的结果反映了两个情况：（1）早于乌拉圭违约（2003年5月）四五年前，对乌拉圭评定的投资级评级（即2000年和1999年）不包含在样本内；（2）早于违约国家破产四五年前，对违约国家评定的低级别评级提高了穆迪和标普5年期准确值的大小。

在3个考察的时间段内，惠誉的准确值最小。在1年期限中，惠誉排名第3，主要是因为在年初时，它对一个其后发生违约的国家给予了最高信用级别（三大评级机构中最高）。2001年1月1日，于2001年11月发生破产的阿根廷被惠誉评定为BB级，同时分别被标普和穆迪评定为BB-和B1级。在各时间跨度内，惠誉的评级表现最差，因为在所有BB级的评级分类中，其占有的违约国比例最高。

除了3年期的准确值，穆迪和标普的准确值大小相近。在比较穆迪和标普的评级表现时，需要深入分析它们的准确值和累计精准曲线。如图8-1至图8-3所示，标普的信用评级为主权风险在整个国家信用评定量表高风险部分提供了一个更好的排名（即所有的B类评级及以下）。相反，当对所有Ba类级别的国家排序时，穆迪的评级则更为精准。也就是说，标普的评级更倾向于第一类错误（对违约者评级过高），而穆迪则更倾向于第二类错误（对非违约者评级过低）。在1年期和5年期中，标普的第一类错误基本抵消了穆迪的第二类错误所带来的影响。然而在3年期中，穆迪第二类错误的影响要大于标普的第一类错误，这使得标普的评级表现排名第一。

为直接比较穆迪和标普的评级表现，需要采用另一种样本。该样本包括自1987年1月1日至2011年1月1日，同时由穆迪和标普评定的所有国家评级，它包括98个国家的1 492个年度观察。由两大评级机构（Moody's 2010a；S&P 2011）发布的列示于主权转换和违约研究报告中的发生违约事件的违约国家有：巴基斯坦（1999）、俄罗斯（1999）、印度尼西亚（1999、2000和2002）、阿根廷（2001）、巴拉圭（2003）、乌拉圭（2003）、多米尼加共和国（2005）、委内瑞拉（2005）、伯利兹（2006）、厄瓜多尔（2008）和牙买加（2010）。[①]

图8-4至图8-6描绘了1年期、3年期和5年期的累计精准曲线。在这3个时间周期内，标普的评级在B级及以下分类中更为准确，然而在Ba级及以上的评级分类中，穆迪的排名更好。但是这种对累计精准曲线的比较并不能确定哪个机构对违约的预测最为精准，正如前面提到的，这些曲线彼此交叉。因此，计算准确值是评估穆迪和标普评级表现最好的方法。

---

① 其他3个国家由于并未由穆迪和标普评级，因此在此期间内虽发生违约却并未被收录于样本期内，这3个国家分别为：摩尔多瓦（2002）、格林纳达（2004）和塞舌尔（2008）。

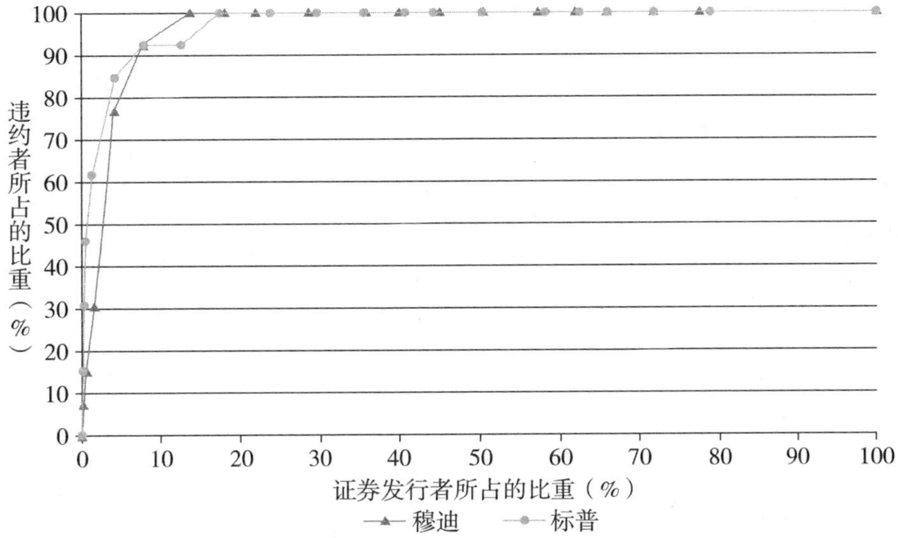

图 8-4　1 年期累计精准曲线（1987 **年** 1 **月** 1 **日至** 2011 **年** 1 **月** 1 **日**）

资料来源：作者的计算。

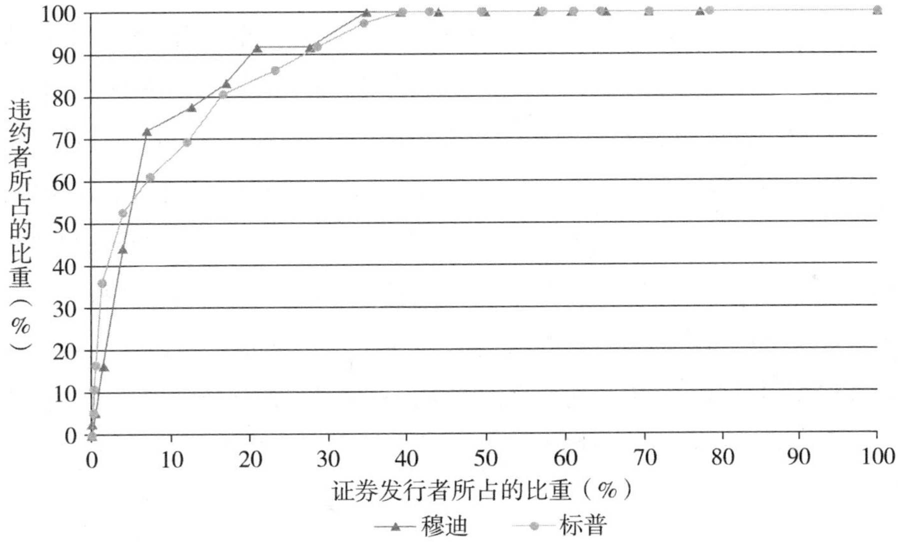

图 8-5　3 年期累计精准曲线（1987 **年** 1 **月** 1 **日至** 2011 **年** 1 **月** 1 **日**）

资料来源：作者的计算。

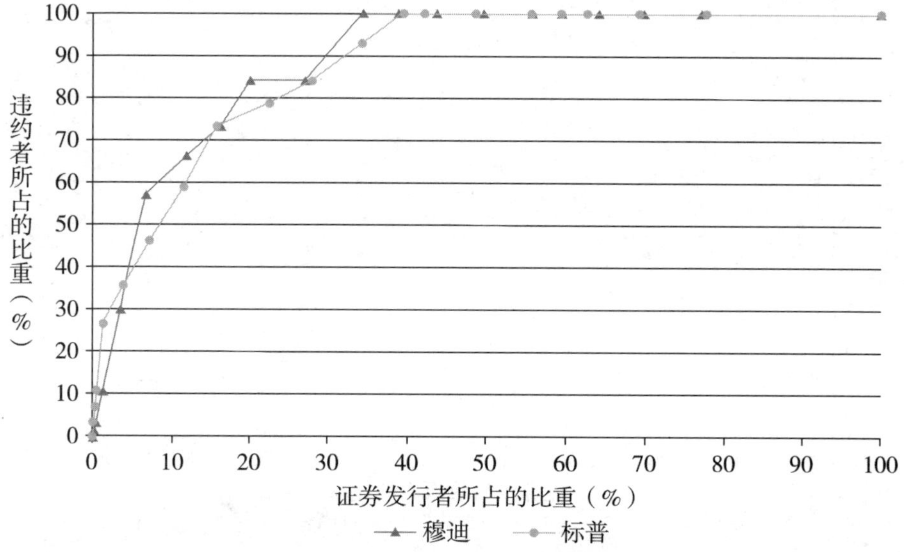

图 8-6　5 年期累计精准曲线（1987 年 1 月 1 日至 2011 年 1 月 1 日）

资料来源：作者的计算。

表 8-25 总结了这 2 个评级机构的准确值。在 1 年期内，标普的数值更为准确，而从长期来看，穆迪的评级表现更好。在 3 年期和 5 年期内，标普的评级表现不如穆迪有两个原因：其一，标普对评级后发生违约的国家评级过高：在印度尼西亚 1999 年和 2000 年发生违约的前 3 至 5 年内，标普评定其为 BBB 级（穆迪评定其为 Baa3 级）；其二，由标普发布的在破产发生前被评为 BB 级的违约主权信用发布者数量，要超过由穆迪发布的被评为 Ba 级违约主权信用发布者的数量。与此对应，穆迪在 1 年期内的评级表现较差，是因为在所有国家信用评定量表的高风险部分中，其非违约国所占的比重更大（即 B3、Caa1、Caa2 和 Caa3 级分类）。

这些发现与指导投资决策尤其相关。在短期决策中，标普的评级更为适用，然而在中期内，穆迪所提供的评级信息最有价值。对于投资级债券持有人，这两个机构的信用评级是大致相当的。而对于投机级债券持有人，必须进行有条件的分析。对于较高级别的投机级债券投资者来说，标

表 8-25　**准确值**（1987 年 1 月 1 日至 2011 年 1 月 1 日）

	1 年期准确值	3 年期准确值	5 年期准确值
穆迪	0.935	0.840	0.787
标普	0.950	0.823	0.761

资料来源：作者的计算。

普的评级较为不可靠（第一类错误），而对于较低级别的投机级债券投资者来说，穆迪的评级较不准确（第二类错误）。

8.5 总 结

本章揭示了自 1987 年以来由惠誉、穆迪和标普发布的国家信用评级准确性和一致性。

首先，相比于惠誉和标普来说，穆迪的信用评级更为稳定。但是，对于多级评级上调和下调，穆迪的调整则更为剧烈。三大评级机构对评级展望和评级观察的使用相一致，大部分的评级上调（下调）是以正面（负面）展望或观察为先导的。

其次，预期的高累计违约率（即在低级评级分类中观察到的高违约率）以及高准确值支持了一个观点：惠誉、穆迪和标普能够区别违约者和非违约者。在不同时间跨度内对准确值的观察揭示出：短期内最准确的评级机构是标普，中期内最准确的为穆迪。相比较来说，惠誉的评级表现较差，这是与惠誉延迟下调经历严重财政困难的主权信用发布者的信用评级相关联的（例如，阿根廷，2001 年）。我们可以合理假设，当评级调整时，与进行国家信用评级的新对手相比，惠誉要落后于其竞争对手。

再次，在对风险厌恶程度较轻的时期，评级上调易于剧增（例如，1995—1996 年和 2004—2007 年）；而在风险厌恶程度较重的时期，评级下调的数量则会剧增（例如，1992 年、1997—1998 年、2001 年和 2008—2009 年）。这些结果表明，国家信用评级对国家债券市场具有顺周期效应，这便是第 8 章所检验的假设。

参考文献

Altman E. I. and Rijken H. A. (2004), "How Rating Agencies Achieve Rating Stability", *Journal of Banking & Finance*, Vol. 28, No. 11.

Ferri G., Liu L.-G. and Stiglitz J. (1999), "The Procyclical Role of Rating Agencies: Evidence from the East Asian Crisis", *Economic Notes, Banca Monte dei Paschi di Siena SpA*, No. 3.

Fitch Ratings (2005), "Fitch Sovereign Rating Outlook and Watch Study", 25 November.

Fitch Ratings (2009), "Definitions of Ratings and Other Scales", March.

Fitch Ratings (2011), "Sovereign 2010 Transition and Default Study", 23 March.

Flandreau M., Gaillard N. and Packer F. (2010), "To Err Is Human: Rating Agencies and the Interwar Foreign Government Debt Crisis", *BIS Working Papers No. 335*, December.

Hu Y-T., Kiesel R. and Perraudin W. (2002), "The Estimation of Transition Matrices for Sovereign Credit Ratings", *Journal of Banking and Finance*, Vol. 26.

KMV Corporation (1998), *Uses and Abuses of Bond Default Rates*, 3 March.

Moody's Investors Service (1995), "Corporate Bond Defaults and Default Rates 1970–1994". January.

Moody's Investors Service (1997), "Historical Default Rates of Corporate Bond Issuers 1920–1996", January.

Moody's Investors Service (2000), "Benchmarking Quantitative Default Risk Models: A Validation Methodology", March.

Moody's Investors Service (2001), "Uruguay: A Stable Credit in a Volatile Region", December.

Moody's Investors Service (2003a), "Sovereign Bond Defaults, Rating Transitions, and Recoveries (1985-2002)", February.

Moody's Investors Service (2003b), "Measuring the Performance of Corporate Bond Ratings", April.

Moody's Investors Service (2004), "Rating Transitions and Defaults Conditional on Watchlist, Outlook and Rating History", February.

Moody's Investors Service (2006), "Analyzing the Tradeoff between Ratings Accuracy and Stability", September.

Moody's Investors Service (2010a), "Sovereign Default and Recovery Rates, 1983-2009", April.

Moody's Investors Service (2010b), "Rating Symbols and Definitions", May.

Nickell P., Perraudin W. and Varotto S. (2000), "Stability of Rating Transitions", *Journal of Banking and Finance*, Vol. 24.

Reisen H. and von Maltzan J. (1999), "Boom and Bust and Sovereign Ratings", *OECD Development Centre*, *Working Papers No. 148*.

Standard & Poor's (2010a), "Outlooks: The Sovereign Credit Weathervane, 2009/2010 Update", 20 April.

Standard & Poor's (2010b), "Standard & Poor's Ratings Definitions", 3 May.

Standard & Poor's (2011), "Default, Transition, and Recovery: Sovereign Defaults and Rating Transition Data, 2010 Update," 23 February.

9

惠誉、穆迪、标普的国家信用评级和新兴市场债券指数环球利差：*1993—2007* 年的启示

过去20年间，新兴国家的国家信用债券发行量有了明显增长，这种增长伴随着投资者对摩根大通新兴市场债券指数（EMBI）的广泛应用。EMBI指数是一种追踪以美元计价的布雷迪债券和其他类似国家信用重组债券交易市场的总体回报指数，在引入美元当地市场工具、不良贷款、欧洲债券及投资级发行商（摩根大通1995年，1999年）之后，EMBI成功地演变成EMBI^{+}和EMBI Global（即全球新兴市场债券指数，简称EMBIG）。这些指数为投资者提供了一个良好的业绩比较基准和分析国家信用风险及回报的工具，因此十分有必要将它们和由惠誉、穆迪、标普设定的FC评级进行比较。

本章旨在研究1993年12月到2007年2月期间摩根大通新兴市场债

券指数环球利差和惠誉、穆迪、标普的国家信用评级的相关性，并分析利差和评级间的相互影响。由于所研究期间既包含极高风险厌恶时期（1994 年 12 月到 1995 年 3 月的龙舌兰风暴、1998 年 7 月至 9 月的俄罗斯金融危机、2011 年 11 月的阿根廷债务违约、2002 年 6 月到 2003 年 3 月的巴西债务危机），也包含 2005—2007 年的低风险厌恶时期（由新兴经济体的高流动性、商品价格的上涨、经济的快速发展和信用品质的不断提升所驱动），因而对国家信用风险认知的分析（一方面来自市场，另一方面来自评级机构）十分具有启发性。

本章的 9.1 节是对国家市场利差的文献回顾；9.2 节研究了 EMBIG 利差和惠誉、穆迪、标普评级的相关性；接下来，9.3 节着重研究评级如何对市场利差做出反应；9.4 节主要分析市场利差对评级上调和下调的反应；最后，9.5 节是本章小结。

9.1 文献回顾

第一类相关文献研究了国家信用债券利差的决定因素。Eichengreen and Mody（1998）用核心业务收益率衡量信用风险，发现宏观经济基本情况的变动仅能解释 1991 年到 1996 年间息差收窄的一部分。接下来，Ferrucci（2003）；Rowland and Torres（2004）研究了 EMBIG 二级市场利差的决定因素。其中，Ferrucci 认为在对国家风险定价时，市场应考虑宏观经济基本面情况，同时也要考虑像国际市场流动性和美国股票价格这样的外部因素。Rowland and Torres（2004）列出了 6 个主要影响因素：GDP 增长率、外债总额占 GDP 比重、外债总额占出口比重、外汇储备、出口占 GDP 比重和债息占 GDP 比重。Baldacci *et al.*（2008）认为同国家信用债券利差一样，国家风险溢价的决定因素既包含财政因素，又包含政治因素。

关于国家信用评级的文献可以分为三个主要类别。第一类研究国家信用评级的决定因素（见第5、6章）。第二类研究金融危机时国家信用评级的顺周期性。Ferri *et al.*（1999）认为穆迪、标普不仅没有预测到亚洲金融危机的爆发，而且没有经过基本经济状况的评定就降低亚洲国家的信用评级，从而加剧了危机的恶化。Kraussl（2000）认为大量的降低评级行为并不一定会加剧危机恶化（例如，1997年的韩国）。Mora（2006）研究了亚洲金融危机中信用评级机构的角色，并认为评级不是顺周期的，而是具有黏性的。第三类研究在很大程度上与本章类似，即研究利差和国家信用评级之间的相关性。Cantor and Packer（1996）回顾了1987—1994年的情况，并得出结论：如果评级来自穆迪公司或评级与投机级国家有关，那么评级的变动对利差的影响将会更大。Larrain *et al.*（1997）发现在1987年到1996年间，穆迪和标普的评级活动有显著的负相关关系，并且得出结论：信用评级机构可以缩短繁荣或萧条周期。Reisen and von Maltzan（1999）在分析了1989年到1997年间惠誉、穆迪和标普的评级及展望变化后得出结论：评级上调是由市场参与的，而评级下调对利差有显著影响。Sy（2001）认为在市场动荡期间（例如，1997—1998年），评级和$EMBI^{+}$利差的负相关性会减弱。并且，他还发现了由于市场和评级机构意见不合而导致出现了利差和评级不对称调整的现象。

9.2 EMBIG利差与惠誉、穆迪、标普评级的相关性

9.2.1 数据描述

为了被纳入数据库，国家至少应被三大评级机构（惠誉、穆迪、标普）中的一家进行FC评级并被包含在2006年2月28日的EMBIG基准内。这个基准包含32个被选国家：阿根廷、巴西、保加利亚、智利、中国、哥伦比亚、多米尼加共和国、厄瓜多尔、埃及、萨尔瓦多、匈牙利、

印度尼西亚、黎巴嫩、马来西亚、墨西哥、摩洛哥、尼日利亚、巴基斯坦、巴拿马、秘鲁、菲律宾、波兰、俄罗斯、塞尔维亚、南非、泰国、突尼斯、土耳其、乌克兰、乌拉圭、委内瑞拉和越南。

我们对样本中每个国家自1993年12月至2007年2月（共159个月）的每月EMBIG指数进行分离。① 惠誉、穆迪和标普的FC评级就是采用这种方式在这段时间的每个月底进行的，这些指数可以通过线性刻度转换成数值形式（见表9-1）。

表9-1 **评级间的线性转换**

惠誉		穆迪		标普	
评级	数值形式	评级	数值形式	评级	数值形式
AAA	23	Aaa	20	AAA	22
AA+	22	Aa1	19	AA+	21
AA	21	Aa2	18	AA	20
AA-	20	Aa3	17	AA-	19
A+	19	A1	16	A+	18
A	18	A2	15	A	17
A-	17	A3	14	A-	16
BBB+	16	Baa1	13	BBB+	15
BBB	15	Baa2	12	BBB	14
BBB-	14	Baa3	11	BBB-	13
BB+	13	Ba1	10	BB+	12
BB	12	Ba2	9	BB	11
BB-	11	Ba3	8	BB-	10
B+	10	B1	7	B+	9
B	9	B2	6	B	8
B-	8	B3	5	B-	7
CCC+	7	Caa1	4	CCC+	6
CCC	6	Caa2	3	CCC	5
CCC-	5	Caa3	2	CCC-	4
CC	4	Ca	1	CC	3
C	3	C	0	C	2
DDD	2			SD	1
DD	1			D	0
D	0				

每个机构都有自己的数值水平，较高评级对应较高的价值。该体系因

① 本章中惠誉的国家信用评级包含分别在1997年和2000年与惠誉合并的IBCA和Duff&Phelps的信用评级。

国家、指数和评级机构的不同而有不同的起点，因而，我们需要分别整理出惠誉、穆迪和标普的3个非平衡面板数据样本（见表9-2）。

表9-2　　**3个样本数据的描述**

国家	研究期间		
	惠誉评级	穆迪评级	标普评级
阿根廷	1997：05-2007：02	1993：12-2007：02	1993：12-2007：02
巴西	1994：12-2007：02	1994：12-2007：02	1994：12-2007：02
保加利亚	1998：04-2007：02	1996：09-2007：02	1998：11-2007：02
智利	1999：05-2007：02	1999：05-2007：02	1999：05-2007：02
中国	1997：12-2007：02	1994：03-2007：02	1994：03-2007：02
哥伦比亚	1994：12-2007：02	1997：02-2007：02	1997：02-2007：02
多米尼亚共和国	2000：08-2007：02	2001：11-2007：02	2001：11-2007：02
厄瓜多尔	2002：11-2007：02	1997：07-2007：02	2000：07-2007：02
埃及	2001：07-2007：02	2001：07-2007：02	2001：07-2007：02
萨尔瓦多	2002：04-2007：02	2002：04-2007：02	2002：04-2007：02
匈牙利	1999：01-2007：02	1999：02-2007：02	1999：01-2007：02
印度尼西亚	2004：05-2007：02	2004：05-2007：02	2004：05-2007：02
黎巴嫩	1998：04-2007：02	1998：04-2007：02	1998：04-2007：02
马来西亚	1998：08-2007：02	1996：10-2007：02	1996：10-2007：02
墨西哥	1996：12-2007：02	1993：12-2007：02	1993：12-2007：02
摩洛哥	NA	1999：07-2006：11	1998：03-2006：11
尼日利亚	2006：01-2007：02	NA	2006：02-2007：02
巴基斯坦	NA	2001：06-2007：02	2001：06-2007：02
巴拿马	1998：09-2007：02	1997：01-2007：02	1997：01-2007：02
秘鲁	1999：10-2007：02	1999：07-2007：02	1997：12-2007：02
菲律宾	1999：07-2007：02	1997：12-2007：02	1997：12-2007：02
波兰	1996：12-2007：02	1995：06-2007：02	1995：06-2007：02
俄罗斯	1997：12-2007：02	1997：12-2007：02	1997：12-2007：02
塞尔维亚	2005：07-2007：02	NA	2005：07-2007：02
南非	1994：12-2007：02	1994：12-2007：02	1994：12-2007：02
泰国	1998：05-2006：03	1997：05-2006：03	1997：05-2006：03
突尼斯	2002：07-2007：05	2002：07-2007：05	2002：07-2007：05
土耳其	1996：12-2007：02	1996：06-2007：02	1996：06-2007：02
乌克兰	2001：06-2007：02	2001：12-2007：02	2001：12-2007：02
乌拉圭	2001：05-2007：02	2001：05-2007：02	2001：05-2007：02
委内瑞拉	1997：09-2007：02	1993：12-2007：02	1993：12-2007：02
越南	2005：11-2007：02	2005：11-2007：02	2005：11-2007：02

注释：到2006年2月28日为止，惠誉没有对摩洛哥和巴基斯坦进行评级；到2006年2月28日为止，穆迪没有对尼日利亚和塞尔维亚进行评级；NA表示不可获得。

资料来源：Datastream、http：//www. fitchratings. com、http：//www. moodys. com和http：www. standardandpoors. com。

9.2.2 利差的单变量模型

接下来，我们采用 EMBIG 利差的单变量模型来研究市场和三大评级机构对于国家风险评估的差异。我们采用非平衡面板数据来估计对数利差与惠誉、穆迪和标普三大评级机构间的关系。利差和评级间的关系可以被描述为：

$$\log(\text{EMBIG})_{it}=\alpha_i+\beta \text{RAT}_{it}+\varepsilon_{it}$$

其中：i（国家）=1，2，3，…，32；

t（时期）=1，2，3，…，159；

因变量 Log（EMBIG）是 EMBIG 利差的对数函数；

自变量 RAT 是每个评级机构发布的评级结果。

这里进行了两个系列的回归检验：第一个是截距项相同（$\alpha_1=\alpha$）的回归模型，第二个是固定效应回归模型（α_i 未知）。截距项相同的回归结果在表 9-3 中。并不奇怪的是，我们会发现国债息差和惠誉、穆迪、标普的评级之间有着稳健的负相关关系。值得注意的是，与其他两家评级机构相比，穆迪的评级与利差的相关性稍弱些。

固定效应模型的回归结果（见表 9-4）表明了利差和评级间有着更强烈的负相关关系。常数项必须被解释得非常合理。具有很大截距项的那些国家或者是长期处于债务违约之中的国家（阿根廷和俄罗斯），或者是具有较高风险溢价的国家（巴西、哥伦比亚和菲律宾）。印度尼西亚、塞尔维亚、越南和尼日利亚由于最近才被纳入样本中（分别是 2004 年 5 月、2005 年 7 月、2005 年 11 月和 2006 年 1 月），有着普遍低风险厌恶的优势，因而截距项最小。

表 9-3 **合并的非平衡面板数据估计结果**

	因变量：Log（EMBIG 利差）		
	[1]	[2]	[3]
惠誉评级	-0.229（61.778）		
穆迪评级		-0.231（65.910）	
标普评级			-0.233（68.424）
常量	8.471（179.755）	7.867（229.476）	8.297（210.685）
调整的 R^2	0.596	0.582	0.600
样本容量	2 585	3 124	3 123

注释：小括号内为 t 统计值，所有回归结果显著性水平均为 5%。

表 9-4 **非平衡面板数据回归结果（固定效应模型）**

	因变量：Log（EMBIG 利差）		
	[1]	[2]	[3]
惠誉评级	-0.228（34.943）		
穆迪评级		-0.268（38.173）	
标普评级			-0.236（44.693）
固定效应			
阿根廷	8.571	8.500	8.758
巴西	8.825	8.325	8.736
保加利亚	8.395	7.813	8.201
智利	8.737	8.335	8.683
中国	8.449	8.373	7.998
哥伦比亚	8.813	8.570	8.762
多米尼亚共和国	8.010	7.972	7.921
厄瓜多尔	8.380	8.074	8.312
埃及	7.978	7.652	7.843
萨尔瓦多	8.529	8.515	8.404

续表

	因变量：Log（EMBIG 利差）		
	[1]	[2]	[3]
匈牙利	7.841	8.028	7.748
印度尼西亚	7.967	7.201	7.648
黎巴嫩	7.945	7.516	7.786
马来西亚	8.636	8.538	8.645
墨西哥	8.709	8.687	8.751
摩洛哥		8.233	8.337
尼日利亚	7.612		7.411
巴基斯坦		7.284	7.725
巴拿马	8.812	8.512	8.545
秘鲁	8.602	8.117	8.552
菲律宾	8.872	8.506	8.720
波兰	8.501	8.495	8.340
俄罗斯	8.820	8.519	8.358
塞尔维亚	7.889		7.746
南非	8.367	8.391	8.339
泰国	8.022	7.888	8.059
突尼斯	8.265	8.012	8.156
土耳其	8.363	7.979	8.056
乌克兰	8.117	7.498	7.822
乌拉圭	8.395	7.831	8.165
委内瑞拉	8.808	8.451	8.600
越南	7.492	7.129	7.438
调整的 R^2	0.704	0.707	0.733
样本容量	2 585	3 124	3 123

注释：小括号内为 t 统计值，所有回归结果显著性水平均为 5%。

9.3 评级对市场利差的调整

9.3.1 评级对极高/极低利差的调整

当利差高于（低于）评级基准的利差或拟合利差，且偏离不止 1 个标准差时被认为是极高（低）利差，也称异常值。标准利差是由非平衡面板数据通过固定效应模型估计出来的（见 9.2 节）。异常值的比例（惠誉、穆迪、标普分别是 4.6%、5.5% 和 7.5%）表明相对其他两个评级机构而言，穆迪的评级结果更易与市场背离；相反，惠誉的评级结果则更倾向于紧跟市场。

接下来，我们研究三大评级机构在极高和极低利差出现 1 个月、3 个月后是否会评级上调、下调或是没有变化。表 9-5 至表 9-7 是三大评级机构的评级调整情况，和 Sy（2001）的结果相同，我们也认为利差极低（极高）时评级会被上调（下调）。

表 9-5　　极低和极高利差时惠誉的评级调整

极低利差			
评级	预期评级上调（%）	非预期评级下调（%）	没有变化（%）
1 个月后	4.5	0.0	95.5
3 个月后	6.2	0.0	93.8
极高利差			
评级	预期评级下调（%）	非预期评级上调（%）	没有变化（%）
1 个月后	16.7	0.0	83.3
3 个月后	28.9	0.0	71.1

资料来源：作者的计算。

表 9-6　　　　　　**极低和极高利差时穆迪的评级调整**

极低利差			
评级	预期评级上调（%）	非预期评级下调（%）	没有变化（%）
1 个月后	2.6	0.0	97.4
3 个月后	6.1	0.0	93.9
极高利差			
评级	预期评级下调（%）	非预期评级上调（%）	没有变化（%）
1 个月后	9.9	0.8	89.3
3 个月后	17.4	1.6	81.0

资料来源：作者的计算。

表 9-7　　　　　　**极低和极高利差时标普的评级调整**

极低利差			
评级	预期评级上调（%）	非预期评级下调（%）	没有变化（%）
1 个月后	9.6	0.0	90.4
3 个月后	21.3	0.0	78.7
极高利差			
评级	预期评级下调（%）	非预期评级上调（%）	没有变化（%）
1 个月后	15.4	0.0	84.6
3 个月后	26.9	0.0	73.1

资料来源：作者的计算。

实证结果有几点值得注意：第一，评级的整体稳定性是显著的。极高和极低利差出现 1 个月、3 个月后评级结果（三大评级机构的平均值）保持不变的比例分别是 87% 和 77%。

第二，穆迪的评级结果是最稳定的：在极高和极低利差出现后评级保持不变的比例分别为 85% 和 95.5%（1 月期和 3 月期数据的平均值），而惠誉是 77% 和 94.5%，标普是 79% 和 84.5%。

第三，评级变动不对称。利差极高时三大评级机构会将评级下调，而利差极低时将评级上调的迹象却不明显。这种现象对惠誉和穆迪而言则更为显著：极高利差出现后评级下调的比例平均是极低利差出现后评级上调比例的3倍。对标普而言，这种不对称的调整却不那么明显，本质是因为在出现极低利差后（见表9-7），标普相对惠誉和穆迪会更快进行评级上调。

第四，惠誉和标普不会违背市场意愿进行评级调整：在出现极低（高）利差时它们不会下调或上调国家的信用评级，而穆迪已经这样做过2次。①

第五，各评级机构和每年异常值比例（见图9-1至图9-3）表明评级机构和市场分歧主要出现在1994—1995年、1998年和2006年，也就是历史上出现高利差和低利差的时期。例如，在1998年8月俄罗斯金融危机最严重的时期，市场上投资者的风险厌恶程度比机构分析师要强烈。②相反，与评级基准的利差相比，2005—2006年的利差则相对比较低。

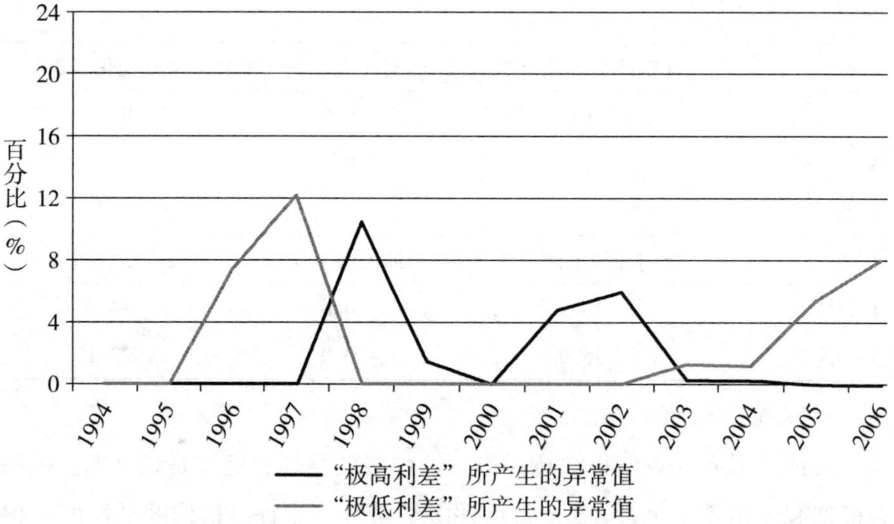

图9-1　实际利差与惠誉评级基准利差相比所得的极高/极低利差所产生的异常值

注释：到1993年12月31日为止，惠誉没有对样本中32个国家中的任何一个进行评级。

资料来源：作者的计算。

① 巴基斯坦在2002年2月、阿根廷在2005年6月有极高的利差，但穆迪将它们的评级上调了。

② 在所研究期间，1998年8月是利差最大的一个月。

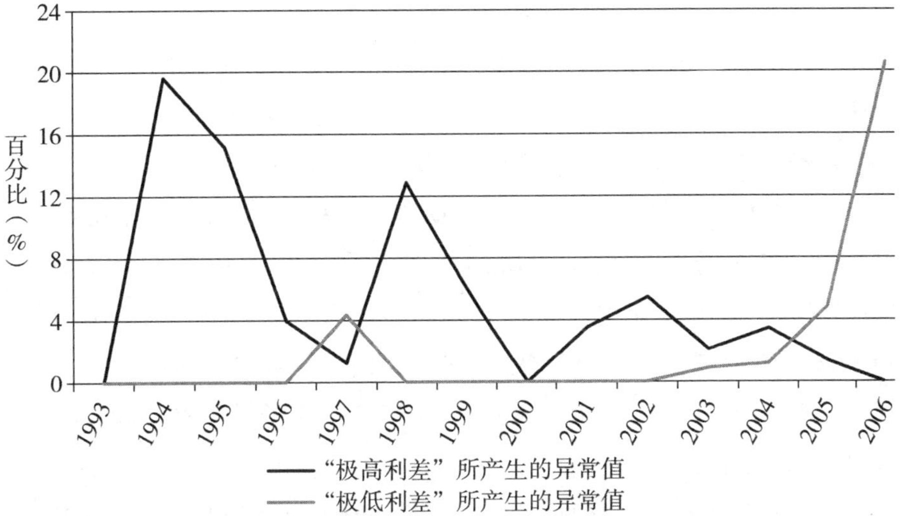

图 9-2　实际利差与穆迪评级基准利差相比所得的极高/极低利差产生的异常值

资料来源：作者的计算。

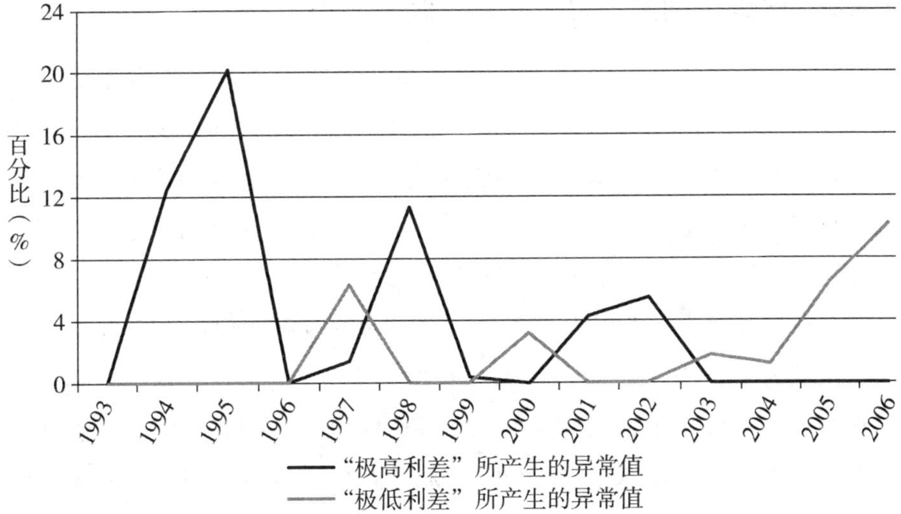

图 9-3　实际利差与穆迪评级基准利差相比所得的极高/极低利差产生的异常值

资料来源：作者的计算。

第六，当穆迪的评级基准利差考虑历史上低利差的 2006 年（表 9-2

中超过20%的异常值）和2007年初的情况时，国家信用评级的分歧是显著的。这可能会导致投资者认为穆迪的评级政策相比惠誉和标普更加保守。

这些结论与Sy以1994年1月至2001年4月为研究对象所得的结论相一致，即在金融危机期间评级与市场利差的关系会弱化。结论还表明国家信用评级并不具有前文中所阐述的顺周期性（Ferri *et al.*，1999；Reisen and von Maltzan，1999）。例如，1997年7月（亚洲金融危机开始）到1998年12月期间，三大评级机构仅下调了样本中26%的国家的评级。同样，2005至2007年，评级机构试图稳住市场繁荣：在2005年6月（EMBIG综合指数第一次跌破心理极限300个基点）到2007年4月期间，上调了样本中38%的国家的评级。[①] 不足为奇的是，相对于惠誉（37%）和穆迪（30%），标普（47%）则更倾向于上调评级。

9.3.2 评级对利差大幅上涨和下跌的调整

利差1个月内上升（下跌）至少25%时称为利差的大幅上涨（下跌）。[②] 假设M月发生了利差的大幅上涨或下跌，我们研究在M-1月、M月、M+1月、M+1至M+3月期间是否有评级上调、下调或没有变化。结果（见表9-8至表9-10）[③] 证实了之前的结论，即评级结果整体稳定而且评级变化具有不对称性（下调比上调更多）。

在利差大幅上涨当月及前1月，惠誉对评级下调超过12%，标普的这一比例为10.4%，但穆迪仅为7.6%。这可能说明惠誉在一定程度上因利差上涨而较早下调评级，而标普和穆迪则较晚调整评级（在M+1至M+3月期间，惠誉下调评级12%，而穆迪和标普分别下调16%和18%）。

---

① 这2个百分比分别是1997年7月至1998年12月间惠誉、穆迪、标普下调评级的平均值和2005年6月至2007年4月间惠誉、穆迪、标普上调评级的平均值。

② 这里我们继续使用每月利差。

③ 我们认为利差大幅下跌时评级会上调，反之亦然。

表 9-8　　**惠誉评级对利差大幅上涨/下跌的调整**

利差大幅下跌			
评级	预期评级上调（%）	非预期评级下调（%）	没有变化（%）
1 个月前	0.0	0.0	100.0
当月	1.6	1.6	96.8
1 个月后	3.2	0.0	96.8
3 个月后	8.3	1.6	90.1
利差大幅上涨			
评级	预期评级上调（%）	非预期评级下调（%）	没有变化（%）
1 个月前	4.1	0.0	95.9
当月	8.1	2.4	89.5
1 个月后	8.1	0.8	91.1
3 个月后	12.2	2.4	85.4

资料来源：作者的计算。

表 9-9　　**穆迪评级对利差大幅上涨/下跌的调整**

利差大幅下跌			
评级	预期评级上调（%）	非预期评级下调（%）	没有变化（%）
1 个月前	0.0	1.4	98.6
当月	4.3	4.3	91.4
1 个月后	2.9	1.4	95.9
3 个月后	7.2	1.4	91.4
利差大幅上涨			
评级	预期评级上调（%）	非预期评级下调（%）	没有变化（%）
1 个月前	2.9	0.0	97.1
当月	4.7	1.7	93.6
1 个月后	8.1	0.6	91.3
3 个月后	16.3	1.7	82.0

资料来源：作者的计算。

表 9-10　　　　标普评级对利差大幅上涨/下跌的调整

利差大幅下跌			
评级	预期评级上调（%）	非预期评级下调（%）	没有变化（%）
1 个月前	1. 4	1. 4	97. 2
当月	5. 6	0. 0	94. 4
1 个月后	1. 4	0. 0	98. 6
3 个月后	6. 9	1. 4	91. 7
利差大幅上涨			
评级	预期评级上调（%）	非预期评级下调（%）	没有变化（%）
1 个月前	1. 7	0. 0	98. 3
当月	8. 7	0. 0	91. 3
1 个月后	9. 8	0. 6	89. 6
3 个月后	17. 9	2. 9	79. 2

资料来源：作者的计算。

对评级上调之后出现利差大幅下跌的研究则表明，标普通过在 M-1 月或 M 月上调评级从而可以更快地预测风险厌恶的下降。穆迪的评级结果对利差大幅下跌不太敏感，从 M-1 月到 M+1 月评级上调的总数与评级下调的总数相等（见表 9-9）。这些结论再一次证实了穆迪的评级结果与市场的关联性最弱。

9. 4　评级变动对市场利差的影响

这一部分的目的在于测量国家信用评级的变动对 EMBIG 利差的影响。本文首先列出 1993 年 12 月 31 日到 2007 年 2 月 28 日期间由 32 个新兴国家所组成的样本中所有的评级上调和下调情况（见表 9-11）。

表 9-11　1993 年 12 月 31 日到 2007 年 2 月 28 日评级机构的评级变动

信用评级机构	评级上调次数	评级下调次数	评级变动总数
惠誉	58	43	101
穆迪	49	41	90
标普	73	60	133
总数	180	144	324

资料来源：作者的计算，http：//www. fitchratings. com、http：//www. moodys. com 和 http：//www. standardandpoors. com。

评级变动前 1 天（以下简称前 1 天），① 所有利差记为 100。然后，我们计算惠誉、穆迪和标普发布评级上调和下调消息之前 30 个交易日和之后 30 个交易日市场利差的平均变动情况（见图 9-4 至图 9-9）。②

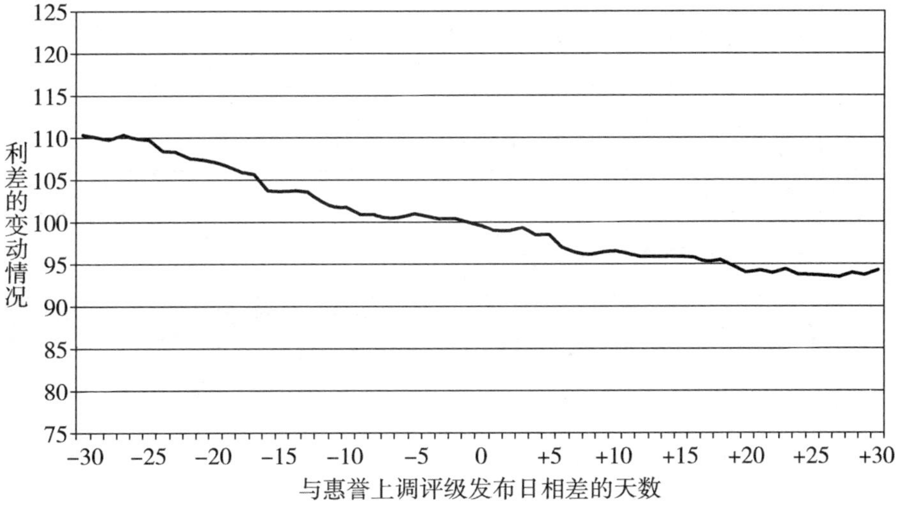

图 9-4　惠誉上调评级发布之前和之后 EMBIG 利差的变动情况

资料来源：作者的计算。

如前所述，惠誉、穆迪和标普下调或上调评级一般会引起利差水平的上

① 我们假定所有的评级变动在交易日结束之前发生。
② 这里的每日利差所指的期间是从 1993 年 12 月 31 日到 2007 年 2 月 28 日。

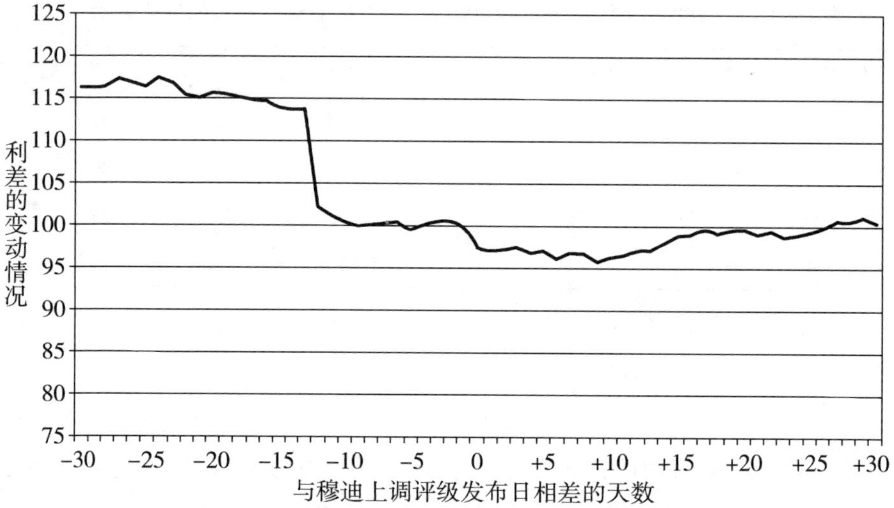

图 9–5　穆迪上调评级发布之前和之后 EMBIG 利差的变动情况

资料来源：作者的计算。

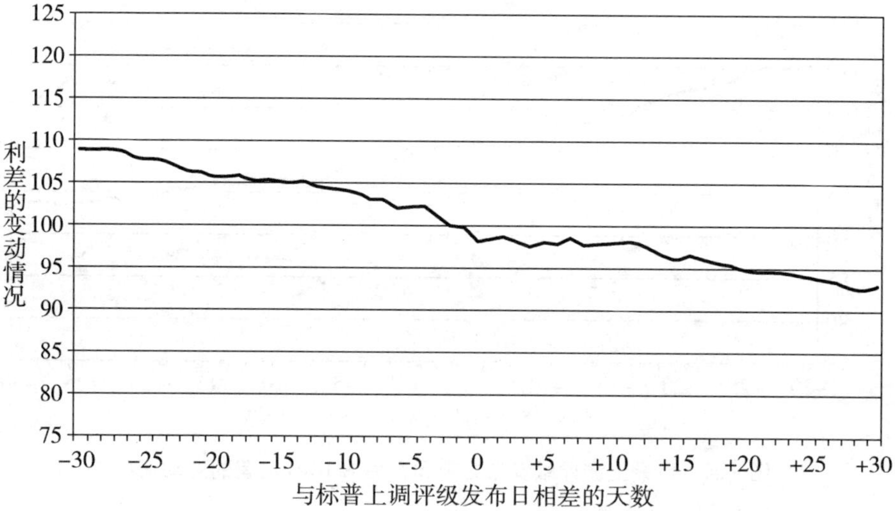

图 9–6　标普上调评级发布之前和之后 EMBIG 利差的变动情况

资料来源：作者的计算。

升或下降。更准确地说，穆迪上调评级后的利差曲线（见图 9–5）立刻出现了利差超调的现象，但在 10 天之后曲线却异常上升。这种“错误”的走向可

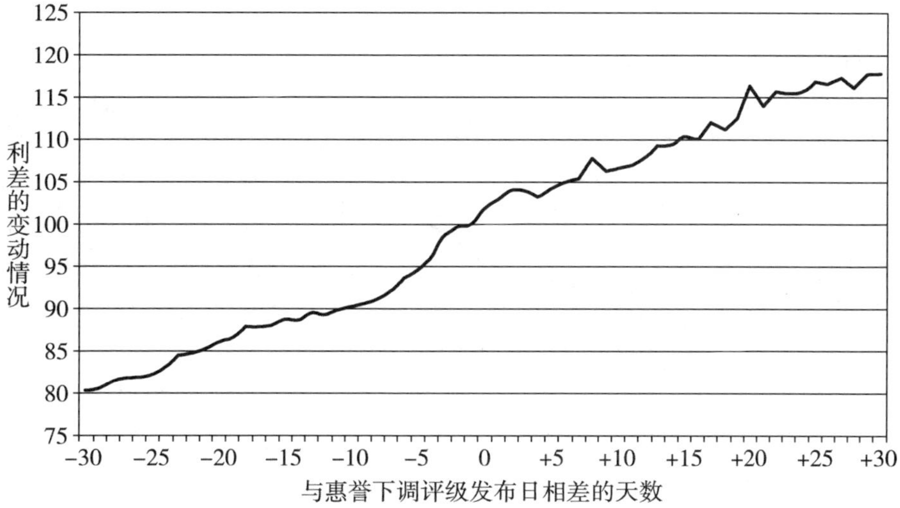

图 9-7　惠誉下调评级发布之前和之后 EMBIG 利差的变动情况

资料来源：作者的计算。

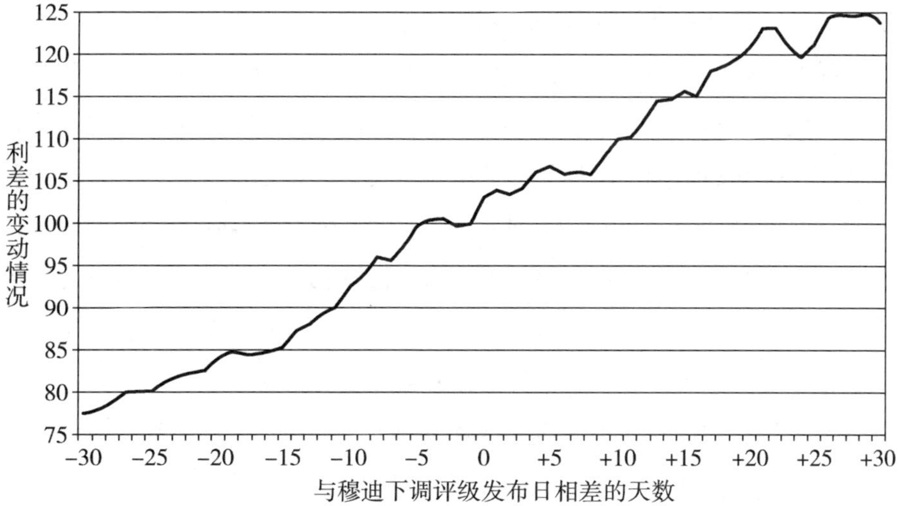

图 9-8　穆迪下调评级发布之前和之后 EMBIG 利差的变动情况

资料来源：作者的计算。

能是短期的，但却是穆迪上调评级后带来的真实影响。图 9-8 说明穆迪是在极端财政压力时期才开始下调信用评级的：在前 30 天到后 30 天期间，利差上

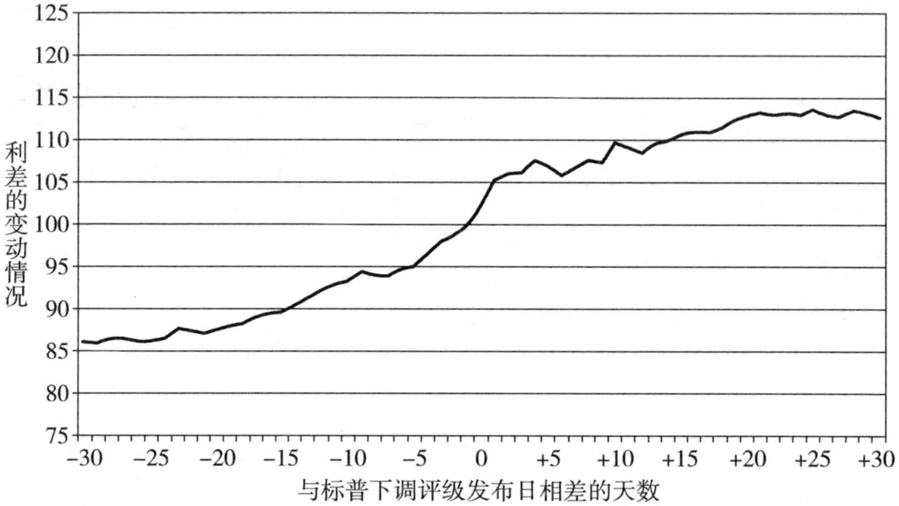

图 9–9　标普下调评级发布之前和之后 EMBIG 利差的变动情况

资料来源：作者的计算。

涨了 60%（惠誉下调评级后的利差上涨幅度为 47%，标普为 31%）。

我们有必要强调惠誉上调评级后的利差下降曲线和下调评级后的利差上升曲线（分别为图 9–4 和图 9–7）都是十分具有规律性的。这点符合本文前面提到的结论，即惠誉的评级结果更符合市场情况。然而，这个假设对标普上调评级前后的利差曲线（见图 9–6）则不适用。标普下调评级的利差曲线（见图 9–9）在评级下调后的两天（即当天和后 1 天）内有较大的斜率，相比之下，从前 30 天到前 15 天和从后 15 天到后 30 天的曲线很平缓。这表明标普下调评级对利差有直接影响。

为了能够实证测度出评级上调和下调对利差所产生的直接影响，我们进行了关于利差变动百分比在前 1 天末到后 1 天末（当天、后 1 天的利差变动）期间的一系列回归。解释变量包括所有评级变动、每个评级机构的评级变动、所有评级变动之前 60 天到 30 天的利差变动情况和每个评级机构之前的评级变动（从前 60 天到前 1 天，从前 30 天到前 1 天），并且引入了一些虚拟变量以区分投资级和投机级（见表 9–12）。

表 9-12　　　　　　　　　　**解释变量列表**

ALLRAT	所有评级变动（即惠誉上调评级、惠誉下调评级、穆迪上调评级、穆迪下调评级、标普上调评级、标普下调评级）的等级上调/下调数值。例如，-2 表示下调 2 个等级，+1 表示上调 1 个等级
ASPR60	所有评级变动之前 60 天（从前 60 天到前 1 天）的利差变动情况（百分比）
ASPR30	所有评级变动之前 30 天（从前 30 天到前 1 天）的利差变动情况（百分比）
INV	虚拟变量，初始评级为投资级取 1，否则取 0
GOINV	虚拟变量，初始评级从投机级上调为投资级取 1，否则取 0
GOSPEC	虚拟变量，初始评级从投资级下调为投机级取 1，否则取 0
ALLFI	惠誉所有评级变动（惠誉上调评级和惠誉下调评级）的等级上调/下调数值
FISPR60	惠誉评级变动之前 60 天（前 60 天到前 1 天）的利差变动情况（百分比）
FISPR30	惠誉评级变动之前 30 天（前 30 天到前 1 天）的利差变动情况（百分比）
ALLMO	穆迪所有评级变动（惠誉上调评级和惠誉下调评级）的等级上调/下调数值
MOSPR60	穆迪评级变动之前 60 天（前 60 天到前 1 天）的利差变动情况（百分比）
MOSPR30	穆迪评级变动之前 30 天（前 30 天到前 1 天）的利差变动情况（百分比）
ALLSP	标普所有评级变动（惠誉上调评级和惠誉下调评级）的等级上调/下调数值
SPSPR60	标普评级变动之前 60 天（前 60 天到前 1 天）的利差变动情况（百分比）
SPSPR30	标普评级变动之前 30 天（前 30 天到前 1 天）的利差变动情况（百分比）
FIUP	虚拟变量，惠誉评级上调取 1，其他评级变动（即惠誉评级下调、穆迪评级上调、穆迪评级下调、标普评级上调、标普评级下调）取 0
FIDO	虚拟变量，惠誉评级下调取 1，其他评级变动取 0
MOUP	虚拟变量，穆迪评级上调取 1，其他评级变动取 0
MODO	虚拟变量，穆迪评级下调取 1，其他评级变动取 0
SPUP	虚拟变量，标普评级上调取 1，其他评级变动取 0
SPDO	虚拟变量，标普评级下调取 1，其他评级变动取 0

注释：惠誉和标普的投资级评级是 BBB-及以上，穆迪的投资级评级是 Baa3 及以上。惠誉和标普的投机级评级是 BB+及以下，穆迪的投机级评级是 Ba1 及以下。

回归结果（见表 9-13）表明当以所有评级变动为研究对象时回归结果是显著的，并且符号也和预期相同（回归［1］和［2］）。这种利差直接的、预期的变动比从前 60 天到前 1 天 、前 30 天到前 1 天期间利差的变动更强。值得注意的是，不论是投资级的回归（回归［3］和［4］），还是从投机级上调到投资级的回归（回归［5］和［6］），结果均不显著。然而，从投资级下调到投机级的回归（回归［7］和［8］）结果则是显著的。造成这种结果的部分原因是3/8 的评级下调（从投资级下调到投机级）都涉及乌拉圭，并且出现在存在市场压力的阿根廷债务违约余波之后。①

表9-13　　　　　　评级变动对 EMBIG 利差的直接影响

	因变量:EMBIG 利差在当天及后1天的变动情况							
	[1]	[2]	[3]	[4]	[5]	[6]	[7]	[8]
ALLRAT	**-1.227(3.684)**	**-1.281(3.882)**	**-1.266(3.796)**	**-1.314(3.986)**	**-1.170(3.508)**	**-1.218(3.684)**	**-1.135(3.398)**	**1.167(3.520)**
ASPR60	**0.023(2.558)**		**0.023(2.531)**		**0.022(2.446)**		**0.023(2.622)**	
ASPR30		0.027(2166)		0.028(2.214)		0.026(2.077)		0.029(2.350)
INV			1.738(1.480)	1.925(1.637)				
GOINV					-4.372(1.752)	-4.474(1.791)		
GOSPEC							**6.699(2.153)**	**7.465(2.288)**
常数项	0.763(1.418)	0.793(1.480)	0.344(0.566)	0.318(0.523)	0.965(1.760)	0.995(1.823)	0.568(1.047)	0.566(1.046)
调整的 R^2	0.093	0.086	0.096	0.090	0.099	0.092	0.103	0.098
样本容量	320	322	320	322	320	322	320	322

注释：括号内为 t 统计值。系数与预期符号相同且 t 检验显著（5% 水平）的为粗体字。由于评级变动前 60 天到 30 天一些国家的 EMBIG 利差数据缺失，所以回归中样本容量有变动。

当我们以每个评级机构的评级变动为研究对象时（见表9-14），除了惠誉利差在前60 天到前1 天期间的评级变动外，其余的回归结果都是显著的。关于评级变动前 30/60 天利差变动的变量回归结果仅有一个是显著的（回归模型［6］）。这些结果特别相关，因为它们可以说明在惠誉、穆迪和标普下调/上调评级的2 天内（当天和后1 天），利差的上涨/下跌更易受评级变动自身的影响，而不是受利差在前 60 天/前 30 天到前 1 天的变动影响。

① 乌拉圭在 2002 年 2 月 14 日、3 月 13 日和 5 月 3 日分别被标普、惠誉和穆迪由投资级评级下调为投机级评级。

表 9-14　　**评级机构的评级变动对 EMBIG 利差的直接影响**

	因变量：EMBIG 利差在当天及后 1 天的变动情况					
	[1]	[2]	[3]	[4]	[5]	[6]
ALLFI	-0.922（1.654）	**-1.197（2.133）**				
FISPR60	0.023（1.523）					
FISPR30		0.011（0，507）				
ALLMO			**-1.688（2.029）**	**-1.807（2.304）**		
MOSPR60						
MOSPR30				0.017（0.710）		
ALLSP					**-1.248（2.567）**	**-1.185（2.449）**
SPSPR60					0.028（1.876）	
SPSPR30						**0.043（2.134）**
常数项	0.529（0.646）	0.748（0.892）	0.006（0.005）	0.075（0.071）	1.501（1.647）	1.407（1.567）
调整的 R^2	0.073	0.053	0.088	0.081	0.091	0.096
样本容量	100	100	89	90	131	132

注释：括号内为 t 统计值。系数与预期符号相同且 t 检验显著（5% 水平）的为粗体字。由于评级变动前 60 天到 30 天一些国家的 EMBIG 利差数据缺失，所以回归中样本容量有变动。

下一步是通过分析每个评级机构信用评级变动的次数进而研究哪个评级机构的评级上调和下调的影响最大。为此，我们做了所有利差变动的回归（当天、后 1 天）（即在所有评级变动之后的利差变动：惠誉、穆迪和标普的评级上调和下调），解释变量分别为惠誉上调评级、惠誉下调评级、穆迪上调评级、穆迪下调评级、标普上调评级和标普下调评级。我们引入虚拟变量，对所测试的组的赋值为 1，其他的则赋值为 0。例如，当研究惠誉评级上调时，对惠誉上调评级的赋值为 1，而对惠誉下调评级和穆迪、标普的所有评级变动的赋值均为 0。回归结果在表 9-15 中。

表 9-15　**评级机构和评级变动的不同类型对 EMBIG 利差的直接影响**

	因变量:EMBIG 利差在当天及后 1 天的变动情况											
	[1]	[2]	[3]	[4]	[5]	[6]	[7]	[8]	[9]	[10]	[11]	[12]
ASPR60	**0.036(4.200)**		**0.036(4.277)**		**0.033(3.978)**		**0.035(3.973)**		**0.034(4.007)**		**0.031(3.733)**	**0.039(3.372)**
ASPR30		**0.045(3.750)**		**0.045(3.787)**		**0.042(3.580)**		**0.043(3.579)**		**0.042(3.564)**		
FIUP	-1.158(0.843)	-1.320(0.961)										
FIDO			1.174(0.755)	1.237(0.790)								
MOUP					**-3.430(2.365)**	**-3.630(2.509)**						
MODO							1.395(0.845)	1.766(1.097)				
SPUP									-2.032(1.603)	-2.165(1.708)		
SPDO											**4.602(3.436)**	**4.677(3.517)**
常数项	0.590(0.973)	0.654(1.082)	0.219(0.388)	0.250(0.442)	0.947(1.607)	1.003(1.710)	0.221(0.395)	0.208(0.371)	0.866(1.389)	0.928(1.493)	-0.387(0.680)	-0.386(0.675)
调整的 R^2	0.056	0.045	0.056	0.044	0.070	0.061	0.056	0.046	0.062	0.051	0.088	0.078
样本容量	320	322	320	320	320	322	320	322	320	322	320	322

注释：括号内为 t 统计值。系数与预期符号相同且 t 检验显著（5% 水平）的为粗体字。由于评级变动前 60 天到 30 天一些国家的 EMBIG 利差数据缺失，所以回归中样本容量有变动。

通过表 9-15 的回归结果，我们可知：第一，惠誉的评级上调和下调似乎对利差变动没有直接影响（回归模型［1］~［4］），这也印证了我们在前面同时研究所有评级变动和前 60 天/前 30 天到前 1 天期间利差变动所得到的结论。第二，我们发现穆迪上调评级和标普下调评级对利差的影响最大（回归模型见［5］、［6］、［11］和［12］）。同时，我们还发现标普下调评级的影响在所有评级调整的影响中最大。第三，评级变动的影响并不是评级变动次数的函数：穆迪上调评级虽然影响最大，但评级上调的次数却比惠誉和标普都少（见表 9-11）。这点强调了评级变动时机的重要性。第四，所有回归中较低的 R^2 值表明投资者的决策由债券驱动而不是由评级变化驱动。第五，我们得出的结论与 Cantor and Packer（1996）

和 Reisen and von Maltzan（1999）的结论都背道而驰，即证明穆迪上调评级和标普下调评级都对利差有显著的影响。当考虑到研究不同时期（分别为 1987—1994 年和 1989—1997 年）并包含新兴经济体和发达经济体的早期论文时，就会发现得出这个结论并不奇怪。

9.5 小　结

本章研究了 1993 年 12 月到 2007 年 2 月期间摩根大通新兴市场债券指数利差和惠誉、穆迪、标普的国家信用评级之间的相关性。这些统计检验和实证检验得出了一系列的结论。

总体上说，所有时期市场和信用评级机构似乎对国家信用风险有相同的认知。然而它们的认知在极高风险厌恶时期（1998 年）和极低风险厌恶时期（2005—2007 年）趋向不同。因此，信用评级机构在 1997 和 1998 年发生的亚洲金融危机和俄罗斯金融危机中的过度反应容易造成误导。评级的顺周期性适用于 1997—1998 年，但不论是对 1994—1995 年（龙舌兰风暴）还是对投资者担心巴西会发生债务违约的 2002 年都不适用。此外，评级在 2005—2007 年平抑了市场的过度繁荣：大多数新兴国家的信用评级在这两年之内保持不变。这些结果表明国家信用评级是种跨周期评级方法，这也正好解释了为何 1993—2007 年间评级上调和下调的次数相对较少（尤其是穆迪的评级）。最后一个突出的结论是关于信用评级对利差的影响的，穆迪上调评级和标普下调评级的影响最大，但评级变动一般都发生在利差的预期变动之后。这些结论表明尽管评级和利差的变动不是同步的，但它们之间相互依赖。

参考文献

Baldacci E.，Gupta S. and Mati A.（2008），"Is it（Still）Mostly Fiscal?

Determinants of Sovereign Spreads in Emerging Markets", *IMF Working Paper*, *WP/08/259*.

Cantor R. and Packer F. (1996), "Determinants and Impacts of Sovereign Credit Ratings", *Economic Policy Review*, *Federal Reserve Bank of New York*, *October*.

Eichengreen B. and Mody A. (1998), "What Explains Changing Spreads on Emerging-Market Debt: Fundamentals or Market Sentiment?", *National Bureau of Economic Research*, *Working Paper No. 6408*.

Ferri G., Liu L.-G. and Stiglitz J. (1999), "The Procyclical Role of Rating Agencies: Evidence from the East Asian Crisis", *Economic Notes*, *Banca Monte dei Paschi di Siena SpA*, No. 3.

Ferrucci G. (2003), "Empirical determinants of emerging market economies' sovereign bond spreads", *Bank of England*, *Working Paper No. 205*.

JP Morgan (1995), "Introducing the Emerging Markets Bond Index Plus (EMBI$^+$)", *Methodology Brief*, 12 July.

JP Morgan (1999), "Introducing the JP Morgan Emerging Markets Bond Index Global (EMBI Global)", *Methodology Brief*, 3 August.

Kräussl R. (2000), "Sovereign Ratings and Their Impact on Recent Financial Crises", *Center for Financial Studies*, *Working Paper 2000/04*, *Frankfurt/Main*.

Larraín G., Reisen H. and von Maltzan J. (1997), "Emerging Market Risk and Sovereign Credit Ratings", *OECD Development Centre*, *Technical Paper No. 124*.

Mora N. (2006), "Sovereign credit ratings: Guilty beyond reasonable doubt?", *Journal of Banking and Finance*, Vol. 30, No. 7.

Reisen H. and von Maltzan J. (1999), "Boom and Bust and Sovereign Ratings", *OECD Development Centre*, *Working Paper No. 148*.

Rowland P. and Torres J. L. (2004), "Determinants of Spread and Creditworthiness for Emerging Market Sovereign Debt: A Panel Data Study", *Banco de la República, Colombia, Borrador de Economía 295.*

Sy A. (2001), "Emerging Market Bond Spreads and Sovereign Credit Ratings: Reconciling Market Views with Economic Fundamentals", *IMF Working Paper, WP/01/165.*

10

国家信用评级的局限性——基于对 2009—2010 年希腊债务危机的思考

对于信用评级机构为何没有预料到 2009—2010 年希腊债务危机的发生，本章给出了解释，同时阐述了信用评级机构在危机中与市场相背离的观点。本章的 10.1 节是文献回顾的相关内容。10.2 节对惠誉、穆迪、标普信用违约互换隐含评级在 2009 年 10 月到 2010 年 5 月希腊债务危机期间及之前一段时间的表现进行了综合比较。其中最关键的发现就是，在金融危机后期（2010 年 3 月中旬，欧洲稳定机制宣布建立之后）机构评级测定的违约风险比危机初期（2010 年 1 月 1 日）信用违约互换隐含评级测定的违约风险还要低。10.3 节对信用评级机构为何与危机“失之交臂”做出了解释，有两种解释方法：第一，它们深信发达国家是不可能违约的；第二，监管资本标准中使用信用评级，这对投资级国家信用评级的上调是非常有利的；10.4 节对本章进行了总结。

10.1 文献回顾

本章将介绍四种不同主题的文献。

第一类文献研究的是市场隐含评级。Breger *et al.*（2003）认为应基于债券价格的相应评级来重新评估违约风险。他们认为，相较于机构评级来说，采用市场数据对债券进行分类能够为收益关系建模及改善价差风险预测提供更为可靠的基础。对比基于债券息差的市场评级和穆迪评级的准确性和稳定性，Moody's（2003）发现 1 年期的市场隐含评级比穆迪评级更为准确，但是 3 年期时二者的准确性却是一致的。Kou and Varotto（2008）引入期限结构效应，并估计了不同到期日债券的分割界限，从而改进了 Breger *et al.*（2003）的研究方法。他们认为，利差隐含评级对预测机构评级来说是十分有力的工具。2002 年，信用评级机构开始广泛地使用市场信号，与此同时，穆迪开设了市场隐含评级服务（详见 Moody's 2007b）。同样，惠誉（2007b）沿用这种方法开发了信用违约互换隐含模型，这种模型利用每日的信用违约互换市场报价来得到隐含评级。

与本章相关的第二类研究领域考察了国债的可持续性问题。Reinhart *et al.*（2003）引入了“债务不耐”的概念，即指新兴经济体无力使外债的安全水平达到发达国家所能达到的水平。他们的主要发现就是一个国家的外债不耐可由少量的变量来解释：例如，违约历史、债务水平、宏观经济稳定性等因素。在考察了一些国家的金融危机状况后，Reinhart and Rogoff（2009）以及 Qian *et al.*（2011）断言，国家可以从连续的主权债务违约中“脱身”。他们认为，国家如果没有发生债务危机而长期维持良好的信誉长达 20 年，这将是一个十分重要的里程碑。Eichengreen and Hausmann（1999）通过发展了“原罪”的概念而提供了一种不同的方法。

所谓原罪，是指这样一种状况，即一个国家不能以本国的货币在国外借债，甚至在本国市场上也不能用本币进行长期借贷。Eichengreen *et al.*（2005a，b）认为，“原罪”是一种排除了以外币借款并且阻碍经济发展的非常普遍而持久的现象（他们前期工作更新后的最新版本请参见 Hausmann and Panizza（2010））。

第三类相关文献聚焦于 2009—2010 年的希腊债务危机，可概括为两种不同的观点。Cottarelli *et al.*（2010）认为发达国家的违约完全是“没有必要的，大家不愿看到的，也是不太可能的”。特别是，他们认为违约的成本相当大，而且这不会解决发达国家的基本问题（基本赤字）。同时他们也强调，尽管财政调整令人痛苦并且这可能会导致更加严厉的财政政策，但却是十分必要的。然而，鉴于 20 世纪发达国家的信贷状况越来越差，Buiter and Rahbari（2010）对这种观点提出了质疑。对于信贷状况的变化，他们认为有三方面的原因：公共开支的强烈需求，税收量的减少以及由于政治原因的财政调整延迟。所以他们得出结论：希腊很可能在中短期内重组债务。

最后，本章还借鉴了在监管规则下采用信用评级的相关文献。1931 年，信用评级机构成为主权债券市场的“看门人”，这是 Flandreau *et al.*（2010）的研究背景。Cantor and Packer（1994）强调，自 20 世纪 80 年代以来，处于美国监管下的信用评级扮演着越来越重要的角色。国际清算银行（2009）重新编辑了处于发达国家的法律、制度和监督管理政策约束下的评级的使用。金融稳定委员会（2010）认为，所有受到规范、法律和制度约束的信用评级都应该被移除或是取代。同时它还建议，市场参与者和机构投资者都应该自己进行信用评估，而不是机械地依赖于机构评级。这些看法回应了 Partnoy（2002；2009）提出的为达到监管的目的而使用信用评级会带来负面影响的观点。

10.2 希腊债务危机期间的国家风险认识：机构评级 VS. 信用违约互换隐含评级

本小节首先对2009年11月发生的国家主权债务危机进行了简要的回顾，然后给出了所采用的数据以及用来比较国家信用评级与信用违约互换隐含评级的方法。最后，我们对得到的结果进行了分析总结。

10.2.1 债务危机的演化预警

随着2008年9月中旬雷曼兄弟的破产，金融市场逐渐陷入混乱。银行间利率和信贷息差上涨到了历史最高水平。这种极端的金融市场压力迫使一些政府（发达国家和新兴国家）不得不帮助银行摆脱困境，从而加重了政府的债务负担。由于对部分欧元区成员国的财政状况并不确定，加之人们对经济前景的消极态度以及脆弱的银行体系，希腊、爱尔兰、葡萄牙和西班牙四国的良好信誉受到了影响。如图10-1所示，希腊和爱尔兰的10年期信用违约互换价差分别从2008年9月最后1周的65和45个基点（bps）开始上涨，到2008年12月达到262和236个基点。直到标普于2009年1月宣布对希腊、西班牙和葡萄牙进行评级下调（见表10-1），经济压力才稍稍缓解。从2009年3月到2009年10月，希腊和爱尔兰的10年期信用违约互换基点再一次下降。到2009年10月底，希腊政府宣布将其预算赤字预期上调至12.5%，该幅度是以前预测幅度的2倍还要多。这一声明引发了三大评级机构在12月份开始纷纷下调信用评级。自此，信用违约互换基点的上调与评级下调相互作用，从而导致希腊政府的借贷成本逐渐攀高。结果可想而知，经过几个月的协商后，欧盟同意推出新的贷款工具对处于财政困境的成员国予以支持。在5月后的第1周，1 100亿欧元的希腊援助方案被审批通过，其中包括欧元区国家提供的800亿欧元贷款援助以及国际货币基金组织提供的300亿欧元备用贷款。

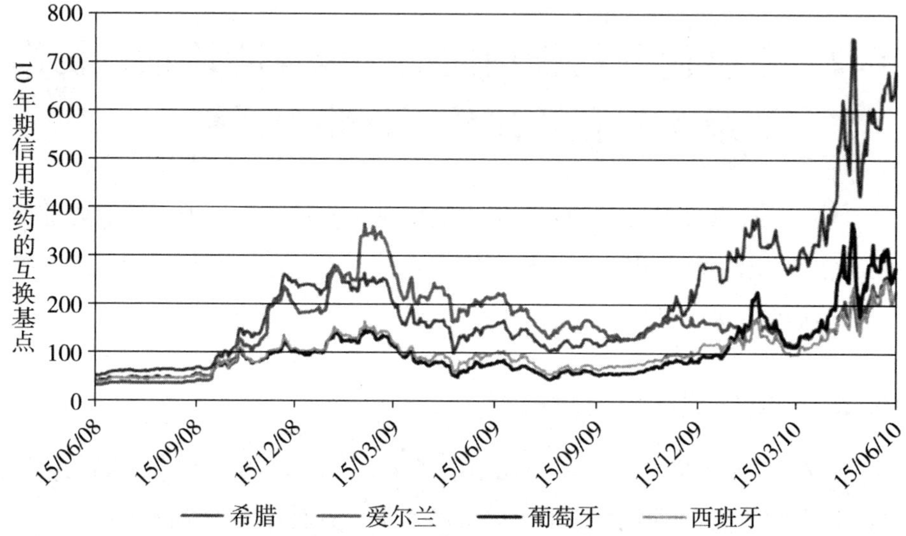

图 10-1　10 年期信用违约互换基点，2008. 06. 15 **至** 2010. 06. 15

资料来源：Datastream.

表 10-1　**欧元区成员国降级一览表**（2008. 06. 15 至 2010. 06. 15）

国家	惠誉	穆迪	标普
希腊	2009. 10. 22：A→A-	2009. 12. 22：A1→A2	2009. 01. 14：A→A-
	2009. 12. 08：A-→BBB+	2010. 04. 22：A2→A3	2009. 12. 16：A-→BBB+
	2010. 04. 09：BBB+→BBB-	2010. 06. 14：A3→Ba1	2010. 04. 27：BBB+→BB+
爱尔兰	2009. 03. 09：AAA+→AA+	2009. 07. 06：Aaa→Aa1	2009. 03. 30：AAA→AA+
	2009. 11. 04：AA→AA-		2009. 06. 08：AA+→AA
葡萄牙	2010. 03. 24：AA→AA-	无降级	2009. 01. 21：AA-→A+
			2010. 04. 27：A+→A-
西班牙	2010. 05. 28：AAA→AA+	无降级	2009. 01. 19：AAA→AA+
			2010. 04. 28：AA+→AA

资料来源：http：//www. ftchratings. com、http：//www. moodys. com 和 http：//www. standardandpoors. com。

信用评级机构（尤其是标普）在希腊危机期间饱受争议。同亚洲危机时一样，信用评级机构在 2010 年 4 月对信用评级进行的大幅下调导致了经济压力加剧。所以我们必须通过比较国家信用评级和信用违约互换对这些论断进行测试，而且，事实上它们也可以通过将信用违约互换转换为信用违约互换隐含评级来完成。

10.2.2 数据描述和方法

本章所用到的数据库描述如下。我们的研究对象是那些至少被三大评级机构之一评为投资级或 BB+级/Ba1 级的国家（包括所有地区的发达国家和新兴国家），并且这些国家在 2009 年 1 月 1 日到 2010 年 5 月 17 日期间拥有 10 年期的信用违约互换。因为信用评级为投机级的国家没有足够多的主权信用违约互换，所以在这里我们把最低级别定为 BB+/Ba1。

由于数据限制，我们将 BB+/Ba1 重新标注为“SG”（投机级）。我们的目标就是将那些信用违约互换隐含评级为 BB+/Ba1 甚至更低的国家评级定为投机级。比较以下 6 个日期的惠誉、穆迪、标普评级以及它们各自相应的信用违约互换隐含评级：2009 年 1 月 1 日、2009 年 12 月 1 日、2010 年 1 月 1 日、2010 年 3 月 1 日、2010 年 4 月 30 日、2010 年 5 月 17 日，共计 18 个样本。我们考察的国家样本数几乎没有变化，仅从 50 上涨到 53。

我们利用 Breger *et al.* （2003）提出并由 Kou and Varotto（2008）改良的方法估算信用违约互换隐含评级。对于每个不同的级别，它的罚函数（补偿函数）P（b）可以由信用违约互换的边界值计算而得到。当一个国家的信用违约互换高于其评级相应的较高边界值或低于其评级相应的较低边界值时，罚值会变大。罚函数的公式如下：

$$P(b) = \frac{1}{m}\sum_{i=1}^{m}\max(c_{i,R_{a+1}} - b, 0) + \frac{1}{n}\sum_{j=1}^{n}\max(b - c_{j,R_a}, 0),$$

其中：R_a 和 R_{a+1} 为相邻的两个评级，且 R_{a+1} 级高于 R_a 级；

$C_{i,R_{a+1}}$ 为国家 i（评级为 R_{a+1} 级）的信用违约互换；

C_{j,R_a} 为国家 j（评级为 R_a 级）的信用违约互换；

m 为评级为 R_{a+1} 级的国家总数；

n 为评级为 R_a 级的国家总数；

b 为 R_a 级与 R_{a+1} 级间信用违约互换边界值。

对于每两个相邻的评级，最佳边界值都能使罚函数达到最小。只要得到最佳边界值，我们就可以得到信用违约互换隐含评级。

10.2.3 “黏性的”机构评级 VS. 波动的信用违约互换隐含评级

表 10-2 至表 10-7 给出了惠誉、穆迪和标普对于所有欧元区国家在 6 个不同日期的信用评级和信用违约互换隐含评级。[①] 正如第 6 章所述，当实际评级与信用违约互换隐含评级之间超过 2 个级别差时，则认为机构与市场间存在着很大的分歧。

2009 年 1 月 1 日（标普对希腊、西班牙和葡萄牙的第一波降级浪潮来袭前两周），实际评级与信用违约互换隐含评级的水平相当接近（爱尔兰和奥地利除外，见表 10-2）。人们可能会认为市场参与者高估了这 2 个国家银行业危机的风险：爱尔兰的信用违约互换隐含评级要比其实际评级低 4 或 5 个级别，而奥地利的信用违约互换隐含评级和实际的标普评级之间也有 3 个级别差。2009 年 12 月 1 日（希腊降级浪潮来袭前几天），我们可以看到，西班牙、爱尔兰和希腊这 3 个国家的级别差也很大（见表 10-3）。爱尔兰的信用违约互换隐含评级比惠誉、穆迪和标普的实际评级要低得多（3 和 5 个级别）。我们对希腊信用违约互换隐含评级和机构评级进行调查发现，穆迪和投资者的观点存在着分歧。同样，惠誉和投资者对西班牙信用状况的看法也不一致。截至 2010 年 1 月 1 日（希腊降级浪潮来袭后几天），信用违约互换隐含评级与实际评级之间的比较更加印证了 2009 年 12 月 1 日得出的结论（见表 10-4）。与信用评级机构相比，市

---

① 其中包括奥地利、比利时、芬兰、法国、德国、希腊、爱尔兰、意大利、荷兰、葡萄牙、西班牙、斯洛伐克、斯洛文尼亚。注意：塞浦路斯、卢森堡和马耳他的信用违约互换不可获得。

表 10-2　国家主权评级 VS. 信用违约互换隐含评级（2009 年 1 月 1 日）

	10 年期信用违约互换（bps）	惠誉实际评级	惠誉信用违约互换隐含评级	穆迪实际评级	穆迪信用违约互换隐含评级	标普实际评级	标普信用违约互换隐含评级
德国	50.2	AAA	AAA	Aaa	Aaa	AAA	AAA
法国	59.0	AAA	AAA	Aaa	Aaa	AAA	AAA
芬兰	65.5	AAA	AAA	Aaa	Aaa	AAA	AAA
比利时	83.9	AA+	AAA	Aa1	Aaa	AA+	AA+
荷兰	93.5	AAA	AA	Aaa	Aa2	AAA	AA
葡萄牙	100.4	AA	AA	Aa2	Aa2	AA-	AA
西班牙	104.6	AAA	AA	Aaa	Aa2	AAA	AA
斯洛文尼亚	117.2	AA	AA	Aa2	Aa2	AA	AA
奥地利	135.0	AAA	AA	Aaa	Aa2	AAA	AA-
意大利	161.1	AA-	AA-	Aa2	Aa2	A+	AA-
斯洛伐克	165.0	A+	AA-	A1	Aa2	A+	AA-
爱尔兰	185.0	AAA	A+	Aaa	A1	AAA	A
希腊	239.5	A	A-	A1	A1	A	A-

资料来源：作者的计算、http：//www. fitchratings. com、http：//www. moodys. com、http：//www. standardandpoors. com 和 http：//datastream. com。

场参与者对西班牙、爱尔兰和希腊持有的态度会更加消极。值得注意的是，希腊所有的信用违约互换隐含评级都是投机级级别。从 2010 年 3 月 1 日开始，市场对西班牙、爱尔兰和希腊的看法很明显与信用评级机构相背离，同样，对第 4 个国家葡萄牙也是如此，它的信用违约互换在 2 个月内就上涨了 50%（见表 10-5）。很明显，穆迪和市场参与者对希腊信用状况的看法并不一致。2010 年 4 月 30 日（标普分别对西班牙、葡萄牙和希腊下调 1、2、3 个级别后的 3 天内，见表 10-1），市场的紧张情绪扩散到了第 5 个国家：意大利（见表 10-6）。

表 10-3 国家主权评级 VS. 信用违约互换隐含评级（2009 年 12 月 1 日）

	10 年期信用违约互换（bps）	惠誉实际评级	惠誉信用违约互换隐含评级	穆迪实际评级	穆迪信用违约互换隐含评级	标普实际评级	标普信用违约互换隐含评级
德国	29.23	AAA	AAA	Aaa	Aaa	AAA	AAA
芬兰	32.11	AAA	AAA	Aaa	Aaa	AAA	AAA
法国	32.96	AAA	AAA	Aaa	Aaa	AAA	AAA
荷兰	38.58	AAA	AAA	Aaa	Aaa	AAA	AAA
比利时	56.16	AA+	AA+	Aa1	Aaa	AA+	AA+
斯洛文尼亚	72.31	AA	AA	Aa2	Aa1	AA	AA+
奥地利	80.71	AAA	AA	Aaa	Aa1	AAA	AA
葡萄牙	82.97	AA	AA	Aa2	Aa1	A+	AA
斯洛伐克	83.59	A+	AA	A1	Aa2	A+	AA
西班牙	95.22	AAA	AA-	Aaa	Aa2	AA+	AA
意大利	98.27	AA-	AA-	Aa2	Aa2	A+	AA
爱尔兰	165.71	AA-	A-	Aa1	A3	AA	BBB+
希腊	184.02	A-	BBB+	A1	Baa1	A-	BBB

资料来源：作者的计算、http：//www. fitchratings. com、http：//www. moodys. com、http：//www. standardandpoors. com 和 http：//datastream. com。

表 10-4 国家主权评级 VS. 信用违约互换隐含评级（2010 年 1 月 1 日）

	10 年期信用违约互换（bps）	惠誉实际评级	惠誉信用违约互换隐含评级	穆迪实际评级	穆迪信用违约互换隐含评级	标普实际评级	标普信用违约互换隐含评级
德国	31.1	AAA	AAA	Aaa	Aaa	AAA	AAA
芬兰	34.5	AAA	AAA	Aaa	Aaa	AAA	AAA
荷兰	38.9	AAA	AAA	Aaa	Aaa	AAA	AAA
法国	39.9	AAA	AAA	Aaa	Aaa	AAA	AAA
比利时	60.8	AA+	AA+	Aa1	Aaa	AA+	AA+
斯洛文尼亚	80.8	AA	AA	Aa2	Aa1	AA	AA
奥地利	88.6	AAA	AA	Aaa	Aa1	AAA	AA
斯洛伐克	89.0	A+	AA	A1	Aa1	A+	AA
葡萄牙	98.5	AA	AA	Aa2	Aa1	A+	AA
意大利	115.8	AA-	A	Aa2	A1	A+	A
西班牙	119.6	AAA	A	Aaa	A1	AA+	A
爱尔兰	160.4	AA-	BBB+	Aa1	A3	AA	BBB+
希腊	279.4	BBB+	SG	A2	SG	BBB+	SG

资料来源：作者的计算、http：//www. fitchratings. com、http：//www. moodys. com、http：//www. standardandpoors. com 和 http：//datastream. com。

表 10-5 国家主权评级 VS. 信用违约互换隐含评级（2010 年 3 月 1 日）

	10 年期信用违约互换（bps）	惠誉实际评级	惠誉信用违约互换隐含评级	穆迪实际评级	穆迪信用违约互换隐含评级	标普实际评级	标普信用违约互换隐含评级
芬兰	32.01	AAA	AAA	Aaa	Aaa	AAA	AAA
荷兰	40.95	AAA	AAA	Aaa	Aaa	AAA	AAA
德国	42.23	AAA	AAA	Aaa	Aaa	AAA	AAA
法国	54.91	AAA	AA+	Aaa	Aaa	AAA	AAA
奥地利	65.80	AA+	AA+	Aaa	Aaa	AAA	AA+
比利时	66.75	AA+	AA+	Aa1	Aaa	AA+	AA+
斯洛文尼亚	83.72	AA	AA	Aa2	Aa1	AA	AA
斯洛伐克	88.44	A+	AA	A1	Aa1	A+	AA
西班牙	123.12	AAA	A	Aaa	A1	AA+	A
意大利	123.33	AA-	A	Aa2	A1	A+	A
爱尔兰	140.61	AA-	BBB+	Aa1	A2	AA	BBB+
葡萄牙	148.13	AA	BBB+	Aa2	A3	A+	BBB+
希腊	307.99	BBB+	SG	A2	SG	BBB+	SG

资料来源：作者的计算、http：//www. fitchratings. com、http：//www. moodys. com、http：//www. standardandpoors. com 和 http：//datastream. com。

表 10-6 国家主权评级 VS. 信用违约互换隐含评级（2010 年 4 月 30 日）

	10 年期信用违约互换（bps）	惠誉实际评级	惠誉信用违约互换隐含评级	穆迪实际评级	穆迪信用违约互换隐含评级	标普实际评级	标普信用违约互换隐含评级
芬兰	30.48	AAA	AAA	Aaa	Aaa	AAA	AAA
荷兰	44.91	AAA	AAA	Aaa	Aaa	AAA	AAA
德国	44.95	AAA	AAA	Aaa	Aaa	AAA	AAA
法国	64.37	AAA	AA+	Aaa	Aaa	AAA	AA+
斯洛文尼亚	68.18	AA	AA+	Aa2	Aaa	AA	AA+
奥地利	72.60	AAA	AA	Aaa	Aaa	AAA	AA+
比利时	81.29	AA+	AA	Aa1	Aa2	AA+	AA+
斯洛伐克	81.39	A+	AA	A1	Aa3	A+	AA
意大利	137.41	AA-	BBB+	Aa2	A2	A+	A-
西班牙	160.36	AAA	BBB-	Aaa	Baa1	AA	BBB
爱尔兰	185.01	AA-	BBB-	Aa1	Baa2	AA	BBB
葡萄牙	259.23	AA-	SG	Aa2	SG	A-	SG
希腊	531.65	BBB-	SG	A3	SG	BB+	SG

资料来源：作者的计算、http：//www. fitchratings. com、http：//www. moodys. com、http：//www. standardandpoors. com 和 http：//datastream. com。

这些数据表明，投资者将欧元区成员国分成了两类。一方面，将芬兰、荷兰、德国、法国、斯洛文尼亚、奥地利、比利时和斯洛伐克这些国家划为一类，它们的信用违约互换隐含评级都是 AAA 或 AA；而另一方面，意大利、西班牙、爱尔兰、葡萄牙和希腊被划为另一类，它们的信用违约互换隐含评级都是 BBB 或投机级。但是惠誉、穆迪和标普对信用评级的看法并没有太大的分歧。然而有趣的是，在这三大机构中，穆迪对国家信用风险的看法与市场的背离程度是最大的。之所以这么说，部分是因为穆迪在 2009 年 12 月 1 日到 2010 年 4 月 30 日期间的降级次数较少（见表 10-1）。虽然在 2010 年 4 月 30 日到 5 月 17 日期间（欧盟和 IMF 对希腊的援助计划实施后 1 周），信用违约互换隐含评级几乎没有什么变化，但是我们可以观察到，意大利和西班牙的信用违约互换隐含评级要比其他国家高 1 个级别（见表 10-7）。

表 10-7　**国家主权评级 VS. 信用违约互换隐含评级**（2010 年 5 月 17 日）

	10 年期信用违约互换（bps）	惠誉实际评级	惠誉信用违约互换隐含评级	穆迪实际评级	穆迪信用违约互换隐含评级	标普实际评级	标普信用违约互换隐含评级
芬兰	35.12	AAA	AAA	Aaa	Aaa	AAA	AAA
荷兰	51.22	AAA	AAA	Aaa	Aaa	AAA	AAA
德国	52.96	AAA	AAA	Aaa	Aaa	AAA	AAA
奥地利	70.64	AAA	AA+	Aaa	Aaa	AAA	AA+
法国	79.34	AAA	AA+	Aaa	Aaa	AAA	AA+
斯洛文尼亚	82.04	AA	AA+	Aa2	Aa1	AA	AA+
斯洛伐克	93.17	A+	AA	A1	Aa2	A+	AA+
比利时	104.63	AA+	AA	Aa1	Aa2	AA+	AA-
意大利	136.28	AA-	A-	Aa2	A1	A+	A-
西班牙	180.74	AAA	BBB	Aaa	A3	AA	BBB+
爱尔兰	195.05	AA-	BBB-	Aa1	Baa2	AA	BBB
葡萄牙	246.10	AA-	SG	Aa2	SG	A-	SG
希腊	544.89	BBB-	SG	A3	SG	BB+	SG

资料来源：作者的计算、http：//www. fitchratings. com、http：//www. moodys. com、http：//www. standardandpoors. com 和 http：//datastream. com。

本节还进一步阐述了希腊债务危机的状况。大多数欧元区成员国的信用违约互换在2009年12月1日到2010年5月17日期间都提高了（平均提高69%）。与此同时，穆迪、惠誉和标普分别下调了2、3、4个信用级别。这些对国家主权风险产生的认识分歧解释了为什么在2010年5月17日风险最高的国家（希腊、爱尔兰、葡萄牙和西班牙）的信用违约互换隐含评级要远远低于惠誉、穆迪和标普的机构评级。更令人吃惊的是，在2010年5月17日这天，惠誉、穆迪和标普对希腊、爱尔兰和西班牙做出的评级居然高于它们各自在2010年1月1日的信用违约互换隐含评级。这些发现表明，在2010年1月1日到2010年5月17日期间的降级行为甚至不足以说明，希腊债务危机末期测评风险的信用评级与危机初期的信用违约互换隐含评级相关。总之，在希腊债务危机期间，机构评级是比较稳定而非顺周期的。

这些评论与穆迪是特别相关的。在2010年5月17日，穆迪仍将希腊级别评定为A3级，而惠誉和标普分别将其调至BBB-和BB+。基于前面的讨论，穆迪在2010年6月14日将希腊评级下调4个级别的行为令人感到十分的困惑。这可能证实了穆迪最初并不了解希腊债务危机的严重程度，而最后与惠誉和标普保持一致将希腊的评级下调。或者，它可能意味着，虽然穆迪意识到希腊很可能会违约，但它并不愿意在高风险规避时期大幅调低信用级别。10.3节提供了一些证据来说明为什么穆迪（更广泛地说，是三大评级机构）没有预期到希腊债务危机的发生并且延迟评级的下调，从而解决了这一问题。

10.3 信用评级机构如何陷入困境

这部分内容认为，穆迪在希腊债务危机期间及之前的评级政策中体现出国家信用评级的两个基本局限性。第一，信用评级机构迷失在它们自己的评级方法里，它们坚信像希腊这样的发达国家就算到2010年也不可能违约。第二，为了达到金融监管的目的，立法者和监管机构一直都操控着信用评级机构，所以直到 2010 年 4 月底，希腊的信用评级才开始大幅调整。

10.3.1 复杂的迷宫

2001 年 1 月 1 日，希腊进入了欧洲经济与货币联盟的第 3 个阶段。为了达到这个目标，当时的总理西米蒂斯（Kostas Simitis）不得不采取一些重大的经济、财政和货币措施。1998 年，希腊德拉克马贬值 14%，通胀率从 1996 年的 8.2% 降到了 2000 年的 3.2%。同时，希腊政府卖出了大型公共企业的大部分股份，财政赤字占 GDP 比重和国债占 GDP 比重也分别从 1996 年的 7.4% 和 111.3% 降到了 2000 年的 2% 和 106.2%。

穆迪和标普相信，希腊的财政整顿是成功的，并且认为经济与货币联盟的宏观经济纪律会帮助希腊赶上其他欧盟国家的步伐，所以它们宣布对希腊信用级别进行上调（见表 10-8）。

表 10-8 **希腊评级的上调（1996 年 1 月 1 日到 2003 年 12 月 31 日）**

日期	穆迪评级行动	日期	标普评级行动
1996 年 12 月 23 日	Baa3→Baa1	1998 年 11 月 30 日	BBB-→BBB
1999 年 7 月 14 日	Baa1→A2	1999 年 11 月 24 日	BBB→A-
2002 年 11 月 4 日	A2→A1	2001 年 3 月 13 日	A-→A
		2003 年 6 月 10 日	A→A+

资料来源：http://www.moodys.com 和 http://www.standardandpoors.com。

然而，在 2004 年，当新上任的总理康斯坦丁·卡拉曼利斯（Kostas Karamanlis）将 2003 年的财政赤字占 GDP 比重从 1.7% 上调到 4.6%，同时将国债占 GDP 比重由 102.4% 调到了 109.9%（希腊财政数据更新详见 Eurostat 2004；Sibert 2010）时，一个主要的问题开始出现了。2004 年 11 月 17 日和 12 月 16 日，标普和惠誉分别将希腊评级下调 1 个级别。它们之所以会对希腊做出负面评级行动，是因为希腊公共财政的恶化不断加剧，而且在减少国债方面没有丝毫进展。自此至 2009 年，惠誉、穆迪和标普一直都维持希腊的评级不变。但奇怪的是，由于希腊的经济增长预期较强，而且国家债务率已经下降，所以穆迪和惠誉分别在 2007 年 1 月和 3 月将希腊的评级展望由稳定调至正面。这些评级机构认为，希腊经济的增长与较高的国家信用评级、欧元区的成员国身份以及进一步结构性改革是密不可分的（Fitch 2007a；Moody's 2007a；S&P 2007）。很明显，它们过于看重希腊这个所谓发达国家的地位而忽视了报告债务率可能存在的不可靠性。而所有经济与货币联盟成员国的评级上限①为 AAA 或 Aaa，这一现象使得评级机构十分困惑，因为这说明欧元区并没有国家主权违约的风险。

最新上任的总理乔治·帕潘德里欧（George Papandreou）在 2009 年 10 月对外宣布了第 2 次财政数据的更新，并由此触发了希腊债务危机。而此时，希腊的国家主权评级非常高，但是为什么危机加剧时它们却如此稳定呢？

10.3.2 伊卡洛斯综合症

Flandreau *et al.*（2010）讲述了在 1931 年信用评级机构如何成为债券市场的“看门人”，同年，为了防止金融市场的崩溃，美国货币监理署将信用评级并入了监管体系。之所以做出这种决定，是因为它们认为机构评级的观点相对于可能的逆周期效应来说是独立且可靠的。自此，信用评级机构在金融体系（国际清算银行 2009）中占据了中心地位。然而，信用评级机构的影响力不仅来源于将它们的评级并入监管体系，也来源于市场参与者对这些评级的使用。由于投资级信用产品的违约率非常低，第一类错误（评级非常高的发行主体后来发生违约）并不常见，所以，对任何投资者而言，持有一张高评级的证券无异于进行无风险投资。相比之下，持有较低评级债券的投资者比持有较高评级债券的投资者更需要持有较多

① 请参阅标普“国家转让及可兑换性评估”（详见第 3 章）。

的准备金。这就意味着第二类错误（对一个后期不会违约的发行主体给予较低评级）对投资者是非常不利的，因为它们最终必须持有比实际所需更多的担保品。

结果，监管机构、投资者以及债券发行人都需要较高级别的信用评级：监管机构想要规避金融传染，投资者想要节约资本，而债务发行人想要得到较低利率，所以它们都需要较高的评级。因此，信用评级机构就有3种动机将它们的信用级别上调。在国家主权信用评级领域，级别膨胀这种现象已经非常普遍了。从20世纪90年代以来，主权债券发行主体很少有债务违约的问题，所以对惠誉、穆迪和标普来说，最大的挑战就是要避免第二类错误的发生。这一目标往往会使它们去高估投资级发行主体，而对那些完全有资格被央行接受作为抵押品的发行主体却造成了一定的伤害。投资级发行主体的超低违约率，主权债券发行主体的准确率高于公司发行主体，投资级评级的下调刚性，这三方面完全可以证明这种观点的正确性（详见第8章的讨论）。

事实上，在希腊债务危机期间，穆迪采取的评级政策就能说明要避免第二类错误发生的这个趋势。2010年4月29日（标普将希腊评级调低至投机级后2天），穆迪宣布在经济与货币联盟/国际货币基金组织项目的细节公布之后，它将立即着手完成对希腊A3级主权债务的复查。考虑到希腊对维护区域金融稳定做出的深度国际承诺，穆迪认为，希腊的短期流动性和重组风险是微不足道的，可以忽略不计。这些观点表明，穆迪不可能在短期内对希腊降级。4天后，也就是2010年5月3日，欧洲央行认为即使希腊的信用评级为投机级，也决定在借贷抵押政策中取消对希腊债券的最低信用评级要求（BBB-/Baa3），同时接受希腊政府发行或担保的债券为抵押品。很明显，穆迪作出的评级决定是反周期的，因为它使希腊政府债券避免遭受大规模的抛售。而且，这也使得欧洲央行、欧盟以及国际货币基金组织前来救援希腊，从而使其货币状况能够得到改善。反过来，欧洲央行宽松的担保制度减轻了因希腊主权评级进一步降低可能产生的负面影响，从而缓解了信用评级机构所面临的压力。

10.4 小　结

其实，希腊债务危机早在很久前就已经苗头初现。2004 年，财政数据的更新本应随之带来大幅度降级，但是评级机构却不愿对信用评级作出调整。终于，在 2010 年，它们因自己过去所犯的错误付出了代价。反观今日之希腊，我们必须承认这个国家最有可能进行债务重组，因为到目前为止大笔债务发生戏剧化逆转的情况并不常见（Reinhart & Rogoff, 2009）。更重要的是，人们希望知道，希腊经济究竟要衰退到何种程度才可能预示着某些福利国家的不可持续，特别是在南欧的那些国家。这种可能性与 Buiter and Rahbari（2010）提出的观点一致，这就意味着在接下来的几年里，惠誉、穆迪和标普将不得不对发达经济体采取更加严厉的态度。

2010 年的金融危机也为信用评级机构在高风险规避时期的表现提供了新的解释。比起基于市场的评级指标（比如，信用违约互换隐含评级），信用评级则更加稳定。虽然穆迪确实没有预料到希腊债务危机的发生，但是穆迪评级具有反周期效应，从而作为一种保护避免了金融传染的发生。相比之下，标普和惠誉与信用违约互换则有着较多的关联。所有这些发现都证实了自相矛盾的结果：出于监管目的而使用的信用评级往往比人们预期的更为合适。

参考文献

Bank for International Settlements (2009), "Stocktaking on the use of credit ratings", *Basel Committee on Banking Supervision-The Joint Forum*, June.

Breger L., Goldberg L. and Cheyette O. (2003), "Market Implied Ratings",

Barra Credit Series, *Research Insights*.

Buiter W. and Rahbari E. (2010), "Is Sovereign Default 'Unnecessary, Undesirable and Unlikely' For All Advanced Economies?", *Global Economic View*, *Citigroup Global Markets*, 16 September.

Cantor R. and Packer F. (1994), "The Credit Rating Industry", *Federal Reserve Bank of New York Quarterly Review*, Summer-Fall.

Cottarelli C., Forni L., Gottschalk J. and Paolo M. (2010), "Default in Today's Advanced Economies: Unnecessary, Undesirable, and Unlikely", *IMF Staff Position Note*, 1st September.

Eichengreen B. and Hausmann R. (1999), "Exchange Rates and Financial Fragility", paper presented at the symposium *New Challenges for Monetary Policy*, 26–28 August, Jackson Hole, WY.

Eichengreen B., Hausmann R. and Panizza U. (2005a), "The Pain of Original Sin", in Eichengreen B. and Hausmann R. (eds.), *Other People's Money*, Chicago University Press, Chicago.

Eichengreen B., Hausmann R. and Panizza U. (2005b), "The Mystery of Original Sin", in Eichengreen B. and Hausmann R. (eds.), *Other People's Money*, Chicago University Press, Chicago.

Eurostat (2004), *Reort by Eurostat on the Revision of the Greek Government Deficit and Debt Figures*, 22 November.

Financial Stability Board (2010), *Principles for Reducing Reliance on CRA Ratings*, 27 October.

Fitch Ratings (2004), "Fitch Downgrades Greece to 'A' from 'A+'", 16 December.

Fitch Ratings (2007a), "Fitch Changes Greece's Outlook to Positive", 5 March.

Fitch Ratings (2007b), "Fitch CDS Implied Ratings (CDS-IR) Model", 13 June.

Flandreau M., Flores J. H., Gaillard N. and Nieto-Parra S. (2010), "The End of Gatekeeping: Underwriters and the Quality of Sovereign Bond Markets, 1815 - 2007", in Reichlin L. and West K. (eds), *NBER International Seminar on Macroeconomics 2009*, NBER and University of Chicago Press, Chicago.

Hausmann R. and Panizza U. (2010), "Redemption or Abstinence? Original Sin, Currency Mismatches and Counter Cyclical Policies in the New Millenium," *CID Working Paper No. 194*, *Harvard University*.

Kou J. and Varotto S. (2008), "Timeliness of Spread Implied Ratings", *European Financial Management*, Vol. 18, Issue 3.

Moody's Investors Service (2003), "Measuring the Performance of Corporate Bond Ratings", April.

Moody's Investors Service (2007a), "Moody's Changes Outlook on Greece's A1 Bond Ratings to Positive", 11 January.

Moody's Investors Service (2007b), "Moody's Market Implied Ratings-Description, Methodology, and Analytical Applications", December.

Partony F. (2002), "The Paradox of Credit Ratings" in Ratings, Rating Agencies and the Global Financial System, edited by Levich R., Majnoni G. and Reinhart C., Kluwer, Boston.

Partnoy F. (2009), "Historical Perspectives on the Financial Crisis: Ivar Kreuger, the Credit-Rating Agencies, and Two Theories About the Function, and Dysfunction, of Markets", *Yale Journal on Regulation*, Vol. 26.

Qian R., Reinhart C. and Rogoff K. (2011), "On Graduation from Default, Inflation and Banking Crises: Elusive or Illusion?", in Acemoglu D. and Woodford M. (eds), *NBER Macroconomics Annual 2010*, NBER and University of Chicago Press, Chicago.

Reinhart C. and Rogoff K. (2009), *This Time is Different*, Princeton University Press, Princeton.

Reinhart C. ,Rogoff K. and Savastano M. (2003) "Debt Intolerance", *Brookings Papers on Economic Activity*, Vol. 34(1).

Sibert A. (2010), "The EFSM and the EFSF: Now and What Follows", *Directorate General for Internal Policies*, 8 September.

Standard & Poor's (2004), "Greece Outlook Revised to Negative as Public Finances Crisis Deepens; Ratings Affirmed", 13 September.

Standard & Poor's(2007), "Hellenic Republic", 6 March.

11

结束语

在两次战争期间和20世纪80年代中后期，评级机构曾频繁地进行国家信用评级。20世纪20年代和30年代期间，4个主要的评级机构（惠誉、穆迪、普尔出版公司和标准统计公司）没有预料到1931年国家主权债务危机的发生，而且将信用级别一直过度调低直至1933年。即便如此，信用级别为前两级的主权债券违约率却非常低，这就表明这4个机构能够正确地对外国政府债券评级分类。由于在1986—2010年期间有很少的主权信用违约，所以要在现代和两次战争期间的国家主权评级之间做出可靠的比较几乎是不可能的。尽管如此，考察一下违约率和准确率，我们会发现，惠誉、穆迪、标普在过去25年间作出的评级要比两次战争期间准确得多。

对于惠誉、穆迪和标普在当今时代做出的一些特殊评级政策，以下的观察结果值得引起我们的注意。

穆迪是通过周期状况进行信用评级的；虽然它很少对级别作出修正，但是它作出的修正比惠誉和标普重要得多。就像 3 年期和 5 年期累积违约率和准确率所反映的情况一样，穆迪评级在中期的表现最为出色。而标普与市场参与者的观点比较一致，它们更有弹性，所以在短期中标普是表现最好的。惠誉评级虽然与标普评级高度相关，但是它表现得稍微逊色一些。一般来说，有两个原因可以解释这个发现。

第一，惠誉很少使用创新型评级政策，尤其是与它的竞争者相比。例如，早在 1989 年和 1991 年，标普就分别引入了国家主权发行主体的评级展望和评级观察。而在 20 世纪早期，穆迪就根据国家信用评级的测量精度倡导并率先引入了违约率和准确率 2 个指标。不仅如此，穆迪在 2001 年还加速完成了对国家上限政策的修订，并在 2003—2004 年间首次采用经验模型来评估国家主权风险。而相比之下，惠誉直到 2005 年才开始试行主权回收率评级。

第二，惠誉的动作往往比穆迪和标普慢一些。过去的这几年间，最让人吃惊的评级行为往往都出自穆迪或标普，而非惠誉。试问，是哪家评级机构分别在 1995 年和 2010 年将新加坡和中国香港信用评级级别上调至 AAA 最高评级？又是哪家评级机构在 2009 年 5 月将英国的评级展望由稳定调至负面，从而使其 AAA 评级受到威胁？是标普。是哪家评级机构在 2004 年 11 月首次对希腊降级，并且在 2010 年 4 月首次将其国家信用级别调低至投机级？是标普。是哪家评级机构在 2008 年 4 月首次将巴西信用级别调至投资级？也是标普。在所有机构中，哪家评级机构能对随后发生信用违约的国家最迅速地作出降级反应？还是标普。是哪家评级机构在 2002 年 11 月宣布对信用级别进行最大规模的多级上调？是穆迪。是哪家评级机构在 2003 年 10 月首次将俄罗斯信用级别调至投资级？也是穆迪。

总之，为了提高信用级别的准确性，惠誉需要超越它“挑战者”的地位并且区别对待不同的评级政策。

除了得到上述这些具体的结论外，本书还有一个惊人的发现，那就是国家信用评级方法具有永久有效性。无论是在两次战争期间，还是在过去的20年间，国家信用级别的决定因素都是：人均GDP、外债对出口或收入的比例、通胀率、违约历史指标和制度的稳定性等因素。这种方法框架使得信用评级机构将大多数发达经济体的信用级别评为投资级，而将大多数新兴国家信用级别评为投机级。然而这种评级政策似乎已经达到了极限，现在信用评级机构面临着巨大的挑战。现在它们应该意识到那些所谓发达国家的社会和经济结构其实并没有长远的发展前景作支撑。由于希腊很可能会违约，而这种可能性会使三大评级机构（尤其是穆迪）的评级准确率下降，所以这就使得惠誉、穆迪和标普都开始着手更新它们的评级方法。

最后，本文还进一步揭示了对处于规范、法律和制度约束下的机构评级可能存在过度信赖的问题。信用评级必然不能代替机构投资者的审慎评估。然而，在考虑国家信用评级时，我们知道在过去的10年里，为了达到监管的目的而使用的信用评级由于比基于市场的指标有着更小的顺周期性，从而受到了肯定。这些发现十分重要，因为它们能证明信用评级如何才能真正地减缓市场的波动性。

附录 A

1931—1938 年在纽约交易所上市的以美元或英镑计价的违约国债

国债	违约日
奥地利 1930 年国际贷款（利率 7%）	1938 年 5 月 31 日
玻利维亚 1917 年国民政府债券（利率 6%）	1931 年 4 月 1 日
玻利维亚 1927 年国民政府债券（利率 7%）	1931 年 1 月 1 日
玻利维亚 1928 年国民政府债券（利率 7%）	1931 年 3 月 1 日
玻利维亚 1922 年国民政府债券（利率 8%）	1931 年 5 月 1 日
巴西 1921 年联邦政府债券（利率 8%）	1931 年 12 月 1 日
巴西 1922 年联邦政府债券（利率 7%）	1931 年 12 月 1 日

续表

国债	违约日
巴西 1926 年联邦政府债券（利率 6.5%）	1932 年 4 月 1 日
巴西 1927 年联邦政府债券（利率 6.5%）	1932 年 4 月 15 日
巴西 1931 年联邦政府债券（利率 5%）	1938 年 1 月 1 日
保加利亚 1928 年国民政府债券（利率 7.5%）	1932 年 11 月 15 日
保加利亚 1926 年国民政府债券（利率 7%）	1933 年 7 月 1 日
智利 1926 年国民政府债券（利率 6%）	1931 年 10 月 1 日
智利 1928 年至 1961 年 1 月国民政府债券（利率 6%）	1932 年 1 月 1 日
智利 1927 年国民政府债券（利率 6%）	1931 年 8 月 1 日
智利 1928 年至 1961 年 9 月国民政府债券（利率 6%）	1931 年 9 月 1 日
智利 1929 年国民政府债券（利率 6%）	1931 年 9 月 1 日
智利 1930 年国民政府债券（利率 6%）	1931 年 11 月 1 日
智利 1922 年国民政府债券（利率 7%）	1931 年 11 月 1 日
哥伦比亚 1927 年国民政府债券（利率 6%）	1933 年 7 月 1 日
哥伦比亚 1928 年国民政府债券（利率 6%）	1933 年 10 月 1 日
哥斯达黎加 1926 年国民政府债券（利率 7%）	1936 年 11 月 1 日
哥斯达黎加 1927 年国民政府债券（利率 7.5%）	1937 年 9 月 1 日
哥斯达黎加 1932 年国民政府债券（利率 5%）	1936 年 11 月 1 日
哥斯达黎加 1933 年国民政府太平洋铁路债券（利率 5%）	1936 年 9 月 1 日
古巴 1930 年国民政府工务债券（利率 5.5%）	1933 年 12 月 31 日
古巴 1927 年国民政府债券（利率 5.5%）	1937 年 7 月 1 日
多米尼加共和国 1922 年国民政府债券（利率 5.5%）	1931 年 10 月
多米尼加共和国 1926 年国民政府债券（利率 5.5%）	1931 年 10 月
德国 1924 年国民政府债券（利率 7%）	1934 年 10 月 15 日
德国 1930 年国民政府债券（利率 5.5%）	1934 年 12 月 1 日
希腊 1924 年国民政府债券（利率 7%）	1932 年 5 月 1 日

续表

国债	违约日
希腊 1928 年国民政府债券（利率 6%）	1932 年 8 月 1 日
希腊 1925 年国民政府债券（利率 8%）	1932 年 10 月 1 日
危地马拉 1927 年国民政府债券（利率 8%）	1933 年 11 月 1 日
匈牙利 1924 年国民政府债券（利率 7.5%）	1934 年 2 月 1 日
巴拿马 1927 年国民政府债券（利率 7%）	1932 年 7 月 31 日
巴拿马 1928 年国民政府债券（利率 5%）	1933 年 5 月 15 日
秘鲁 1927 年国民政府债券（利率 7%）	1931 年 9 月 1 日
秘鲁 1927 年国民政府债券（利率 6%）	1931 年 6 月 1 日
秘鲁 1928 年国民政府债券（利率 6%）	1931 年 4 月 1 日
波兰 1920 年国民政府债券（利率 6%）	1936 年 10 月 1 日
波兰 1925 年国民政府债券（利率 8%）	1937 年 1 月 1 日
波兰 1927 年国民政府债券（利率 7%）	1937 年 4 月 15 日
罗马尼亚 1922 年国民政府债券（利率 4%）	1933 年 10 月 1 日
萨尔瓦多 1924 年国民政府债券（利率 7%）	1932 年 7 月 1 日
萨尔瓦多 1923 年国民政府债券（利率 8%）	1933 年 1 月 1 日
乌拉圭 1921 年国民政府债券（利率 8%）	1933 年 8 月 1 日
乌拉圭 1926 年国民政府债券（利率 6%）	1933 年 11 月 1 日
乌拉圭 1930 年国民政府债券（利率 6%）	1933 年 11 月 1 日
乌拉圭 1915 年国民政府债券（利率 5%）	1934 年 1 月 1 日
南斯拉夫 1922 年国民政府债券（利率 8%）	1932 年 11 月 1 日
南斯拉夫 1922 年国民政府债券（利率 7%）	1932 年 11 月 1 日

资料来源：作者根据 *Moody's Manuals*（1931—1939）分类得出。

附录 B

第 5 章中所使用的资料来源

评级

1925 年的评级：*Moody's Manual*（1925）

1929 年的评级：*Moody's Manual*（1925）

2006 年的评级：Moody's（2006），"Sovereign Ratings Summary，" December

其他评级：*Moody's Manuals*（1918—1987）；Moody's（2007），"Sovereign Default and Recovery Rates，1983—2006，" June；http：//www. moodys. com

人均收入

1925年和1929年：多米尼加共和国、厄瓜多尔、海地、巴拿马和萨尔瓦多的人均国内生产总值的数据，来自于作者基于Maddison（2003）的计算，其他国家的人均财富数据取自*Moody's Manuals*（1925 and 1929）

2006年：2004年所有国家的人均国内生产总值（基于购买力平价计算）数据均取自于"Moody's Statistical Handbook—Country Credit," May 2006

增长

1925年和1929年：对所有国家国内生产总值的增长进行了估算。玻利维亚、中国、古巴、多米尼加共和国、厄瓜多尔、海地、巴拿马、俄罗斯的数据来自于作者基于Maddison（2003）的计算。哥伦比亚、尼加拉瓜、萨尔瓦多和乌拉圭的数据取自于牛津大学拉美经济史数据库（http://oxlad.qeh.ox.ac.uk）。对于波兰和罗马尼亚的数据，我参考的是南斯拉夫财富的增长数据。其他国家的数据取自于Maddison（2003）

2006年：2004年所有国家的人均GDP（以购买力平价计算）数据，来源于于"Moody's Statistical Handbook—Country Credit," May 2006

通货膨胀

1925年和1929年：奥地利、加拿大、中国、捷克、丹麦、芬兰、法国、德国、意大利、日本、荷兰、挪威、秘鲁、波兰、罗马尼亚、俄罗斯、瑞典、瑞士、英国的价格走势数据取自于League of Nations（1925 and 1932）。玻利维亚、厄瓜多尔、匈牙利、尼加拉瓜、萨尔瓦多、乌拉圭货币流通速度的增长数据取自于League of Nations（1925 and 1932）。比利时和希腊的居民消费价格指数取自于Mitchell（1992）。阿根廷、巴西和智利的居民消费价格指数取自于Mitchell（1993）。哥伦比亚、古巴、墨西哥的

居民消费价格指数取自于 Oxford Latin American Economic History Database

2006 年：12 月份 CPI 变化情况，来源于“Moody's Statistical Handbook—Country Credit，” May 2006

财政收支

1925 年和 1929 年：*Moody's Manuals*（1925 and 1929）

2006 年：“Moody's Statistical Handbook—Country Credit，” May 2006

外部平衡

1925 年和 1929 年：作者基于 *Moody's Manuals*（1925 and 1929）的计算

2006 年：“Moody's Statistical Handbook—Country Credit，” May 2006

债务

1925 年和 1929 年：外币债务数据取自于 *Moody's Manuals*（1925 and 1929）

2006 年：政府一般债务数据取自于“Moody's Statistical Handbook—Country Credit，” May 2006

出口

1925 年和 1929 年：*Moody's Manuals*（1925 and 1929）

2006 年：不适用

政府一般收入

1925 年和 1929 年：不适用

2006 年：“Moody's Statistical Handbook—Country Credit，” May 2006

经济发展指标

1925 年和 1929 年：*Moody's Manuals*（1925 and 1929）

Cantor and Packer（1996）使用的经济发展指标是 IMF 对工业化国家的分类指标。我设法为两次战争期间这一时期找到一个同等指标。*Moody's Manuals* 根据经济活动的主要特征曾将国家分为 4 类："制造业大国"、"商业国家"、"农业国"和"杂项国家"。这种划分是根据马尔霍尔（Mulhall）的 *Industry and Wealth of Nations*（1896）得来的。马尔霍尔曾将国家划分为 9 个部门（"制造业"、"农业"、"矿业、林业和渔业"、"商业"、"运输业"、"房屋租赁"、"家政服务"、"公共服务"和"专业服务"）。我认为的工业化国家被穆迪称为"制造业大国"，包括比利时、法国、德国、瑞士、英国和美国

2006 年：穆迪取自"Moody's Statistical Handbook—Country Credit," May 2006 的分类

违约史指标

违约史指标是 1920 年至 20 世纪 30 年代到 20 世纪 90 年代至 21 世纪最具可比性的变量。在每一个参考年份，该指标评估了在过去 25 年中外币债务违约的发生情况

1925 年：*Moody's Manuals*（1918—1925）和 *Annual Report* of the Corporation of Foreign Bondholders（1900—1924 年间的每一年）

1929 年：*Moody's Manuals*（1918—1929）和 *Annual Report* of the Corporation of Foreign Bondholders（1904—1928 年间的每一年）

2006 年：Standard & Poor's（2004），"Sovereign Defaults Set to Fall Again in 2005," September 28；Moody's（2007），"Sovereign Default and Recovery Rates, 1983—2006," June

制度指标

1925 年和 1929 年：基于 *Moody's Manuals*（各年）和“Moody's Investment Letters”（各年）的得分；参见表 5-14

2006 年：不适用

治理指标

1925 年和 1929 年：不适用

2006 年：考夫曼（Kaufmann）、卡拉伊（Kraay）和马斯特鲁兹（Mastruzzi）所使用的 6 个指标的平均值（“话语权和问责制”、“政治稳定”、“政府有效性”、“监管质量”、“法治”、“腐败控制”），*Governance Matters IV*：*Governance Indicators for 1996—2004*，*World Bank*（2005）；参见表 5-17

附录 C

第 7 章中使用的 135 种债券列表

国家债券	到期日	国家债券	到期日
阿根廷 1909 年国际黄金债券（利率 5%）	1945 年	巴西 1921 年外国黄金债券（利率 8%）	1941 年
阿根廷 1922 年黄金债券（利率 7%）	1927 年	巴西 1922 年中央铁路债券（利率 7%）	1952 年
阿根廷 1923 年债券（利率 6%）	1957 年	巴西 1922 年咖啡债券（利率 7.5%）	1952 年
阿根廷 1924 年债券（利率 6%）	1958 年	巴西 1926 年外国债券（利率 6.5%）	1957 年

续表

国家债券	到期日	国家债券	到期日
阿根廷1925年债券（利率6%）	1959年6月	巴西1927年外国债券（利率6.5%）	1957年
阿根廷1925年债券（利率6%）	1959年10月	巴西1931年基金债券（利率5%）	1951年和1971年
阿根廷1926年债券（利率6%）	1960年	保加利亚1927年债券（利率7%）	1967年
阿根廷1926年公务债券（利率6%）	1960年	保加利亚1928年债券（利率7%）	1968年
阿根廷1927年公务债券（利率6%）	1961年	加拿大1915年债券（利率5%）	1935年
阿根廷1927年国家铁路债券（利率6%）	1960年	加拿大1916年公共服务债券（利率5%）	1921年/1926年/1931年
阿根廷1927年卫生部门债券债券（利率6%）	1961年	加拿大1919年债券（利率5.5%）	1921年/1929年
阿根廷1928年债券（利率5.5%）	1962年	加拿大1922年债券（利率5%）	1952年
阿根廷1936年债券（利率4.5%）	1971年	加拿大1926年债券（利率4.5%）	1936年
阿根廷1937年债券（利率4%）	1972年	加拿大1930年黄金债券（利率4%）	1960年
澳大利亚1925年债券（利率5%）	1955年	加拿大1935年债券（利率2.5%）	1945年
澳大利亚1927年债券（利率5%）	1957年	加拿大1936年债券（利率3.25%）	1961年
澳大利亚1928年债券（利率4.5%）	1956年	加拿大1937年债券（利率2.5%）	1944年

续表

国家债券	到期日	国家债券	到期日
奥地利1923年黄金担保债券（利率7%）	1943年	加拿大1937年债券（利率3%）	1967年
奥地利1930年国际债券（利率7%）	1957年	智利1921年债券（利率8%）	1941年
比利时1920年债券（利率7.5%）	1945年	智利1921年债券（利率5%）	1926年
比利时1921年债券（利率8%）	1941年	智利1921年债券（利率8%）	1946年
比利时1924年债券（利率6.5%）	1949年	智利1922年外国债券（利率7%）	1942年
比利时1924年外国债券（利率6%）	1955年	智利1926年外国债券（利率6%）	1960年
比利时1925年外国债券（利率7%）	1955年	智利1927年外国债券（利率6%）	1961年
比利时1926年稳定债券（利率7%）	1956年	智利1928年外国债券（利率6%）	1961年
玻利维亚1917年美元债券（利率6%）	1940年	智利1928年铁路债券（利率6%）	1961年
玻利维亚1920年美元债券（利率6%）	1921—1934年	智利1929年外国债券（利率6%）	1962年
玻利维亚1922—1924年外国债券（利率8%）	1947年	智利1930年外国债券（利率6%）	1963年
玻利维亚1927年外国债券（利率6%）	1958年	中国1911年铁路债券（利率5%）	1951年
玻利维亚1928年外国债券（利率7%）	1969年	哥伦比亚1927年外国债券（利率6%）	1961年

续表

国家债券	到期日	国家债券	到期日
哥伦比亚1928年外国债券（利率6%）	1961年	意大利1925年债券（利率7%）	1951年
哥斯达黎加1926年外国债券（利率7.5%）	1951年	日本1905年英镑债券（利率4%）	1931年
哥斯达黎加1927—1929年太平洋铁路债券（利率7.5%）	1949年	日本1924年黄金债券（利率6.5%）	1954年
古巴1904年外国黄金债券（利率5%）	1944年	日本1930年黄金债券（利率5.5%）	1965年
		墨西哥1899年债券（利率5%）	1945年
古巴1909年黄金债券（利率4.5%）	1949年	墨西哥1904年债券（利率4%）	1954年
古巴1914年外国黄金债券（利率5%）	1949年	荷兰1922年债券（利率6%）	1972年
古巴1923年外国债券（利率5.5%）	1953年	荷兰1924年债券（利率6%）	1954年
古巴1927年债券（利率5.5%）	1929—1937年	挪威1922年债券（利率6%）	1952年
古巴1928年公务债券（利率5.5%）	1931—1932年	挪威1923年债券（利率6%）	1943年
古巴1930年公务债券（利率5.5%）	1945年	挪威1924年债券（利率6%）	1944年
捷克斯洛伐克1922年外国债券（利率8%）	1951年	挪威1925年债券（利率5.5%）	1965年
捷克斯洛伐克1924年外国债券（利率8%）	1952年	挪威1928年债券（利率5%）	1963年

续表

国家债券	到期日	国家债券	到期日
丹麦1922年外国债券（利率6%）	1942年	挪威1936年债券（利率4.5%）	1956年
丹麦1925年外国债券（利率5.5%）	1955年	挪威1936年债券（利率4.25%）	1965年
丹麦1928年外国债券（利率4.5%）	1962年	挪威1937年债券（利率4%）	1963年
多米尼加共和国1908年海关债券（利率5%）	1958年	巴拿马1928年债券（利率5%）	1963年
多米尼加共和国1922年债券（利率5.5%）	1942年	秘鲁1927年债券（利率6%）	1960年
		秘鲁1927年债券（利率7%）	1959年
多米尼加共和国1926年海关债券（利率5.5%）	1940年	秘鲁1928年债券（利率6%）	1961年
爱沙尼亚1927年银行业债券（利率7%）	1967年	波兰1920年债券（利率6%）	1940年
		波兰1925年债券（利率8%）	1950年
芬兰1923年外国债券（利率6%）	1945年	波兰1927年债券（利率7%）	1947年
芬兰1925年外国债券（利率7%）	1950年	俄罗斯1916年债券（利率5.5%）	1921年
芬兰1926年债券（利率6.5%）	1956年	俄罗斯1916年债券（利率6.5%）	1919年
芬兰1928年债券（利率6.5%）	1958年	萨尔多瓦1923年债券（利率8%）	1948年
芬兰1934年债券（利率4.5%）	1936—1940年	萨尔多瓦1924年债券（利率7%）	1957年

续表

国家债券	到期日	国家债券	到期日
法国 1920 年外国债券（利率8%）	1945 年	瑞典 1919 年债券（利率6%）	1939 年
法国 1921 年外国债券（利率7.5%）	1941 年	瑞典 1924 年债券（利率5.5%）	1954 年
法国 1924—1925 年债券利率(7%)	1949 年	瑞士 1919 年债券（利率5.5%）	1929 年
德国 1924 年债券（利率7%）	1949 年	瑞士 1920 年债券（利率8%）	1940 年
德国 1930 年国际债券（利率5.5%）	1965 年	瑞士 1924 年债券（利率5.5%）	1946 年
希腊 1924 年避难债券（利率7%）	1964 年	英国 1917 年债券（利率5.5%）	1937 年
		英国 1919 年债券（利率5.5%）	1929 年
希腊 1928 年债券（利率6%）	1968 年	英国 1919 年基金债券（利率4%）	1990 年
危地马拉 1927 年债券（利率8%）	1948 年	乌拉圭 1921 年债券（利率8%）	1946 年
海地 1922 年黄金债券（利率6%）	1952 年		
海地 1923 年黄金债券（利率6%）	1953 年	乌拉圭 1926 年债券（利率6%）	1960 年
匈牙利 1924 年债券（利率7%）	1944 年	乌拉圭 1930 年偿债基金债券（利率6%）	1964 年
爱尔兰自由联邦 1927 年债券（利率5%）	1929—1960 年	南斯拉夫 1922 年债券（利率8%）	1962 年

术语表

AR（accuracy ratio）准确值/率

adequacy of reserve 准备金充足率

analyst-driven approach 分析师驱动法

annual budget deficit 年度预算赤字

back-up（or secondary）analyst 陪访分析师

balance of payments 国际收支平衡

blind items of exchange 无形贸易

bond spread 债券息差

CAP（cumulative accuracy profile）累计精准曲线

CRA（credit rating agency）信用评级机构

contingent liability 或有负债

corporate rating 公司评级

country ceiling policy 国家上限政策

credit default swap-implied ratings（CDS-IRs）信用违约互换隐含评级

credit fundamental 信用基本面

credit spread 信贷息差

credit watch（list）信用观察名单

cumulative default rate 累积违约率

“dollarization”vulnerability indicator“美元化”脆弱性指标

debt dynamic 债务动态

debt intolerance 债务不耐

debt ratio 债务率

default rate 违约率

EMBI global spread 新兴市场债券指数环球利差

economic resiliency 经济弹性

excessive lending 过度贷款

external debt 外部债务

external reserve 外汇准备资产

FC（foreign currency）外国货币

financial contagion 金融传染

financial turmoil 金融危机

fiscal deficit 财政赤字

fixed effect 固定效应

focus on external asset 外部资产集中度

focus on external liability 外部负债集中度

foreign dollar bond 外国美元债券

foreign exchange reserve 外汇储备

foreign government bond 外国政府债券

foreign government security 外国政府证券

GDP per capita 人均国内生产总值

government-guaranteed bond 政府担保债券

investment-grade 投资级

investor-pay model 投资人付费模式

issuance volume 发行量

issuer-pay model 发行人付费模式

JP Morgan Emerging Markets Bond Index Global spreads（JP Morgan EMBI）JP 摩根新兴市场债券环球指数利差

LC（local currency）本国货币

lead（or primary）analyst 主笔分析师

marginal default rate 边际违约率

market-implied rating 市场隐含评级

migration rate 迁移率

NRSRO（Nationally Recognized Statistical Rating Organization）国家认可的统计评级组织

off-budget liability 预算外负债

ordered probit model 有序概率模型

original sin 原罪

private-sector external debt 私人部门外债

procyclical agency 有顺经济周期特点的评级机构

Rating Change Announcement 评级变动公告

rating outlook 评级展望

rating reversal 评级转换

rating review 评级观察

rating scale 评定量表

rating transition rate 评级转换率

rating withdrawn 评级撤回

ratio of debt service to revenue 债务收入比

ratio of public debt to government revenue 公共债务占政府财政收入的比率

recovery rating 回收率评级

remittance flow 汇款流

required external debt servicing 需要支付的外债本息

risk aversion 风险厌恶

solicited rating 委托评级

sovereign bond market 国家债券市场

sovereign credit opinions 国家信用评级报告

sovereign creditworthiness 国家信誉度

sovereign debt crisis 国家债务危机

sovereign risk assessment 国家信用风险评估

sovereign transition and default study 国家信用转换和违约研究报告

speculative-grade 投机级

split rating 评级差异

spread overshooting 利率超调

spread-implied rating 利差隐含评级

standard deviation 标准差

subsovereign bond 次级政府证券

transition matrice 迁移矩阵

term structure effect 期限结构效应

transfer and convertibility（T&C）risk 转让和可兑换风险

unsolicited rating 主动评级

upgrade-to-downgrade 上调-下调（率）

visible foreign trade 有形贸易

weighted average marginal default rate 加权平均边际违约率